Geschenke selber BASTELN

Geschenke selber BASTELN

Mit mehr als 500 farbigen Abbildungen
Mit ausführlichen Schritt-für-Schritt-Anleitungen
Mit Schnittmusterzeichnungen zum Abpausen

Herausgegeben
von
Anita Färber

SIGNA

Bildnachweis

Fotos: 7-10 Eaglemoss/Steve Tanner; 11-14 Eaglemoss/John Suett; 15-16 Eaglemoss/Steve Tanner; 17,19 Eaglemoss/Mal Stone; 21-23 Modes et Travaux; 25, 27, 29 Eaglemoss/Martin Norris; 32 Merehurst Publications/Steve Lee; 33 PWA International; 34 PWA International (oben), Worldwide Syndication (Mitte), Modes et Travaux (unten); 35 Eaglemoss/Steve Tanner; 36 Eaglemoss/Adrian Taylor; 37 Merehurst Publications/Steve Lee; 38 Merehurst Publications/Steve Lee (links), Eaglemoss/Steve Tanner (unten); 39 Eaglemoss/Steve Tanner; 40 Worldwide Syndication (oben links), Marie Claire Idées/ J. Giaume (oben rechts), Elizabeth Whiting and Associates/Di Lewis (unten); 41 Eaglemoss/Steve Tanner; 42 Insight London Picture Library (oben), Breslich and Foss (Mitte), Eaglemoss/Steve Tanner (unten); 43 Eaglemoss/Martin Norris; 45 Eaglemoss/Graham Rae; 47 Modes et Travaux; 48-50 Cent Idées/Maltaverne/Faver; 51 Elizabeth Whiting and Associates/ Di Lewis; 52 Eaglemoss/Steve Tanner (oben), Eaglemoss/John Suett (Mitte), Insight London Picture Library (unten); 53 Modes et Travaux; 57 Ariadne Holland; 59 Eaglemoss/Steve Tanner; 63-66 Eaglemoss/Simon Page-Ritchie; 67 Eaglemoss/John Suett; 69 Eaglemoss/Tif Hunter; 71-74 Eaglemoss/Steve Tanner; 75-78 Eaglemoss/Simon Page-Ritchie; 79 Eaglemoss/John Suett; 83-84 Eaglemoss/Steve Tanner; 86 Modes et Travaux; 87-89 Eaglemoss/Simon Page-Ritchie; 90 Eaglemoss/Graham Rae; 91 Eaglemoss/ Steve Tanner; 92 Cent Idées/Kleinefern/Alibert; 93 Eaglemoss/Steve Tanner; 94 Montse Stanley; 96 Eaglemoss/Steve Tanner; 97 Robert Harding Syndication/IPC Magazines; 101-102 Modes et Travaux; 103-105 Eaglemoss/Steve Tanner; 107 Cent Idées/Duffas/Schoumacher; 109 Cent Idées/Duffas/Schoumacher (oben und unten links), Cy deCosse (unten rechts); 110 Eaglemoss/Martin Norris; 111 Eaglemoss/Heinz Lautenbacher; 112 Eaglemoss/Steve Tanner; 113-116 Eaglemoss/Heinz Lautenbacher; 117 Eaglemoss/Sarah Hutchings; 118 Ariadne Holland (links), Eaglemoss/Simon Page-Ritchie (rechts); 119 Ariadne Holland; 120 Eaglemoss/John Suett; 121-124 Ariadne Holland; 125-128 Eaglemoss/Steve Tanner; 129 Eaglemoss/Henry Arden; 130 Eaglemoss/Simon Page-Ritchie (oben), Eaglemoss/Henry Arden (unten); 131 Modes et Travaux; 132 Eaglemoss/Steve Tanner; 133-134 Eaglemoss/Adrian Taylor; 135-139 Fiona Pragoff; 141 Modes et Travaux; 143 Fiona Pragoff; 147 Eaglemoss/Sarah Hutchings; 149-152 Eaglemoss/ Adrian Taylor; 153, 155 Eaglemoss/Tif Hunter; 157 Eaglemoss/Steve Tanner; 158, 160 Modes et Travaux.

Illustrationen: 8 Kate Simunek (oben), John Hutchinson (unten); 9-10 Kate Simunek; 12-14 Kevin Hart; 18-20 Kevin Hart; 23-24 Louise Bruce; 25-28 Bill Le Fever; 30-31 Sally Holmes; 44 Teri Gower/The Gallery; 46, 49 Kate Simunek; 54-56 Louise Bruce; 58 Mei Lim (oben), Clare Clements (unten); 63-66 Coral Mula; 68-70 Bill Le Fever; 72-74 John Hutchinson; 76-78 Terry Evans; 80-82 Kevin Hart; 85-86 Kevin Hart; 88-90 Tig Sutton; 92 Donald Thomas; 95 Coral Mula; 98-100 John Hutchinson; 104-106 John Hutchinson; 108-109 Sally Holmes; 112 Aziz Khan; 114-110 Eugene Fleury; 110 Aziz Khan; 120 Coral Mula; 126-127 John Hutchinson; 130 Aziz Khan; 132 Teri Gower/The Gallery; 134 Eugene Fleury; 135-148 Katy Sleight; 150-152 Eugene Fleury; 154-156 Kevin Hart; 159 Elisabeth Dowle.

Umschlagfotos: Eaglemoss/Steve Tanner: oben links; Eaglemoss/Steve Tanner: oben Mitte; Eaglemoss/ Steve Tanner: oben rechts; Eaglemoss/Steve Tanner: unten links; Eaglemoss/Adrian Taylor: unten Mitte; Eaglemoss/Heinz Lautenbacher: unten rechts;

Die Deutsche Bibliothek – CIP-Einheitsaufnahme

Geschenke selber basteln : mit ausführlichen Schritt-für-Schritt-Anleitungen ; mit Schnittmusterzeichnungen zum Abpausen / hrsg. von Anita Färber. - Berlin : Signa, 1997
ISBN 3-332-00814-5

ISBN 3-332-00814-5

Umschlaggestaltung: S/L Kommunikation
Satz und Gesamtherstellung: Dr. Reitter & Partner Verlag GmbH, 85591 Vaterstetten
Druck: Westermann Druck Zwickau GmbH
Printed in Germany

Gedruckt auf alterungsbeständigem Papier mit chlorfrei gebleichtem Zellstoff

Inhalt

Schmucke Mitbringsel

Geschenke für die Kinderparty

Hübsche Präsenthüllen

Hübsch eingepackt, kommt auch ein noch so kleines Geschenk groß heraus.

▲ **Festlich-funkelndes Drumherum**

Diese festlichen Verpackungen geben jedem Geschenk zusätzlich etwas ganz Persönliches. Sie sind schnell gefertigt und sorgen sicher für spannungsgeladene „Enthüllungen".

Die Freude des Beschenkten beginnt bereits beim Aufschnüren und Auswickeln, wenn das Präsent hübsch verhüllt ist. Gerade für Weihnachtsgeschenke – und seien sie noch so klein – gibt es eine Vielzahl von phantasievollen Verpackungsideen, die glänzend ankommen, aber nicht viel kosten müssen. Schauen Sie sich in Ihrem Haushalt einmal um: Aus weißen Schuhkartons, Wellpappe, Tragetaschen oder Stoff- und Litzenresten lassen sich mit ein paar Kunstgriffen schöne Geschenkverpackungen basteln. All unsere Vorschläge stellen keine großen Anforderungen an Ihre handwerklichen Fähigkeiten und sind schnell gemacht. Auf den nächsten Seiten finden Sie auf einem Raster Stern- und Tannenbaum-Motive, die Sie direkt auf die Verpackung übertragen und ausschneiden können. Praktischer ist es jedoch, sich zunächst Pappschablonen in verschiedenen Größen anzufertigen, insbesondere wenn ein Motiv mehrfach verwendet werden soll. Übrigens: Schlichtes, braunes Packpapier erhält eine rustikal-festliche Note mit einem kleinen Gesteck aus Nüssen, Samenkapseln, Schleifen und immergrünen Zweigen wie Efeu und Ilex.

Glitzertüte mit Stern

Besonders schön sieht eine Tüte aus farbigem Hochglanzpapier oder Alufolie aus. Der ausgeschnittene Stern wirkt wie ein kleines Fenster.

WAS SIE BRAUCHEN:

- Tragetasche, möglichst aus glänzendem Papier
- Malglitter in Silber
- doppelseitiges Klebeband
- Klarsichtfolie oder weißes Papier
- Cutter oder Schere
- fester Karton und Schneidbrett

1 **Stern ausschneiden:** Schneidbrett in die Tragetasche legen und nach Schablone mit einem Cutter in der Mitte der Vorderseite den Stern ausschneiden. Die Schnittkanten mit silbernem Malglitter verzieren.

2 **Stern unterlegen:** Aus Klarsichtfolie oder weißem Papier ein Quadrat mit 15 cm Seitenlänge schneiden. Das Quadrat mit doppeltem Klebeband auf der Tascheninnenseite hinter den Stern kleben.

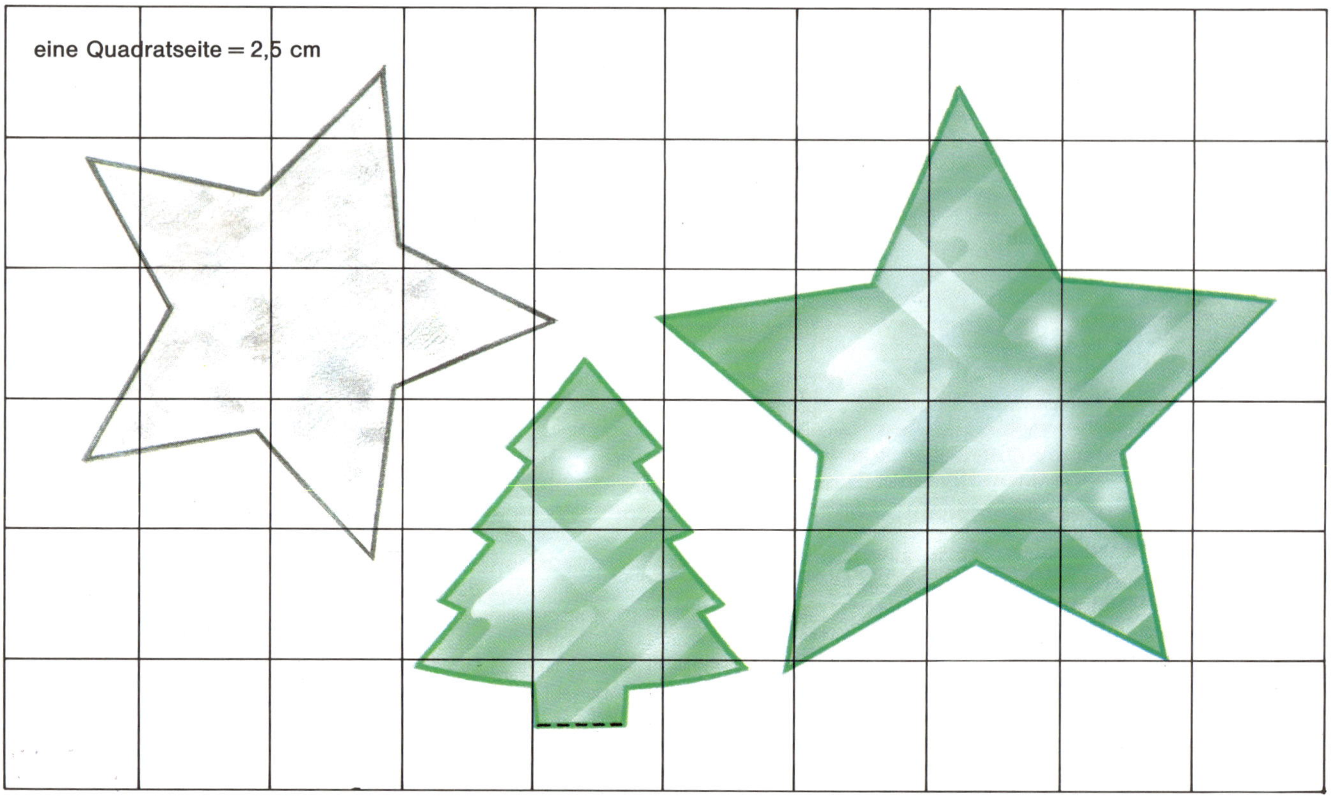

Tannenbäume

Verzieren Sie einen simplen Karton weihnachtlich mit Tannenbäumen oder Sternen.

WAS SIE BRAUCHEN:

- Grüne Alu-Bastelfolie zum Einschlagen des Kartons
- weißes Papier
- doppelseitiges Klebeband
- Zacken- und Bastelschere
- Cutter

1 **Einschlagen:** Den Karton in grüne Alufolie einschlagen. Die Folie an den Seiten sauber falten.

2 **Weißes Papier vorbereiten:** Papierstreifen zuschneiden (Kartonumfang plus 2,5 cm). Seitenkanten mit Zackenschere so zurückschneiden, daß die Folie 1 cm hervorschaut. Papier um die Schachtel legen, mit Bleistift die Bruchlinien markieren und exakt falten.

3 **Tannenbäume ausschneiden:** Mit der Schablone Tannenbäume auf die Seitenflächen und Oberseite zeichnen. Bäume auf der Oberseite nur bis zur Unterkante, die übrigen Bäume ganz ausschneiden.

4 **Papier befestigen:** Papier so um den Karton schlagen, daß Falzlinien und Schachtelkanten übereinstimmen. Papierenden mit Klebeband befestigen. Tannenbäume auf der Oberseite hochklappen.

Sternenbox

Wählen Sie möglichst schlichte einfarbige oder weiße Schachteln. Gemusterte Kartons sollten Sie weiß streichen.

WAS SIE BRAUCHEN:

- Silberfarbe
- kleiner Naturschwamm
- schmales silbernes Geschenkband, 20 cm lang
- in Streifen geschnittene Silberfolie als Hintergrund für den ausgeschnittenen Stern
- Klebeband, Cutter
- Locher oder Lochzange
- alte Untertasse

1 **Farbe auftupfen:** Silberfarbe in eine Untertasse geben. Schwamm eintauchen, überschüssige Farbe am Untertassenrand gut abstreifen. Die Schachtel gleichmäßig betupfen. Trocknen lassen.

2 **Sterne anfertigen:** Mit der Schablone auf der Schachtelvorderseite, etwas zur Seite hin, mit dem Cutter einen Stern ausschneiden. An einer Zacke des ausgeschnittenen Sterns ein Loch stanzen, silbernes Geschenkband durchziehen.

3 **Stern befestigen:** Geschenkband an der Schachtelinnenseite befestigen und den Stern als Geschenkanhänger herausbaumeln lassen. Silberfolienschnipsel in der Schachtel zurechtzupfen.

Flasche

Eine Flasche dekorativ zu verpacken, ist meist ein kleines Problem. Wellpappe schützt nicht nur den fragilen Inhalt, sondern sieht auch hervorragend aus, wenn Sie sie mit Goldborten aus Ihrem Nähkästchen festlich verzieren.

WAS SIE BRAUCHEN:

- Wellpappe, passend zur Flaschengröße
- Goldkordel, 60 cm
- Goldborte, 70 cm lang
- 2 Goldquasten
- Nähgarn, passend zur Borte, Nähnadel
- Kleber und Schere

1 **Pappe vorbereiten:** Glatte Rückseite der Wellpappe entfernen. Pappe so legen, daß die Rippen senkrecht verlaufen. Die oberen Ecken anschließend mit der Schere abrunden.

2 **Wellpappe zusammenkleben:** Die Wellpappe um die Flasche hüllen. Die überlappenden Enden von unten bis zum Flaschenhals zusammenkleben. Entlang der Oberkante und den Seitenkanten bis zum Flaschenhals eine Goldkordel aufkleben.

3 **Mit Goldborte verzieren:** Die Wellpappe am Flaschenhals zusammendrücken. Goldborte um den Flaschenhals schlingen, Bortenenden vorn lokker verknoten. Die Enden mit Quasten verzieren.

▲ ***Bestechend schlicht***

Mit Packpapier oder Wellpappe erzielen Sie glanzvolle Effekte, wenn Sie diese Materialien weihnachtlich mit Goldborte oder buntem Laub dekorieren.

Schachtel

Blätter, Beeren und Samenkapseln ergeben ein zauberhaftes Bouquet zur Verzierung des Packpapiers.

WAS SIE BRAUCHEN:

- Braunes Packpapier
- Steckschwamm, Draht
- Beeren, Blätter, Zapfen, Samenkapseln, Zimtstangen
- doppelseitiges Klebeband

1 **Schachtel verpacken:** Packpapier um die Schachtel schlagen, Enden einfalten, mit Klebeband fixieren. Auf der Oberseite den Steckschwamm mit Klebeband befestigen.

2 **Bouquet zusammenstellen:** Alle Teile des Bouquets mit Blumendraht versehen und in den Steckschwamm stecken. Zuerst die großen Objekte, dann die kleinen dazwischen anordnen. Auch Schleifen aus Geschenkband machen sich gut.

Kleine Präsentkartons

Aus relativ dünner Pappe besteht der Körper, aus hübschem Geschenkpapier seine Verkleidung. Und von innen zeigt sich das schmucke Kästchen genauso attraktiv wie von außen, nicht nur wegen des Inhalts.

▼ ***Hübsch dosiert und von Herzen***

Augen- und Gaumenschmaus zugleich ist diese reizende Geschenkidee. Je vorsichtiger man zugreift, desto länger bleibt der schöne Anblick erhalten!

Materialien

Die dekorativen Schachteln für verführerische Mitbringsel entstehen aus je einem Bogen festlichem Geschenkpapier und einfachem Leichtkarton. Stimmen Sie Farbe und Muster auf den späteren Inhalt ab, und vergessen Sie nicht einen schönen Verschluß.
Geschenkpapier: Achten Sie beim Kauf auf gute Qualität – die Oberfläche darf beim Biegen nicht brechen, und beim Anfassen sollten keine sichtbaren Fingerabdrücke zurückbleiben. Besonders geeignet ist helles Hochglanzpapier. Vorsicht bei dunklen Drucken: Dunkle Farben blättern leicht ab.
Karton: Am besten eignet sich Leichtkarton, der sich mit der Schere schneiden läßt. Er sollte farblich zum Papier passen, da die Kanten später zum Teil sichtbar sind.
Klebstoff: Die Schachtel wird mit einem transparenten, schnell trocknenden Kleber zusammengeklebt, das Geschenkpapier mit Sprühkleber auf den Karton aufgezogen (nur in gut durchlüfteten Räumen).

Zubehör

Cutter: Die Grundform der Schachtel mit dem Cutter ausschneiden.
Schere: Für die Rundungen benötigen Sie eine kleine scharfe Schere. Außerdem brauchen Sie eine feste Schneidunterlage, ein rechtwinkliges Dreieck, ein Metallineal, einen Bleistift, einen weichen Radiergummi, Transparentpapier und transparentes Klebeband.
Wenn alles bereit liegt, geht es los. Sie werden überrascht sein, wie schnell die erste Schachtel fertig ist.

So wird's gemacht

Die Schachtel läßt sich beliebig vergrößern. Beachten Sie jedoch die gängigen Geschenkpapier- und Kartonformate: Die Bodenfläche sollte 15 cm x 9,6 cm nicht überschreiten. Gemustertes Papier läßt sich nur schwer stückeln. Beim Anritzen der Kartonfalzlinien wie folgt vorgehen: Beim Falten nach außen die Falzlinie auf der linken Kartonseite (Innenseite) anritzen, beim Falten nach innen die Linie auf der rechten Kartonseite (Außenseite) anritzen.

1 **Schachtelumriß** auf Leichtkarton übertragen, alle Falzlinien etwas anritzen (Falzrichtung beachten!). Die Form rundum ausschneiden und an den Falzlinien in die entsprechende Richtung biegen. Dann flach ausbreiten und noch sichtbare Bleistiftlinien abradieren.

2 **Arbeitsfläche abdecken**, Geschenkpapier (bedruckte Seite nach unten) eben auslegen. Schachtelaußenseite gleichmäßig mit Kleber besprühen, mit der besprühten Seite auf das Geschenkpapier legen und mit sanftem Druck flachstreichen.

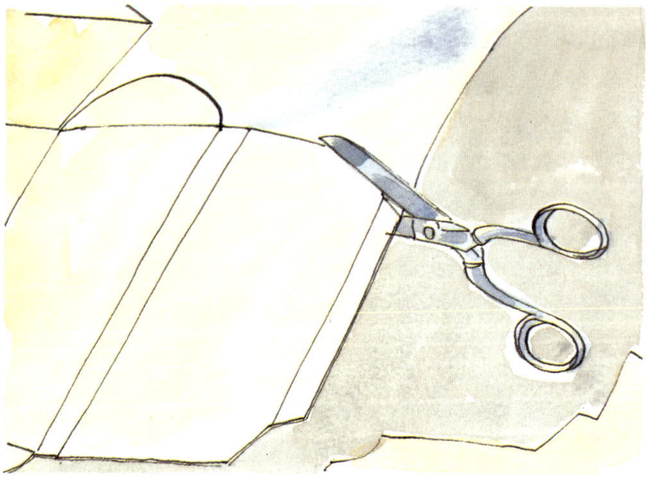

3 **Bogen umdrehen**, von der Mitte ausgehend nochmals flachstreichen. Erneut umdrehen und ringsum überstehendes Papier bis auf 1 mm wegschneiden. Schachtelflächen entlang den Falzlinien in Form biegen.

4 **Deckellaschen** auf der Kartonseite mit Klebstoff bestreichen, einschlagen und festdrücken. Die Deckelinnenseiten nach innen klappen und auf das andere Deckelteil kleben. Trocknen lassen.

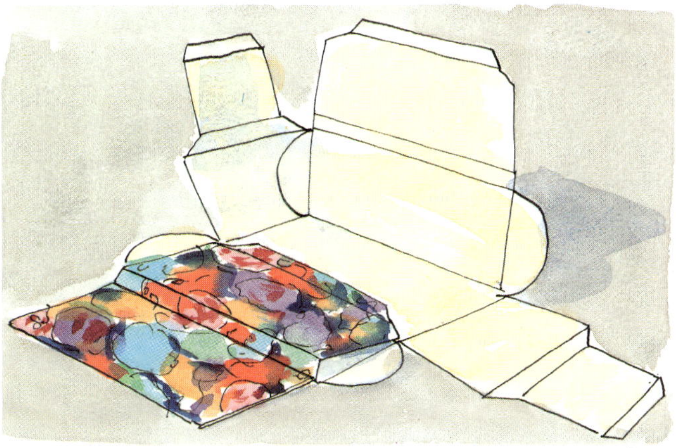

5 **Die Rundlaschen** an einer Schachtelseite auf der gemusterten Außenfläche mit Klebstoff bestreichen. Äußere Seitenwände hochklappen und auf den Laschen fixieren. Ecken und Kanten genau ausrichten. Vorgang auf der anderen Schachtelseite wiederholen.

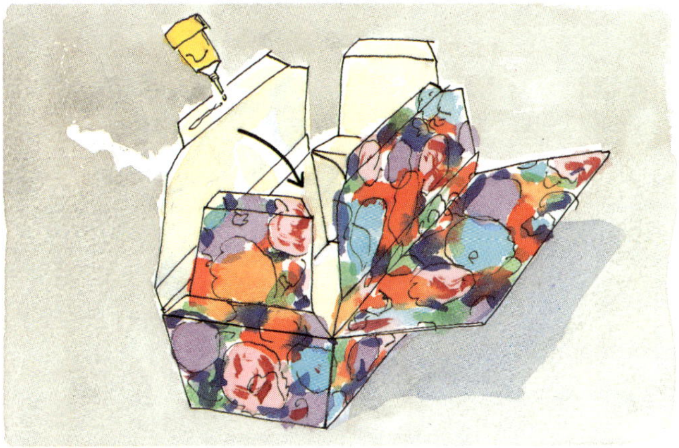

6 **Frontkante in Form knicken**, dann die Unterseite der Lasche mit Klebstoff bestreichen. Die Frontauskleidung nach unten in die Schachtel führen und die Lasche an den Boden kleben. Die Falzlinie muß genau im Innenwinkel der Schachtel liegen.

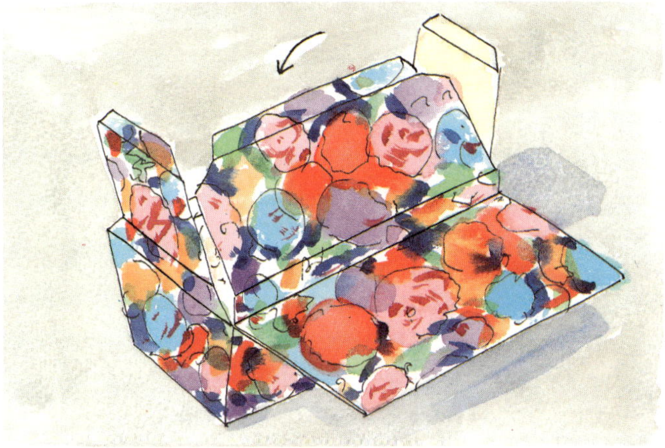

7 **Rückwärtigen Schachtelrand** in Form knicken, Rükkenlasche unterseits mit Klebstoff bestreichen. Rückwandauskleidung nach unten in die Schachtel führen und wie unter 6 beschrieben an den Boden kleben.

8 **Nun die Seitenlaschen** unterseits mit Klebstoff bestreichen, die Seitenlaschen nach unten in die Schachtel führen und mit der Falzkante im Innenwinkel des Schachtelbodens am Boden festkleben.

9 **Ein Stück Karton** als Bodeneinlage zuschneiden. Es muß rundum ein wenig kleiner sein als der Schachtelboden, damit es gut eingepaßt werden kann. Bodeneinlage mit Kleber besprühen und mit Geschenkpapier beziehen. Etwas Klebstoff auf die Rückseite streichen und am Schachtelboden als Futter festkleben.

10 **Schachtel verschnüren.** Dazu können Sie ein Stückchen Klettverschluß verwenden, aber auch hübsche Bänder, Kordeln oder bunte Schnüre.

SCHNITTVORLAGE
(maßstabgerecht vergrößern)

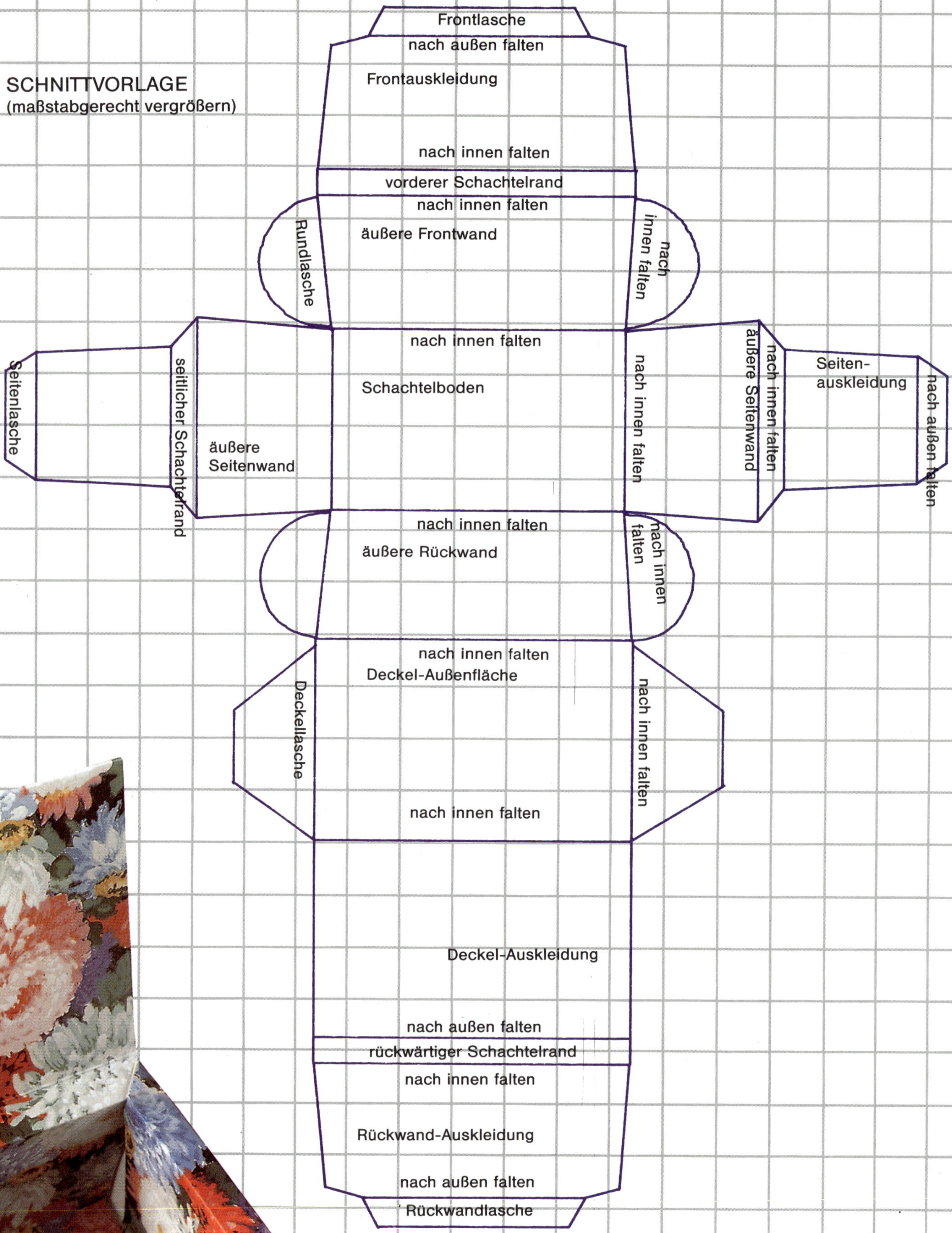

Schachteln für Geschenke

Rundum mit Schmuckbildern beklebt und mehrfach mit Klarlack versiegelt, werden aus nichtssagenden Blechdosen vielversprechende Geschenkbehälter.

Werfen Sie leere Keksdosen nicht achtlos weg. Sie lassen sich mit etwas Geduld und Geschick in bezaubernde Behältnisse für allerlei Geschenke wie Modeschmuck, Seife, Kerzen oder andere hübsche Kleinigkeiten verwandeln. Nostalgische Oblaten, Erinnerungsfotos und ausgeschnittene Motive geben den „nackten“ Boxen ein sehr attraktives Kleid. Eine Schutzschicht aus Klarlack macht die kleinen Schatztruhen stoß- und wasserfest, so daß sie später der Beschenkte ohne Bedenken auch in Bad oder Küche stellen kann.
Wichtig für ein dauerhaft schönes Aussehen ist die Papierqualität der Bilder. Als ideales Material bieten sich daher Motive von alten Glückwunschkarten, Tapetenresten oder festem Geschenkpapier an. Reizvolle Resultate erzielen Sie auch mit schönen, alten Glanzbildern.

▲ ***Liebhaberobjekte***

Besonders hübsch sehen Dosen mit thematisch zusammengestellten Klebebildern aus, zum Beispiel mit romantischen Blumenbukets oder historischen Szenen. Auch die Deckelinnenseite, besonders bei Klappdeckeln, kann mit dekorativen Motiven versehen werden.

Mit spitzer Schere

Schneiden Sie immer gleich mehr Bilder aus, als Sie eigentlich brauchen, und arrangieren Sie die Motive auf der Dose mehrmals neu, um die schönste Lösung herauszufinden. Da Genauigkeit bei dieser kreativen Arbeit großgeschrieben wird, benötigen Sie unbedingt eine kleine, spitze Schere – und eine ruhige Hand. Bemühen Sie sich, auch komplizierte, spitzenartige Motive akkurat auszuschneiden. Das dauert zwar etwas länger, aber es lohnt sich.

Mehrere Motive übereinander

Um die Jahrhundertwende verbrachten die Damen der Gesellschaft viele beschauliche Stunden mit der Klebebildtechnik. Traditionell wurden mehrere Bilder übereinandergesetzt, um farbenfrohe Effekte zu erzielen und mehr Abwechslung in die Gestaltung zu bringen. Für solche reizvollen Verzierungen ist allerdings ein noch größerer Bildervorrat erforderlich. Bedeutend schneller nimmt das Gesamtmotiv Gestalt an, wenn Sie zunächst die größeren Bilder auf die Dose kleben und auf diesen dann die kleineren anordnen.

Einzelne Ornamente

Bei kleinen Dosen genügt als Verzierung ein einzelnes Bild auf dem Deckel. Die Seiten können Sie mit Detail-Ausschnitten schmücken, wie auf dem Foto rechts gezeigt. Der Effekt hängt allein vom Motiv ab. Wählen Sie die Bilder also mit Bedacht aus, auch auf die Form der Dose abgestimmt. Und gehen Sie beim Ausschneiden besonders sorgsam vor, da Einzelmotive Ungenauigkeiten nicht verzeihen.

▲ *Romantisches Blütenmotiv*

Bei klassischen Klebedekors sind ländliche und historische Motive besonders beliebt. Am schönsten wirken Blüten und Blattwerk.

Dose verzieren

WAS SIE BRAUCHEN:

- Keksdose, scharfe Schere
- Stahlwolle
- Metallgrundierung und -farbe
- Papier mit Ausschneidemotiven
- Tapetenkleister und Klebstoff
- Klarlack
- Pinsel, Pinselreiniger
- feines Sandpapier

1 **Dose vorbereiten:** Reinigen Sie die Dose, lösen Sie alte Etiketten ab, und entfernen Sie Roststellen mit Sandpapier und Stahlwolle. Danach grundieren und zwei bis drei Schichten Glanz- oder Hammerschlaglack auftragen. Bei gut sitzendem Deckel den Dosenrand nur dünn lackieren.

2 **Motive ausschneiden:** Suchen Sie sich Motive aus Postkarten, Geschenkpapier oder Tapetenresten, aber beschränken Sie sich bei jeder Dose auf möglichst eine Papierqualität, damit das Dekor nicht ungleichmäßig ausfällt. Schneiden Sie die Motive mit einer kleinen scharfen Schere aus.

3 **Motive arrangieren:** Dekorieren Sie jede Seite einzeln. Verschieben Sie die Bilder, bis Ihnen das Arrangement gefällt, und kleben Sie sie dann auf. Papier fest andrücken, damit Luftblasen verschwinden. Überschüssigen Klebstoff entfernen. Nach und nach die ganze Dose auf diese Weise dekorieren, außer dem Rand.

4 **Klarlack auftragen:** Nach dem Trocknen erste Klarlackschicht (Matt-, Seiden- oder Hochglanz) auftragen. Lack trocknen lassen und zweite Schicht auftragen. Nach dem Trocknen abschmirgeln und nochmals lackieren.

5 **Endbearbeitung:** So lange wechselweise lackieren und schmirgeln, bis die Oberfläche vollkommen glatt ist. Den letzten Anstrich nicht mehr abschmirgeln.

tip

Der Einfluß von Klarlack

Klarlack kann den aufgeklebten Bildern die Farbe entziehen und ihnen ein blasses, vergilbtes Aussehen verleihen. Wem dieser nostalgische „Antik-Look“ nicht recht zusagt, bestreicht das Dekor erst einmal dünn mit Tapetenkleister, der nach dem Trocknen wie eine Versiegelung wirkt. Danach tragen Sie den Klarlack auf.

Um beim Schmücken von zwei bis drei kleinen Dosen ein bißchen Zeit zu sparen, empfiehlt es sich, zunächst alle Döschen hintereinander mit Bildern zu bekleben und dann in nur einem Arbeitsgang die einzelnen Klarlackschichten aufzutragen. Auf diese Weise müssen Sie den Pinsel lediglich ein einziges Mal reinigen.

Linolschnitt-Drucke

Mit Druckstempeln aus Linoleum lassen sich Stoffe, Papier oder Vlies mit den schönsten farbigen Mustern verzieren. Die Motive werden mit scharfen Schneidfedern ins Linoleum geschnitzt.

▼ ***Erstaunliche Vielfalt***

Simple, stilisierte Formen eignen sich am besten für Linolschnitte. Die nicht ausgeschnittenen, mit der Walze eingefärbten Motivteile erscheinen als Druck auf dem Papier.

Was sind Linolschnitte?

Der Linolschnitt kam erst Anfang unseres Jahrhunderts auf und entspricht in der Wirkung in etwa dem Holzschnitt. Der Druckstempel besteht aus Linoleum, das wesentlich leichter zu bearbeiten ist als Holz. Zunächst zeichnet man das Motiv auf eine Linoleumplatte auf, dann werden mit scharfen Schneidwerkzeugen die Konturen (Negativstempel) oder die Flächen zwischen den Konturen (Positivstempel) herausgeschnitten. Mit dieser Technik können Sie Ihr eigenes Geschenkpapier und dazu passende Glückwunsch- oder Einladungskarten herstellen oder Gebrauchsgegenstände wie Notizblöcke, Briefumschläge, Taschentücher oder Servietten aufs schönste verzieren.
Anfänger wählen am besten ein einfaches Motiv, das durchaus kopiert sein kann. Dabei bieten sich traditionelle Symbole wie Weihnachtskerzen, Hochzeitsglocken oder Geburtstagskuchen ebenso an wie Namen in Blockbuchstaben (Zahlen und Buchstaben müssen spiegelverkehrt auf die Druckplatte kopiert werden!).
Da das Bedrucken von Stoff schon etwas Übung erfordert, bedrucken Sie zunächst einmal Papier.

Planung des Druckmotivs

Wichtig ist, daß Sie möglichst einfache Motive verwenden, denn allzu feine Details lassen sich aus Linoleum schwer oder gar nicht herausschneiden. Günstig sind relativ große, eher stilisierte Formen. Auf kleinen Flächen wird das Motiv sparsam eingesetzt; auf größeren kann es wiederholt werden. Wenn Sie sich für ein Motiv entschieden haben, überlegen Sie vor dem Schneiden, welche Objektbereiche später bedruckt, also farbig erscheinen sollen. Bedenken Sie: Die nicht ausgeschnittenen, erhabenen Teile des Stempels werden farbig wiedergegeben, die ausgeschnittenen drucken nicht.

Farbkombinationen

Meist wirkt Hell auf Dunkel besonders effektvoll. Auch mit bewährten Kontrastfarben lassen sich gute Ergebnisse erzielen – Schwarz auf Weiß, Violett auf Gelb – oder mit zwei gleich intensiven Farben, zum Beispiel Purpur und Türkis.

Material und Zubehör

Alte Zeitungen zum Abdecken der Arbeitsfläche.
Kohlepapier und Bleistift zum Übertragen des Motivs auf das Linoleum.
Linoleum gibt es in Bastelläden.
Schneidwerkzeuge: Praktisch ist ein spezieller Federhalter, in den unterschiedliche Schneidfedern eingesetzt werden. Achten Sie auf absolute Schärfe der Schneidkanten. Schon mit vier verschiedenen Schneidwerkzeugen können sehr vielfältige Formen ausgeschnitten werden: Für das großzügige Ausarbeiten eignet sich die extra breite Flächenschneidfeder, für feine Linien das flache Konturenmesser, für schmale Linien die spitzwinklige Geißfußfeder und für breitere Linien die Rundschneidfeder.
Druckfarbe auf Öl- oder Wasserbasis.
Keramikfliese oder Glasplatte zum gleichmäßigen Auswalzen der Farbe.
Klebeband zum Fixieren des Mediums, das bedruckt werden soll.
Farbwalze zum Auftragen der Farbe.
Karten oder Papierbögen.
Kamm (Kammrücken) oder Falzbein zum Andrücken des Stempels.

Linoleum schneiden

Linoleum läßt sich in warmem Zustand besser schneiden. Legen Sie es notfalls ein Weilchen auf die Heizung; während der Arbeit kann man es auch zwischen Packpapier legen und überbügeln. Zum Ausschneiden werden Konturenmesser, Geißfußfeder, Flächen- und Rundschneidfeder verwendet. Schneiden Sie stets vom Körper weg, und halten Sie die Hand, mit der Sie die Linoleumplatte halten, bewußt hinter dem Schneidwerkzeug. Erst wird ein schmaler Graben um die Flächen geschnitten, die später entfernt werden sollen. Halten Sie den Federhalter wie ein Messer, und schieben Sie ihn in flacher Winkelhaltung entlang der vorgezeichneten Linien vorwärts (feine Details werden später mit dem Konturenmesser ausgearbeitet). Mit der breiten Flächenschneidfeder werden vom Graben aus nach innen großflächige Bereiche abgetragen; so wird die Reliefkontur vor dem Ausrutschen des Messers geschützt. Denken Sie daran: Fehlschnitte lassen sich nicht korrigieren!

tip

Linolschnitt montieren

Linoleum wird meist in Plattenform verkauft. Soll das Schnittmotiv öfter benutzt werden, können Sie es mit Holzleim auf einen etwa 1 cm dicken Weichholzblock kleben. Der Schnitt hält dann nicht nur länger, sondern ist auch einfacher zu handhaben. Zum Drucken wird mit einem Holzhammer auf den Druckblock geschlagen.

Geschenkpapier und Karte

Sie können unser Schmetterlingsmotiv (unten) verwenden oder ein eigenes Motiv entwerfen. Beim Geschenkpapier wiederholt es sich auf dem ganzen Bogen, auf der Karte erscheint es nur einmal.

WAS SIE BRAUCHEN:

- Alte Zeitungen
- Pauspapier
- Kohlepapier
- Bleistift
- Linoleumplatte
- Halter und Linolschneidfedern
- Farbwalze
- Kamm oder Falzbein
- Fliese oder Glasplatte
- Linoldruckfarbe
- farbiges Papier und Karten zum Bedrucken
- Klebeband

LINOLSCHNITT ANFERTIGEN

1 **Bevor Sie mit der Arbeit beginnen,** legen Sie die ganze Arbeitsfläche zum Schutz gegen Verschmutzung dicht mit altem Zeitungspapier aus. Nun zeichnen Sie das gewünschte Motiv mit dem Bleistift auf Pauspapier. Achten Sie darauf, daß es auf die Linoleumplatte paßt.

2 **Das Kohlepapier** zwischen Pauspapier und Linoleumplatte legen und mit Klebeband fixieren. Nun die Motivkonturen nachzeichnen und auf diese Weise auf das Linoleum übertragen. Papier vorsichtig abheben; aufpassen, daß die Konturen nicht verwischen.

3 **Mit der Geißfußfeder** die Konturen schneiden, mit der Flächenschneidfeder die Innenflächen herausarbeiten. Beim Kurvenschneiden das Linoleum drehen, das Werkzeug festhalten (Hand hinter dem Messer!).

4 **Nach dem Ausschneiden des Motivs** wird der Linolschnitt in warmem Wasser abgewaschen, um lose Linoleumteilchen zu entfernen. Vor dem Drucken muß der Linolschnitt vollständig getrocknet sein.

MIT LINOLSCHNITT DRUCKEN

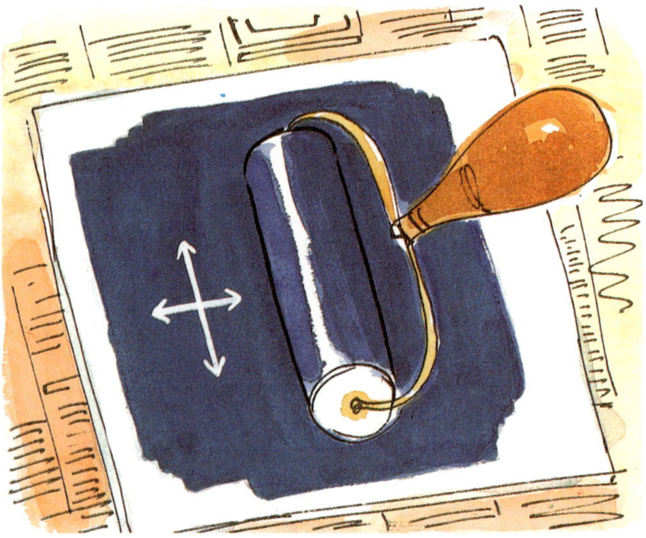

1 **Drücken Sie etwas Druckfarbpaste** auf die Fliese oder Glasplatte. Fahren Sie dann langsam und vorsichtig mit der Farbwalze kreuz und quer über diesen Farbklecks, bis die ganze Walze rundum gleichmäßig dünn mit Druckfarbe bedeckt ist.

2 **Mit der Farbwalze** über den Linolschnitt rollen, bis alle erhabenen, also vorstehenden Teile gleichmäßig eingefärbt sind. Tragen Sie die Farbe nicht zu dick auf, da sich sonst Blasen bilden, die das Druckbild beeinträchtigen. Überschüssige Farbe in den Rillen mit einem Tuch vorsichtig heraustupfen.

3 **Mit dem Klebeband** den zu bedruckenden Papierbogen an allen vier Ecken auf der Zeitungsunterlage fixieren. Den Linolschnitt positionieren und auflegen. Kammrücken oder Falzbein mit etwas Druck gleichmäßig über den Druckstempelrücken streichen. Dabei wird das Motiv auf das Papier übertragen. Dann den Stempel vorsichtig abheben.

4 **Den Druckvorgang** so oft wiederholen, bis die gewünschte Musterung aufgedruckt ist (der Stempel braucht nicht für jeden Druckvorgang neu eingefärbt zu werden, ein Auftrag reicht für zwei- bis dreimaliges Drucken). Die Einzelmotive nicht zu dicht nebeneinander plazieren, damit sie sich nicht überlappen.

5 **Nach der Arbeit** Werkzeuge und Druckstempel in warmem Seifenwasser gründlich waschen. Bei Druckfarben auf Wasserbasis geht das spielend leicht.

Unvergängliche Buketts

Papierblumen bezaubern durch ihre bleibende Schönheit mit farbenfrohen Blüten, die nie verwelken. Mit einem Bukett zarter Anemonen zum Beispiel oder leuchtend roter Mohnblumen verschenken Sie einen Strauß unvergänglicher Blütenpracht.

▲ Blühender Klatschmohn

Echtem Mohn täuschend ähnlich sehen diese zarten Blüten aus leuchtend rotem Kreppapier. Jede Blüte besteht aus 15 Blättern.

Kunstvoll gestaltete Papierblumen entfalten eine schier zeitlose Schönheit - losgelöst vom Rhythmus der Natur. Als reizvolle Alternative zu frischen oder getrockneten Blumen kann man sich das ganze Jahr an ihrer bunten Pracht erfreuen, die darüber hinaus keiner zeitaufwendigen Pflege bedarf.

Das Geheimnis bei der Herstellung naturgetreuer Blüten liegt im Erkennen der wesentlichen Details. Durch aufmerksames Betrachten echter Blüten oder detaillierter Abbildungen werden Sie schon bald einen Blick für die Feinheiten entwickeln und in der Lage sein, Blüten aus Papier und Draht nachzubilden. Der geringe Aufwand an Materialien und Werkzeugen macht dieses Hobby zudem äußerst preiswert.

Grundtechniken

Ob ganz schlichte oder besonders aufwendig gestaltete Blüten, die Grundtechnik besteht stets darin, ausgeschnittene Blütenblätter um einen Mittelstiel anzuordnen. Je nach Blumenart werden mittels Schablonen Blütenblätter in unterschiedlichen Formen, ein einzelner Kreis oder auch ein langer Streifen ausgeschnitten.

Zunächst erfahren Sie, wie mit Schablonen zeitlos schöne Mohnblüten und Anemonen aus Kreppapier hergestellt werden. Ebenfalls aus einzelnen Blütenblättern zusammengesetzt werden Tulpen und Rosen. Mit ein wenig Übung und Phantasie wird es Ihnen schon bald gelingen, die verschiedensten Blumenarten selbständig nachzuarbeiten.

Materialien

Kreppapier ist in zwei Stärken erhältlich. Der stärkere Gärtnerkrepp läßt sich besonders gut wellen, dehnen und formen.
Die übrigen Materialien sind im Gartenfachhandel erhältlich.
Blumendraht ist fein und flexibel. Mit ihm werden Blätter und Blütenblätter angebunden.
Blumen-Stieldraht ist etwas stärker als Blumendraht; an ihm werden die einzelnen Blätter und die verschiedenen Blütenteile befestigt.
Blumenband, ein grünes Kreppklebeband, dient zum Umwickeln von Stielen und Anbinden von Blättern.
Wattebällchen werden als Blumenmitte am mittleren Stiel angebracht. Man kann auch Papierbällchen verwenden.

◀ Diese farbenfrohen Anemonen sind schnell gemacht.

Anemonen-Bukett

Ein bunter Strauß aus Papieranemonen bringt Farbe in Ihre Wohnung und bildet einen attraktiven Blickfang. Vorlagen für die Staubgefäße, für Blätter und Blütenblätter finden Sie auf der abschließenden Seite.

WAS SIE BRAUCHEN:

- Kreppapier in Gelb, Violett, Blaßgrün, dunklem Pink, Schwarz und Weiß
- Blumenband
- Wattebällchen
- schwarze Farbe oder schwarzer Filzstift
- Drahtstiele, 28 cm lang
- feiner Blumendraht
- Schere und kleine Zange
- klarer Klebstoff
- Pastellstifte (nach Belieben)

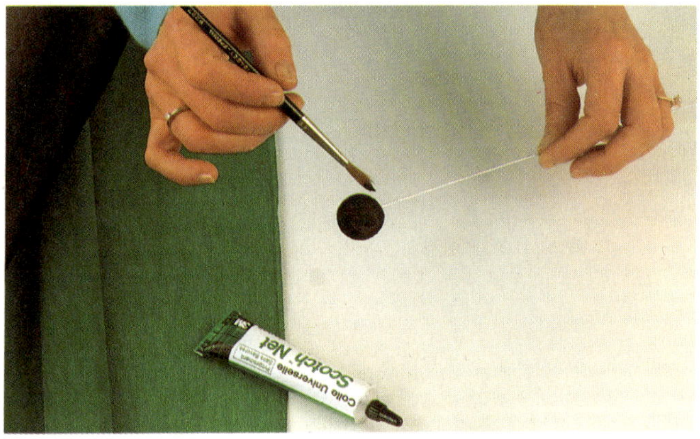

1 **Mit der Zange** einen Drahtstiel am Ende umbiegen. Ein Wattebällchen aufstecken und mit Klebstoff befestigen. Am Einstichloch einzelne Wattefasern zur Festigung um den Draht kleben. Das Wattebällchen - als Blütenmitte - mit schwarzer Farbe oder Filzstift färben.

2 **Mit Hilfe der Schablone** den Streifen für die Staubgefäße ausschneiden. An einer Längsseite einschneiden, an der zusammenhängenden Seite mit Klebstoff bestreichen. Um Stiel und Wattebällchen wickeln.

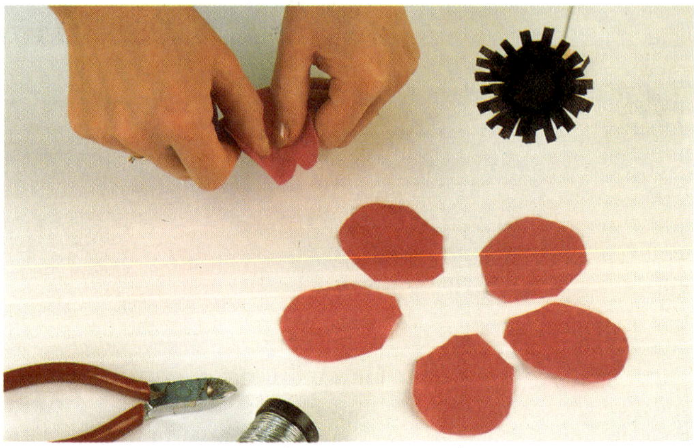

3 **Sechs Blütenblätter** in der Farbe Ihrer Wahl mit Hilfe der entsprechenden Schablone ausschneiden. Die einzelnen Kreppstücke behutsam wölben, so daß sie eine naturgetreue Form annehmen.

Klatschmohn

Die leuchtend roten Mohnblüten werden ganz ähnlich hergestellt wie die Anemonen. Allerdings setzt sich die Blüte aus 15 - anstatt sechs - Blütenblättern zusammen, und die Blütenmitte ist etwas aufwendiger gestaltet. Die Blätter bestehen aus zwei Lagen Kreppapier und sind mit Draht verstärkt. Die Schablonen sind umseitig abgebildet.

WAS SIE BRAUCHEN:

- Kreppapier in Rot und Schwarz
- Blumenband
- Wattebällchen, 3 cm groß
- Blumen-Stieldraht, 30 cm lang
- feiner Blumendraht
- Klebstoff
- schwarze und grüne Farbe oder Filzstifte

BLÜTENMITTE

Auf einen Drahtstiel einen Watteball spießen und ankleben. Den ganzen Ball mit grüner Farbe bemalen und dann mit Pinsel und Wasserfarben oder mit Filzstift die schwarze Zeichnung anbringen, ohne die Form des Balles zu zerstören. Die Blütenblätter, deren Anzahl sich auf 15 erhöht, wie zuvor überlappend in vier oder fünf Reihen anordnen.

BLÄTTER

Jeder Blütenstiel erhält zwei Blätter, die sich jeweils aus zwei spiegelbildlichen Lagen zusammensetzen. Entsprechend der Schablone vier Formen ausschneiden. Die Formen paarweise aufeinanderlegen und jeweils zwischen ein Paar ein Stück dünnen Draht legen; die beiden Lagen zusammenkleben. Die Blätter wie bei den Anemonen befestigen.

4 **Um die Staubgefäße** herum die Blütenblätter in zwei Dreierreihen gleichmäßig anordnen. Dabei sollten die Blütenblätter sich jeweils leicht überlappen und die beiden Reihen versetzt angeordnet werden, nur so entstehen dichte Blüten.

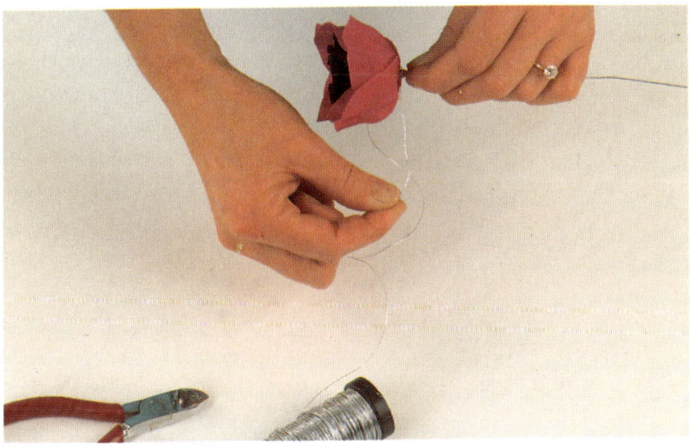

5 **Ein Tropfen Klebstoff** hält die Blütenblätter provisorisch an ihrem Platz. Ein Stück Blumendraht abschneiden und die Blütenblätter am unteren Teil damit umwikkeln, so daß sie fest am Stiel sitzen und alle Blütenblätter vom Draht gefestigt werden.

6 **Den Stiel mit Blumenband umwickeln:** am Ansatz der Blütenblätter beginnend gleichmäßig bis zum unteren Ende. Dabei das Band straff spannen und darauf achten, daß keine Falten entstehen.

7 **Aus grünem Krepp** mit Hilfe der Schablone drei Blätter ausschneiden. Mit Draht an den Stiel binden und die Ansatzstellen mit Blumenband umwickeln. Nach Belieben mit einem Pastellstift die Blattäderung andeuten.

Mohnblatt

Mohnblütenblatt

Anemonenblatt

Anemonenblütenblatt

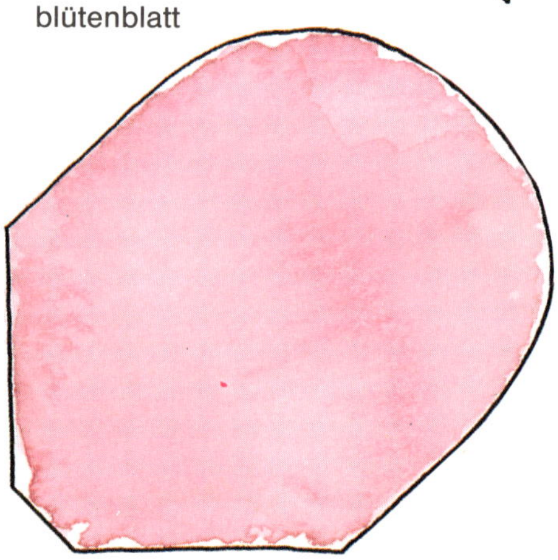

SCHABLONEN FÜR ANEMONEN UND MOHNBLUMEN

Übertragen Sie die Vorlagen auf festen Karton, und schneiden Sie die Teile exakt aus. Legen Sie die Schablone auf das Kreppapier, ziehen Sie mit einem weichen Bleistift die Konturen nach, und schneiden Sie das Teil sorgfältig aus.

Mohnstaubgefäße - 35 cm lang

Anemonenstaubgefäße - 20 cm lang

Üppige Blüten aus Papier

Herbstastern und Edelnelken sehen in der Natur zwar unterschiedlich aus – als farbenprächtige Imitationen entstehen sie jedoch nach derselben Methode: Schmale Streifen aus Seidenpapier und Servietten bilden die Blüten, umwickelte Holzstäbchen die Stiele.

▼ ***Prächtiger Tischschmuck***

Ob in voller Blüte oder als zarte Knospe: Die duftigen Blumen aus Seidenpapier und Papierservietten sind eine tolle Dekoration für jeden hübsch gedeckten Tisch.

Nelken aus Servietten

In ihren natürlichen Farben sehen die Papier-Nelken am schönsten aus. Einige einfarbige, helle Blüten erhalten mit feinem Pinsel hauchdünne Ränder in dunkleren Farbtönen.

WAS SIE BRAUCHEN:

- 2 Papierservietten in Weiß, Pfirsich- und Pinknuancen
- 2 rote Papierservietten
- wasserfeste kirschrote Zeichentusche
- runde Holzstäbe, 30 cm lang, 3 mm Durchmesser
- Zackenschere, Blumendraht
- blaßgrünes Floristenband, 12 mm breit, oder blaßgrünes Kreppapier
- feiner Pinsel, Klebstoff

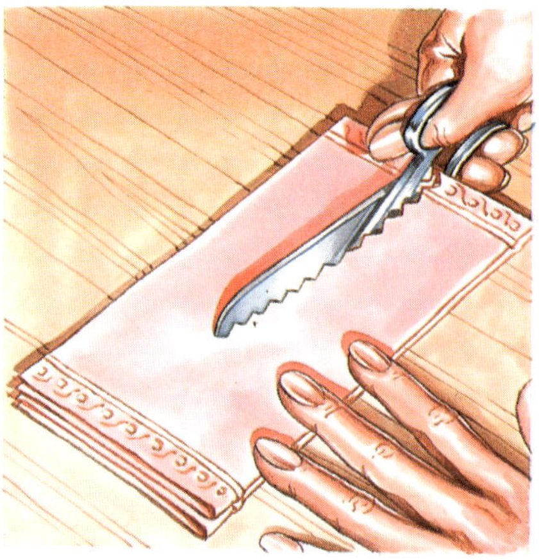

1 **Zwei helle Servietten** auf die Hälfte zusammenfalten und eine über die andere legen. Mit der Zackenschere 5 cm von der Bugkante entfernt einen Streifen abschneiden. Vom restlichen Serviettenpapier weitere 5 cm breite Streifen abschneiden und alle auf jeweils 20 cm kürzen.

2 **Die Zackenkanten** fest zusammenpressen und zart mit Tusche betupfen. Danach die Papierlagen sofort voneinander trennen und trocknen lassen. Für einfarbige Blüten diesen Schritt auslassen.

3 **Die einzelnen Papierlagen** wieder zusammenfalten und am Falz kräuseln. Kräftig andrücken, damit die Falten dauerhaft bleiben.

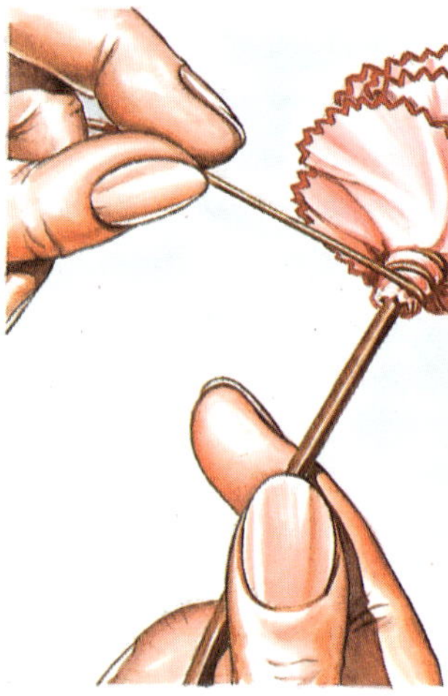

4 **Eine Papierlage** rund um den Rundholzstab legen, in Form zupfen und mit Blumendraht umwickeln. Anschließend den zweiten, dritten und vierten Streifen in gleicher Weise einzeln andrahten.

5 **Floristenband** so um die Blüte wikkeln, daß der Draht abgedeckt ist. Dann das Band schräg nach unten um den Holzstab wickeln. Darauf achten, daß es sich glatt um den Stab schmiegt. Am Ende das Floristenband festkleben.

6 **Die Papierblüte** vorsichtig auseinanderziehen und mit sanftem Druck in die richtige Form zupfen, so daß sie möglichst natürlich wirkt.

◀ ***Vorbildlich***

Die zart geränderten, bauschigen Nelkenblüten lassen sich so gut imitieren, daß sie fast wie ihre natürlichen Vorbilder wirken.

Astern aus Seidenpapier

Wählen Sie für Ihre Papierblumen möglichst naturnahe Farbtöne.

WAS SIE BRAUCHEN:

- Seidenpapier in Weiß, Pink, Purpur, Lila, Kirsch und Grün
- Rundholzstäbe oder Bambusblumenstäbe, 30 cm lang, 3 mm Durchmesser
- Blumendraht, Zackenschere
- laubgrünes Floristenband, 12 mm breit, oder laubgrünes Kreppapier
- Wattebällchen, Klebstoff

1 **Vier Stücke Seidenpapier,** 12 x 25 cm groß, längs zur Hälfte falten und 5 cm über der Bugkante mit der Zackenschere abschneiden. Die Teile aufeinanderlegen und zwischen den Zacken bis 1 cm vor der Bugkante einschneiden. Für die Kelchblätter ein 10 x 25 cm großes Stück grünes Seidenpapier längs zur Hälfte falten, 4 cm von der Bugkante entfernt abschneiden und ebenfalls einschneiden.

2 **Die Papierlagen** einzeln am Falz zusammenkräuseln. Die Streifen nacheinander mit Blumendraht am Stab befestigen. Auf eine gleichmäßige Anordnung der Blütenblätter achten.

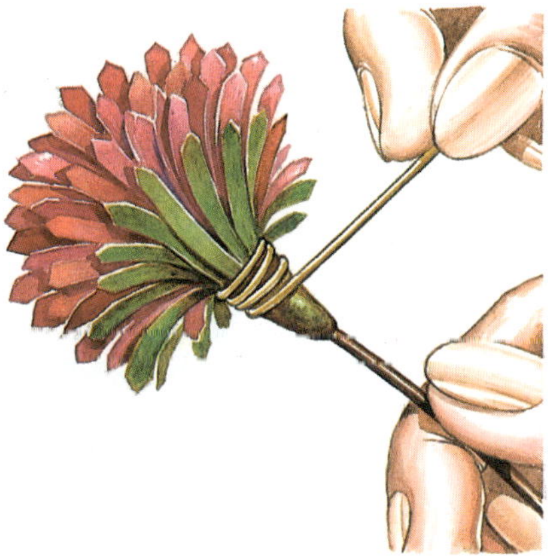

3 **Zuletzt** den grünen Streifen als Kelchblätter mit Draht befestigen.

4 **Blätter** entsprechend der Schablone aus gefaltetem grünen Seidenpapier ausschneiden. Den Blütenansatz und den Stiel mit Floristenband umwickeln, dabei ab und zu ein Blatt mit einbinden.

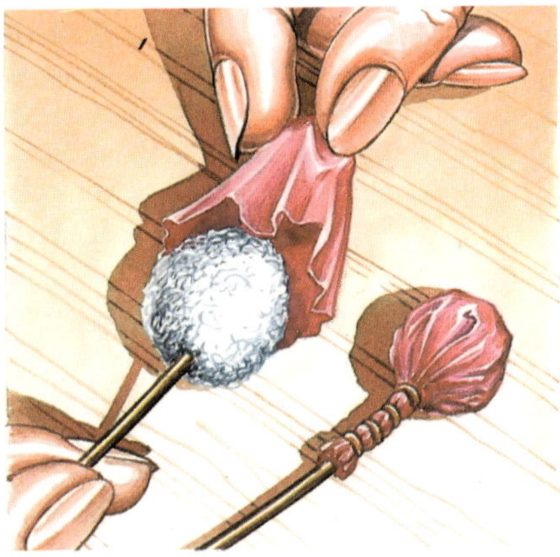

5 **Für die Blütenknospen** einen Kreis von 10 cm Durchmesser aus Seidenpapier ausschneiden. Einen Watteball auf einen Stab stecken. Papierkreis darüber legen, den Papierrand am Stab mit Draht umwickeln.

6 **Einen grünen Streifen zuschneiden,** um den Knospenansatz mit Draht befestigen. Stiel mit Floristenband umwickeln, Blätter miteinbinden.

Schablonen für die Blumen

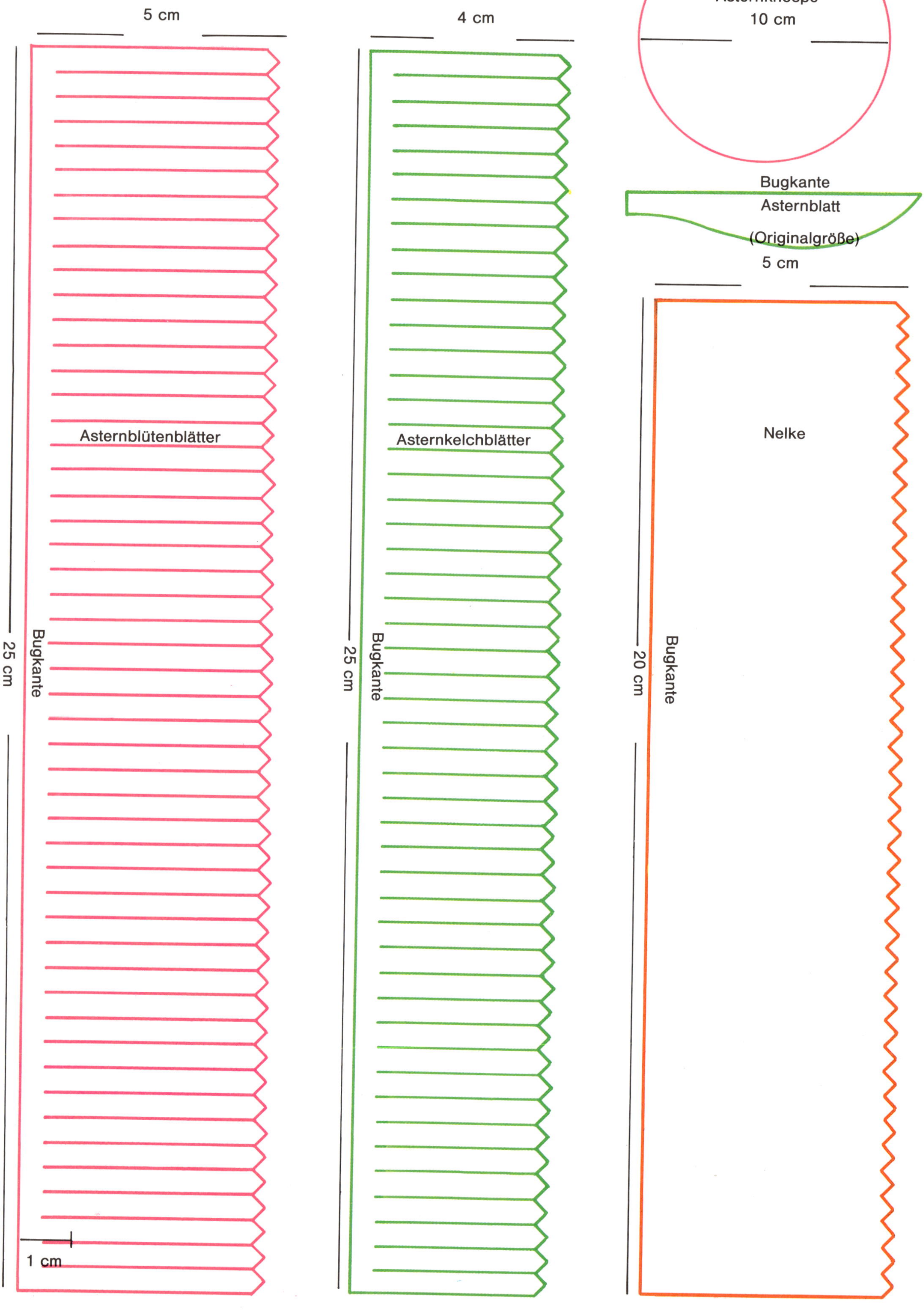

Zauberhafte Seidenblumen

Sie stehen stets in voller Blüte, verlieren niemals ihre Blätter und sehen wunderschön aus: Blumen aus zarter Seide. Schon mit einfachen Grundtechniken können Sie herrliche Buketts zum Verschenken herstellen.

▼ ***Blüten rund ums Jahr***
Aus zarten Seidenbändern in allen Farben und verschiedenen Breiten lassen sich kostengünstig hübsche Blüten und Blätter fertigen, die niemals welken.

Seidenblumen fertigen

Die Kunst, bezaubernde Blumen aus kostbarer Seide herzustellen, stammt aus Japan. Von dort verbreitete sich diese reizvolle Idee in der ganzen Welt. Seidenblüten nehmen nicht nur in Buketts aller Art einen festen Platz ein – sie „blühen" auch auf Kleidern und Hüten. In Kaufhäusern und Kurzwarengeschäften gibt es verblüffend echt aussehende Exemplare, die meist aus speziellem, nicht fransendem Seiden- oder Synthetikband bestehen. Diese besonders gut zu verarbeitenden Bänder erhalten Sie im Fachhandel. Es ist sehr wichtig, daß die Seide nach dem Zuschneiden nicht ausfranst, damit Blüten und Blätter ihre Form behalten. Lesen Sie dazu den nebenstehenden Tip.

Materialien

Zum Gestalten von Seidenblumen brauchen Sie nur wenig spezielles Zubehör. Die grünen Blätter und die farbigen Blütenblätter formen Sie entsprechend der folgenden Anleitungen, die Staubgefäße gibt es im Fachgeschäft fertig zu kaufen.

Spezialband für Seidenblumen wird in vielen Farben angeboten – mit teilweise abgestuften Schattierungen oder glänzender Ober- und matter Unterseite. Besonders gebräuchlich ist eine Breite von 7 cm, doch sind auch andere Maße auf dem Markt.

Staubgefäße sind in unterschiedlichen Formen und Farben im Fachhandel erhältlich. Gewöhnlich werden sie in Bündeln mit beidseitigen Köpfen angeboten. Man schneidet sie dann auf die passende Länge zu.

Guttaband (Kautschukband) zum Umwickeln der Stengel erhalten Sie im Blumengeschäft. Es ist elastisch und leicht klebrig. Sie finden es in natürlichen Grün- und Brauntönen, aber auch in anderen Farben. Bewahren Sie es in einem Kunststoffbeutel oder in einer Plastiktüte auf, damit es nicht austrocknet.

Draht gibt es in verschiedenen Stärken; Sie benötigen dünnen Wickeldraht von der Rolle und dickeren Blumendraht, den Sie in Blumengeschäften erhalten. Der feine Wickeldraht dient dazu, den Blütenblättern Form zu geben und sie an den Stielen zu befestigen. Aus dem dicken Draht gestalten Sie die Stiele.

> *tip*
>
> **So franst Seide nicht aus**
>
> Eine Mischung aus Wasser, Stärke und Kleister verhindert das Ausfransen der Seide. 450 ml Wasser zum Kochen bringen. 7,5 g Wäschestärke mit einem Teelöffel Wasser verrühren und in das kochende Wasser geben. Umrühren, bis es eindickt. Etwas abkühlen lassen, 10 g Kleister hinzugeben und verrühren. Mit einem Flachpinsel über die Seide bürsten.

Klebstoff für die Fertigung der Blüten muß unbedingt transparent trocknen, verwenden Sie deshalb am besten speziellen Stoffkleber. Außerdem benötigen Sie doppelseitiges Klebeband, um Blüten- und Kelchblätter zu verbinden.

Weitere Hilfsmittel: eine scharfe Schere, um die Seide zuzuschneiden, eine Rundzange, um den Draht zurechtzubiegen und zu kürzen, ein durchsichtiges Lineal zum Abmessen und einen Bleistift.

Grundtechniken

Alle Seidenblumenarten entstehen nach den gleichen Grundtechniken. Am besten fertigen Sie erst mal ein paar Probeblüten an, bevor Sie mit den endgültigen Blumen beginnen.

BLÄTTER ZUSCHNEIDEN

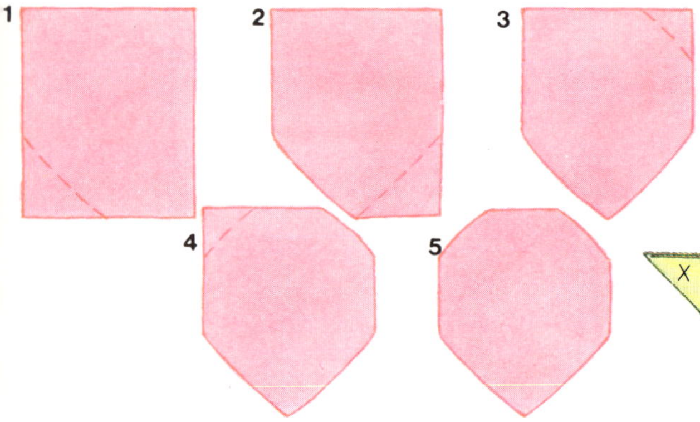

Gewöhnlich wird die gesamte Breite des Bandes genutzt. Schmale und mehrfach gezackte Blätter schneiden Sie am besten paarweise aus. Dazu das Band falten und durch beide Lagen schneiden. Beginnen Sie mit dem Zuschneiden an der Basis (dem Stielansatz) der Blätter, wie oben dargestellt. Schneiden Sie Rundungen in einem Zug, indem Sie den Stoff gleichmäßig zwischen den Schneidblättern drehen.

FÜNFFACH-FALTUNG

Echte Blüten- und Kelchblätter (diese umgeben eine Knospe) weisen meistens fünf unterschiedliche Formen auf. Um Ihre Kunstblumen möglichst naturgetreu nachzubilden, wenden Sie die Fünffach-Faltung an. Dieser kleine Trick erleichtert die Arbeit, denn Sie müssen nun nicht mehr jede Blütenblattform einzeln anfertigen. Entscheiden Sie zunächst, wie groß die Blätter und die Blüte werden sollen. Dann falten Sie ein entsprechend breites Seidenband mehrfach und schneiden die Form aus. Probieren Sie das Falten vorher mit dünnem Papier aus. Wenn es Ihnen gut gelingt, arbeiten Sie die Blätter anschließen mit Seidenband. Schneiden Sie Quadrate (zum Beispiel 7x7 cm oder andere Maße) zu, und gehen Sie dabei nach untenstehender Anleitung vor.

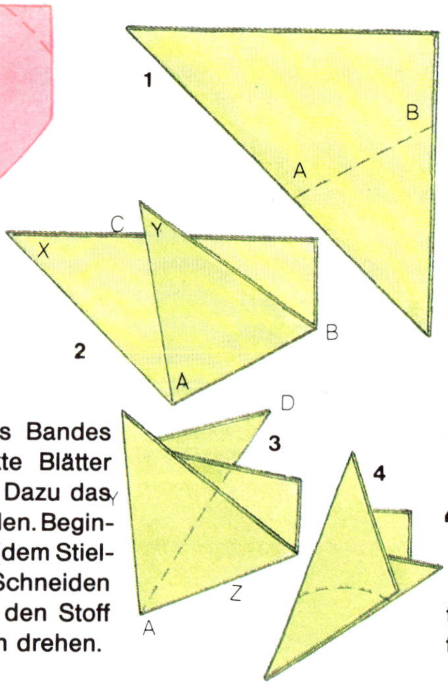

1 Falten Sie das Quadrat diagonal zu einem Dreieck.

2 Falten Sie das Dreieck entlang der Markierungslinie AB.

3 Falten Sie anschließend entlang der Linie AC, und zwar so, daß Punkt X hinter Punkt Y zu liegen kommt.

4 Falten Sie entlang Linie AD und zwar so, daß Punkt Y über Punkt Z liegt, um die abgebildete Endform zu erhalten. Entlang der gestrichelten Linie schneiden Sie dann das Blüten- oder Kelchblatt aus.

BLÜTENBLÄTTER DEHNEN

Blütenblättern und Blättern aus Seide können Sie eine natürliche Wölbung oder gekrauste Ränder verleihen, indem Sie den Stoff leicht in Form dehnen.
Halten Sie dazu das Blatt in beiden Händen zwischen Daumen und Zeigefinger, und ziehen Sie es ganz vorsichtig und langsam – ohne ruckartige Bewegungen – nach außen. Wenn Sie das Blatt vorher ein wenig (gleichmäßig) mit Wasser anfeuchten, erzielen Sie einen noch stärkeren Effekt.

BLÜTEN ANDRAHTEN

Um den Stoff zusammenzuraffen, die einzelnen Komponenten zusammenzufügen und die Stiele anzubringen, umwickeln Sie die Basis der Blüten mit Draht. Verwenden Sie feinen, biegsamen Wickeldraht. Hier ist eine von vielen Andraht-Methoden erklärt.
<u>Haarnadelmethode:</u> Diese Methode des Andrahtens wird vor allem bei Blättern mit breiter Basis und bei Formen, die aus dickerem Band gestaltet wurde, angewandt. Verwenden Sie feinen Wickeldraht.

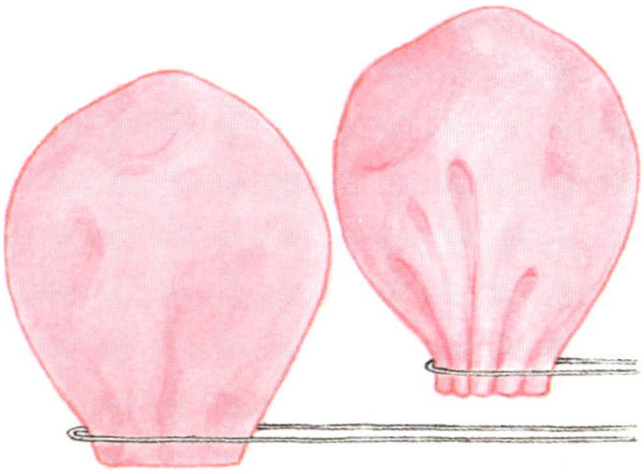

1 **Biegen Sie ein kurzes** Drahtstück auf die Hälfte, und schieben Sie die Basis eines Blattes 1 cm tief in die Schlinge. Den Draht fest zusammenfassen und den Stoff in kleine, gleichmäßige Kräusel legen.

2 **Die Drahtenden** mit einer Hand festhalten und mit der anderen das Blatt immer wieder um sich selbst drehen, so daß sich die beiden Drahtenden verschlingen. Den Draht an der Blattunterseite umknicken und genau in die gewünschte Stielposition bringen. Anschließend den so entstandenen Stiel mit 1 cm breitem, grünen Guttaband sorgfältig umwickeln, damit er möglichst naturgetreu aussieht.

STIELE UMWICKELN

Üben Sie das Umwickeln zunächst an einem Stück Draht. An einem Drahtende beginnend, dehnen Sie den Anfang des Guttabandes etwas und legen es faltenfrei an. Halten Sie den Draht und das Band mit einer Hand, und rollen Sie mit der anderen den Draht wie abgebildet in das Band ein. Achten Sie darauf, daß das Band dabei straff gespannt bleibt, denn nur so wikkelt es sich glatt herum. Für einen Stiel mit mehreren Blütenköpfen bestücken Sie zunächst jede Blüte einzeln mit einem Draht, der wiederum mit Guttaband umwickelt wird. Legen Sie zunächst die Blütenpositionen fest, und fassen Sie dann die Drähte zu einem Stiel zusammen.

EINGEKLEBTER DRAHT

Blattwerk kann man auch im Klappverfahren herstellen, das heißt der bereits umwickelte Draht wird zwischen die beiden Lagen geklebt.

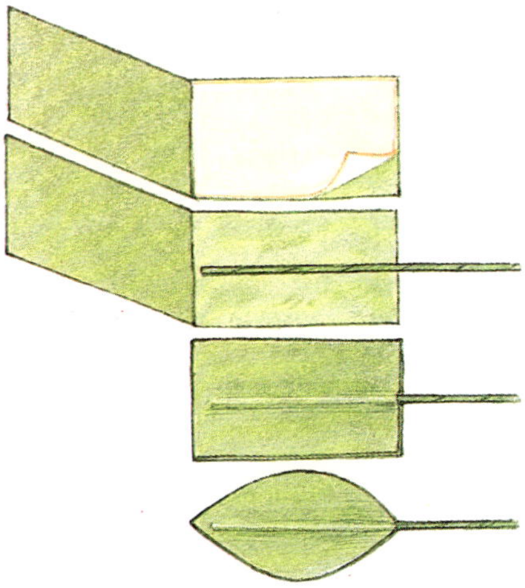

Schneiden Sie hierzu ein Stück Band in der doppelten Blatthöhe ab und bedecken Sie die eine Hälfte mit doppelseitigem Klebeband. Die Schutzfolie abziehen und den Drahtstiel bis 5 mm unter die Falzlinie auf das Klebeband legen. Die Bandhälften fest und glatt aufeinanderdrücken. Das Blatt zuschneiden und in Form biegen.

Eine andere Möglichkeit ist die Blattfertigung in einfacher Stofflage. Dazu Blattformen ausschneiden und entsprechend Drahtstiele vorbereiten. Der Länge nach und mittig auf der Blattrückseite Klebstoff auftragen und dann die Stiele darüberkleben.

Sie können aber auch einen Tropfen Klebstoff auf den Handrücken geben und den Stielansatz hindurchziehen. Dann den Draht ebenfalls auf der Blattrückseite anlegen und immer wieder nachdrücken, bis der Leim getrocknet ist. Das Ganze noch 30 Minuten aushärten lassen und anschließend die Blätter in Form biegen.

Seidenwicken

Dieser kunstvoll arrangierte Wickenstrauß wurde aus Seidenbändern in zarten Pastelltönen gefertigt. Er wirkt wie frisch gepflückt.

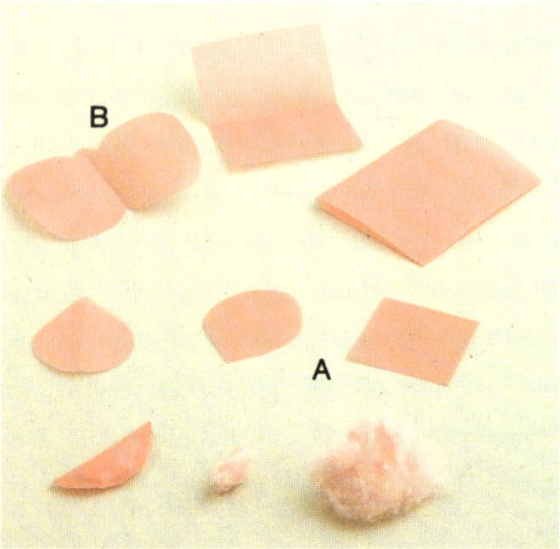

1 Schneiden Sie aus einem 2,5 cm großen Quadrat aus rosé- oder malvenfarbenem Band Blatt A zu (siehe Abbildung), das geschlossene mittlere Blütenblatt. Falten Sie den Stoff auf die Hälfte, und legen Sie etwas Watte darauf. Bestreichen Sie die Ränder mit Hilfe eines in Klebstoff getauchten Drahtes, und pressen Sie die Kanten fest zusammen. Entsprechend der Abbildung für Blütenblatt B und C aus demselben Band zwei 36 x 48 mm große Rechtecke mit abgerundeten Ecken zuschneiden.

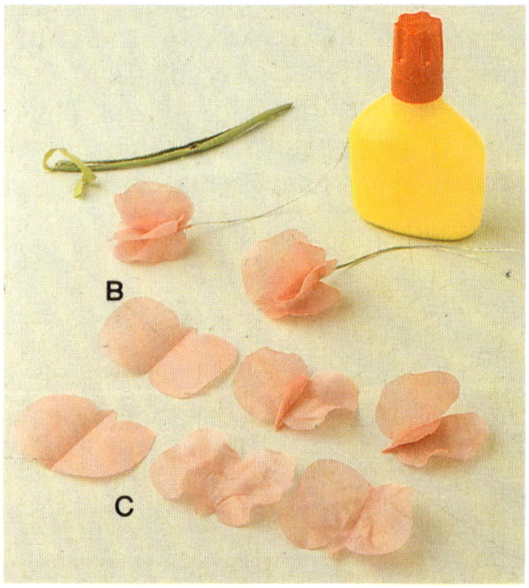

2 Dehnen Sie vorsichtig die Ränder von Blatt B und C. Bestreichen Sie die Bruchkante von Blüte A mit Klebstoff, und drücken Sie sie auf die Mitte von Blatt B. Legen Sie nun Blütenbatt C um A und B, und drahten Sie anschließend alle drei mit dünnem Wickeldraht an der Basis zusammen. Von hier aus umwickeln Sie ein gutes Viertel der Stiellänge mit grünem Guttaband. Das Kautschukband sollte für diesen Zweck auf ein Viertel seiner Breite verschmälert werden.

WAS SIE BRAUCHEN:

- Seidenband in den Farben Rosa und Malve, Weiß und Grün
- grünes Guttaband
- dünner Wickeldraht
- grün umwickelter Blumendraht
- doppelseitiges Klebeband, 5 mm breit
- Textilklebstoff
- Watte

3 Schneiden Sie aus grünem Seidenband ein 2,5 cm großes Quadrat zu. Machen Sie eine fünffache Faltung, und schneiden Sie entsprechend der Beschreibung die Kelchblätter zu. Nun falten Sie den Zuschnitt auseinander und stechen mit einer Stopfnadel oder mit Draht ein kleines Loch in die Mitte. Stecken Sie den Blütenstiel durch das Loch, und schieben Sie dann den Kelch bis an den Blütenboden. Diesen befestigen Sie ebenfalls mit auf ein Viertel seiner ursprünglichen Breite verschmälertem Guttaband. Die Knospe entsteht wie Blütenblatt A. Basis mit dünnem Wickeldraht andrahten, und diesen mit Guttaband umwickeln. Betten Sie die Knospe in einen Kelch. Formen Sie noch eine kleine Blüte aus Blatt A und B.

Die Blätter entstehen aus einem 30 x 35 mm großen Rechteck aus grünem Seidenband. Jede Blüte erhält zwei doppellagige Blätter. Für die Ranke dünnen Draht mit verschmälertem Guttaband umwickeln, und diesen wiederum um ein Stück Blumendraht wikkeln. Die dadurch entstandene Spiralform vom Blumendraht abziehen, kürzen und zwischen die Blätter kleben.

4 Für einen möglichst natürlich aussehenden Blütenzweig befestigen Sie eine Knospe, eine kleine Blüte, zwei große Blüten und zwei Blätter sowie eine Ranke mit Guttaband an einem Stiel aus mit grünem Band umwickelten Blumendraht.

Eine Tasse voll Blumen

Tassen und Trinkbecher mit Henkeln werden hier aufs schönste zweckentfremdet. Als „Vasen auf Zeit" stillen sie den Durst hübscher Schnittblumen: eine gleichermaßen praktische wie bezaubernde Geschenkidee.

▼ *Frühlingshaftes Arrangement*

Leuchtendes Blau, Gelb und Grün bestimmen dieses Frühlingsblumen-Stilleben aus Primeln, Hyazinthen, Narzissen und Perlhyazinthen. Becher und Kaffeetasse greifen in ihrer Bemalung die Farben auf.

Duftige Blütendekoration

Während in einem höheren Becher eine einzige Rose zauberhaft aussehen kann, benötigen Sie für eine Präsentation in Tassen schon ein kleines Bukett. Am besten wählen Sie Blumen mit großen Blüten, die Sie zu einem fülligen Tuff arrangieren. Da bieten sich zum Beispiel Stiefmütterchen, Anemonen, Primeln, Ranunkeln und Ringelblumen, aber auch möglichst aufgeblühte Rosen an. Alle Stiele müssen Sie auf die Höhe der Tasse zurückschneiden, in Bechern dürfen sie ruhig unterschiedliche Längen haben. Ganz nach Geschmack stellen Sie die Sträuße in Tassen und Becher, die farblich mit den Blüten harmonieren oder einen interessanten Kontrast bilden. Auch Porzellan- und Keramikgeschirr mit floralem Dekor können als zeitweilige Blumenvasen durchaus Furore machen.

▲ Morgengruß mit Stiefmütterchen

Aus einer feinen Porzellantasse quellen Stiefmütterchen in ihren schönsten Farbtönen hervor – eine liebevolle Zierde für den morgendlichen Kaffeetisch. Passend zu den frischen Blüten das Stiefmütterchen-Dekor auf Tasse und Untertasse.

◀ Prachtvoller Mittelpunkt

Gelbe Teerosen, orangefarbene Ranunkeln, weiße Chrysanthemensterne und zartgrüne Büschel der Wilden Möhre – sieben einfarbige Keramiktassen voller kurzstieliger Blumenbuketts. Auf ein rundes Tablett gestellt, sind sie eine prachtvolle Dekoration für eine Kaffeetafel.

◀ Schön fürs Frühstückstablett

Dieser kleine Blumenstrauß aus abgeknickten Blüten macht sich hübsch auf einem Frühstückstablett.

▶ Einladung zum Tee

Rosa Leimkraut und die weißen Blüten des „Sterns von Bethlehem“ in einer meergrünen Tasse – eine romantische Note für die Einladung zum „Tea for Two“.

Bäumchen aus Trockenblumen

Das Schöne an den dekorativen Trockenblumenbäumchen: Sie verwelken nie, brauchen keine Pflege und sind mit ein wenig Geschick schnell gestaltet: das passende Geschenk für die Housewarming-Party.

▼ Traumbaum in Pink und Mint

Die mit pinkfarbigen getrockneten Blüten geschmückte Krone dieses reizvollen Bäumchens steht in einem zauberhaften Kontrast zum romantischen Töpfchen in Mint.

Zimmerschmuck

Wen wundert's, daß Bäumchen aus Trockenblumen sich so großer Beliebtheit erfreuen! Sie können jedem Raum, jeder Farbe und jeder Atmosphäre angepaßt werden und sind in der Herstellung so einfach, daß auch Anfänger Spaß am Gestalten und langsamen „Wachsen" des Bäumchens finden werden. Die wohl beliebteste Baumversion ist der „Wuschelkopf". Als Stamm können Sie einen abgesägten Ast oder einige zusammengebundene Zweige verwenden, die man auf Waldspaziergängen findet oder manchmal sogar im eigenen Garten hat. Für kurze Bäumchen reicht auch ein Reisigbündel, das in Baumärkten als Anzündholz angeboten wird. Die „Wurzel" für den Stamm bildet eine Gipsmasse in einem Topf oder Korb. Dicke Holzpflöcke oder Besenstiele, weitere Alternativen für den Stamm, sollten Sie jedoch vor dem Eingipsen mit farbigen Bändern oder mit Beerengestrüpp umwickeln, damit Ihr Bäumchen hübscher aussieht. Kugelförmiges Steckmaterial für die Krone des Bäumchens gibt es in großen Gärtnereien oder Bastelgeschäften. Achten Sie darauf, daß die Steckkugeln beige oder grau sind und eine poröse Oberfläche haben. Und denken Sie auch daran, daß die Krone des Bäumchens sich durch Blätter, Blüten und Zweige enorm vergrößert. Wenn Sie zum Beispiel eine Steckschaumkugel mit einem Durchmesser von 18 cm verwenden, wird die geschmückte Baumkrone einen Durchmesser von etwa 30 cm haben.
Noch ein Tip: Unterschätzen Sie nicht die Menge des benötigten Materials. Sie brauchen ziemlich viel, und damit Ihr Bäumchen nicht zu teuer wird, verwenden Sie am besten vor allem Staticen, Strandnelken, Hortensien, Gräser und grüne Blätter. Auch Farne oder Eichenlaub sehen sehr hübsch aus. Und für Weihnachtsdekorationen eignen sich Nadelholzzapfen. Farbige Akzente setzen einige orangefarbene Lampionblumen oder leuchtend rote Hagebutten. Teure Rosenblüten oder exotische Blumen sollten Sie nur sparsam einfügen.

So wird's gemacht

Für dieses dekorative Bäumchen aus Trockenblumen benötigen Sie eine Kugel von 18 cm Durchmesser. Für eine kleinere Kugel brauchen Sie natürlich entsprechend weniger Material zum Schmücken.

WAS SIE BRAUCHEN:

- Topf oder Korb von 19 cm Durchmesser, ca. 15 cm tief
- Steckschaumkugel mit einem Durchmesser von 18 cm
- Ast als Stamm, 46 cm lang
- Gips
- Alleskleber
- drei Sträuße getrocknete Strandnelken in Weiß, Pink und Dunkelrot
- ein Strauß getrocknete Staticen in Dunkelrosa
- ein Strauß getrocknete pfirsichfarbene Rosen
- ein Strauß Nigella orientalis
- etwa 25 Mohnblumenkapseln
- ein Strauß zartrosa Moosröschen
- Silberspray
- Pinkspray
- alte Zeitungen
- alter Topf
- Löffel
- Plastiktüte
- Schere

1 **Pflanzen vorbereiten:** Arbeitsplatz mit einer alten Zeitung schützen, bevor Sie die Nigella orientalis mit Silberspray und die Mohnblumenkapseln mit Pinkspray besprühen.

2 **Stamm vorbereiten:** Wenn Sie einen Korb als Sockel verwenden, legen Sie ihn mit einer festen Plastiktüte aus, damit der Gips beim Eingießen nicht durchläuft. Stecken Sie Moos oder Gräser zwischen Korb und Plastiktüte, damit sie von außen nicht zu sehen ist. Den Gips in einem alten Topf zähflüssig anrühren und in das Steckgefäß gießen.

3 **Stamm einsetzen:** Den Stamm vorsichtig in die Gipsmasse stellen und eventuell noch etwas Gips nachfüllen. Stützen Sie den Stamm ca. 15 Minuten, bis der Gips abbindet. Sie sollten mit der Arbeit erst fortfahren, wenn die Gipsmasse völlig hart geworden ist. Am besten lassen Sie sogar alles über Nacht ruhen.

4 **Montage der Hartschaumkugel:** Mit dem Löffel eine kleine Vertiefung aushöhlen. An dieser Stelle die Kugel so lange fest auf den Stamm drücken, bis sie Halt findet. Anschließend wieder abnehmen und Alleskleber in die Vertiefung geben. Erneut auf den Stamm stecken und lange genug trocknen lassen.

5 **Staticen anstecken:** Staticen auf eine Länge schneiden und in gleichmäßigen Abständen über die ganze Kugel verteilen. Dabei das Bäumchen immer wieder drehen, und von Zeit zu Zeit die Abstände prüfen.

◀ ***Rot ist Trumpf***

Dieses 30 cm hohe Bäumchen hat als Grundstock einen rot lackierten Tontopf und einen dünnen Bambusstab mit einer kleinen Steckschaumkugel. Leuchtend rote Staticen und Schleifenbänder geben in dem fröhlichen Gesteck den Ton an.

► ***Flammende Krone***

Strohblumen in flammenden Farben schmücken die Krone dieses Bäumchens. Als Stamm dienen zwei Holunderäste, die in einem Bastkorb „verwurzelt" sind. Eine kostengünstige, leicht anzufertigende Dekoration.

tip

Steckschaum statt Gips

Einen kleinen Baum brauchen Sie nicht mit Gips zu sichern. Geben Sie einfach etwas Steckschaum in den Topf und drükken Sie den Stamm hinein.

6 **Umriß bestimmen:** Die weißen Strandnelken zerpflücken und zu Büscheln mit zwei oder drei kleinen Zweigen zusammenstellen. Das erste Büschel oben an der Kugel befestigen. Es bestimmt dann die Länge der anderen Blumen. Anschließend übrige Büschel in regelmäßigen Abständen rund um die Kugel verteilen.

7 **Kugel füllen:** Die Lücken zwischen Staticen und weißen Strandnelken mit pinkfarbenen und tiefroten Strandnelken füllen. Den Baum langsam drehen, dann ist es einfacher, eine gleichmäßig runde Form zu erzielen. Die Kugel so dicht mit den Strandnelken bedecken, daß die Steckmasse kaum noch zu sehen ist.

8 **Bäumchen fertigstellen:** Noch die pfirsichfarbenen Röschen, die Nigella orientalis und die Mohnblumenkapseln verteilen. Krönung des reizenden Gestecks bilden zartrosa Moosröschen.

9 **Letzte Handgriffe:** Das pinkfarbene Band um den Stamm binden, und beide Enden mit Klebstoff befestigen. Mit den Staticen den restlichen Gipssockel verdecken, evtl. vorher einen Steckschaumring einsetzen.

► ***„Wiese" für das Bäumchen***

Einige Strandnelken und Staticen verstecken auf dekorative Art den Gipssockel rund um den Stamm.

DESIGN-IDEEN

Ganz gleich, ob Sie sich für ein kleines oder großes Trockenblumenbäumchen entscheiden – es steht Ihnen eine reiche Auswahl an Materialien zur Verfügung. Neben Trockenblumen können Sie zum Beispiel Nadelholzzapfen und Gewürze für Ihr Bäumchen verwenden. Auch Moos, künstliche Früchte und Laub bieten eine hübsche Abwechslung. Mit Perlen, Spitzen und Bändern läßt sich manches Arrangement veredeln. Ganz besonders reizvoll ist auch ein bonsaiähnliches Miniaturbäumchen, das sich aus Weidenzweigen oder Buchsbaum gestalten läßt.

► *Ton in Ton*

Blüten gleicher Farbe haben eine faszinierende Wirkung. Wählen Sie eine Farbe, die zu Ihrer Wohnungseinrichtung paßt. Dieses hübsche Bäumchen in Altrosa etwa würde gut mit einem romantischen Schlafzimmer harmonieren. Die Godetias wirken äußerst üppig. Sie könnten auch durch Rosenknospen ersetzt werden.

▼ *Rundum rustikal*

Eine bunte Mischung verschiedenfarbiger Blüten schmückt diese Baumkrone. Strohblumen, Mohnblumenkapseln, Rittersporn, Strandnelken, Alchemilla und Wiesen-Frauenmantel eifern um die Wette.

◄ *Romantik pur*

Beim Gestalten eines „Bäumchens für drinnen" müssen Sie sich nicht nur auf Trockenblumen beschränken. Rosetten aus Geschenkband können ebenfalls reizvoll aussehen.

Schmuckes Blech

Glänzende Gießkannen, Kübel oder Kuchenformen aus Metall haben's in sich – das Zeug zu den originellsten Behältern für Blumen. So bestückt, brauchen sie auch als Geschenk keine besondere Verpackung mehr. Eine Schleife genügt.

▼ ***Für Gartenfreunde***

In der silbrig schimmernden Blechgießkanne sehen die großen Sonnenblumen hinreißend aus. Wer sie verschenken möchte, verziert die Kanne mit einer zusätzlichen „Blüte" in Form einer Dekoband-Schleife.

▲ Prachtvoller Strauß statt perlender Sekt

Bestenfalls an Festtagen oder wenn Besuch ins Haus steht, kommt der obligate Sektkühler zu Ehren. Zur edlen „Vase“ umfunktioniert, faßt er die verschwenderische Fülle prachtvoller Sträuße, wie hier das bunte Stelldichein der beliebtesten Frühlingsboten: Tulpen, Narzissen und gefüllte Ranunkeln.

▼ Mini-Zimmergarten

Aus einer funkelnagelneuen Metallgießkanne und zwei originellen Kuchenformen entstand dieses allerliebste Margeriten-Arrangement. Zugeschnittener Steckschaum versorgt die Blumen mit Feuchtigkeit. In der Gießkanne sitzt der Steckschwammblock auf zerknüllter Alufolie.

► Zur Bottle-Party

In einem sonnig gelb lackierten Metalleimer kommen durstlöschende Mitbringsel, gebettet auf Eiswürfeln, wohltemperiert beim Gastgeber an. Als witziges Dekor kleben Sie für Naschkatzen mit Klebeband bunte Bonbons um den Rand.

Schwimmende Kerzen

Häufig sind es kleine Dinge, die Freude bereiten. Schwimmende Kerzen und Blumen sind das passende Geschenk für eine romantische Einladung mit Atmosphäre.

▼ ***Arrangement in Weiß und Rosé***

Weiße schwimmende Kerzen, umrahmt von Ranunkelblüten und Strandastern in Rosétönen, werden zum stimmungsvollen Mittelpunkt jeder Festtafel. Passend zur Schale die auberginefarbenen Weingläser.

Kleine „Teiche", bestückt mit zarten oder prallen Blüten, grünen Blättern und brennenden Schwimmkerzen, verzaubern das Haus Ihres Gastgebers, eine kleine Aufmerksamkeit mit sicherlich großer Wirkung. Besonders hübsch wirkt es, wenn Blumen und Kerzen farblich aufeinander abgestimmt sind, so daß sich das Arrangement harmonisch darstellt. Ob Sie sich für eine Dekoration Ton in Ton oder mit kontrastreichen Farbtupfern entscheiden, spielt dabei nur eine untergeordnete Rolle.

▲ *Frühlingshafte Frische*

Inmitten eines Blütenkranzes aus Margeriten sieht die einzelne blaue Schwimmkerze in dem blaugrünen Keramikgefäß wunderschön aus. Noch mehr Wirkung erzielen Sie mit einer Dreiergruppe.

▼ *Duftige Komposition*

Ein paar gefüllte weiße Ranunkelblüten und zartgrüne junge Efeublätter umranken eine rosafarbene Schwimmkerze in der gläsernen Dessertschale. Die passende Untertasse wurde geschickt mit einbezogen.

▲ *Bezaubernder Blickfang*

Rosa Rosen und Teelichter, farblich genau aufeinander abgestimmt, treiben in einer schlichten transparenten Schale. Dazwischen wurden einzelne Blütenköpfe von Wiesenkerbel gestreut. Auf der weißen Spitzendecke kommt das Rosa besonders gut zur Geltung.

Duftende Bienenwachskerzen

Echte Bienenwachskerzen brennen lange und duften wunderbar nach Honig. Ein beliebtes und im wahrsten Sinne „duftes" Geschenk.

Bienenwachs, das älteste aller bekannten Wachse, gehört noch immer zu den besten Materialien für die Kerzenherstellung. Schon in der römischen Antike galten Kerzen aus reinem Bienenwachs als etwas Besonderes. Sie zeichnen sich durch eine erfreulich lange Brenndauer und einen feinen Honigduft aus. Heute ist dieser einstige Luxus durchaus erschwinglich, zumal die Möglichkeit besteht, solche Kerzen aus Wachsplatten selbst zu rollen. Das erforderliche Material gibt es in gut sortierten Bastelbedarf-Geschäften und Kerzenläden. Bleibt etwas Bienenwachs übrig, können Sie es für Verzierungen an fertigen Kerzen verwenden. Außer der Wachsplatte brauchen Sie einen Docht passend zur Kerzendicke. Achtung: Es gibt ein Oben und ein Unten beim Docht! Je nach Rolltechnik lassen sich die Formen der Kerzen beliebig variieren. Was stets bleibt, ist die Wabenstruktur.

▼ ***Romantisches Licht***

Lassen Sie sich verzaubern von dem warmen Schimmer und dem unvergleichlichen Honigduft echter Bienenwachskerzen.

So wird's gemacht

Wachsplatten besitzen die natürliche Struktur und Farbe von Bienenwaben. Die Größe und Stärke der Kerze hängt von der verwendeten Wachsplatte ab.

WAS SIE BRAUCHEN:

- 1 Bienenwachsplatte
- 1 Docht (beides aus Bastelläden)
- 1 Schere

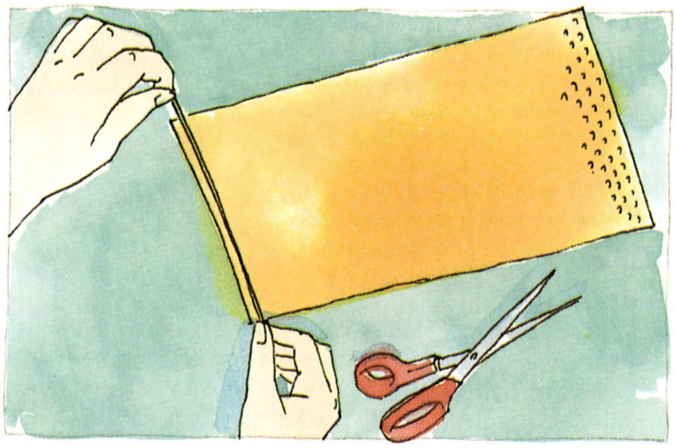

1 **Gearbeitet** wird auf einer sauberen, glatten Fläche. Schneiden Sie zuerst den Docht zu. Er soll einige Zentimeter länger als die Schmalseite der Wachsplatte sein.

2 **Von der Wachsplatte** eine kleine Ecke zum Fixieren des Dochtes abbrechen. Dann die Kante (Schmalseite) der Wachsplatte über den Docht drücken.

3 **Das Blatt vorsichtig** aufrollen. An beiden Enden soll ein gerader Abschluß entstehen. Zuletzt die Kante so fest andrücken, daß sie sich nicht mehr lösen kann.

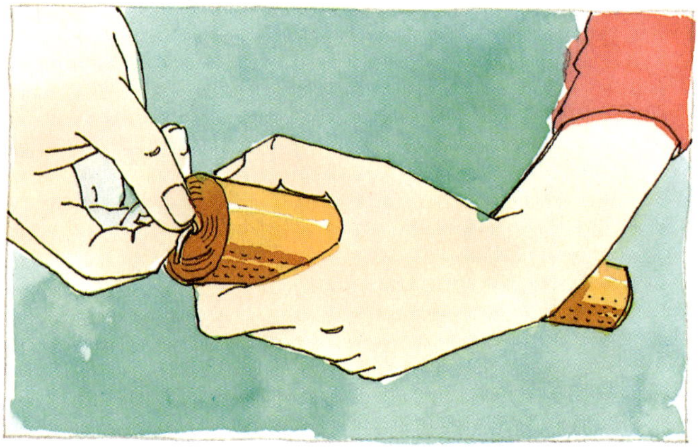

4 **Den Docht** auf etwa 1,2 cm kürzen. Das Wachsstückchen am Dochtansatz zwischen die Wachslagen drükken, um den Docht in Position zu halten.

VARIATIONEN:
Sie können die Wachsplatte ebenso längs zu einer hohen, schlanken Kerze rollen. Oder Sie schneiden ein Blatt in der Mitte durch und stellen eine kürzere, aber dickere Kerze her. Zwei Wachsplatten ergeben eine lange, dicke Kerze.

Eine eckige Kerze wird ebenfalls nach obiger Anleitung gefertigt. Einziger Unterschied: Sie biegen das Blatt beim Aufrollen mit einem Lineal rechtwinklig.

Für eine spitz zulaufende Kerze schrägen Sie die Wachsplatte zunächst mit einem scharfen Messer und einem Lineal, von einer Ecke ausgehend, oben ab. Der Winkel der Abschrägung richtet sich nach der gewünschten Kerzenform. Rollen Sie anschließend die Platte von der längeren zur kürzeren Seite hin auf. Bei einer starken Abschrägung wird die Kerze extrem spitz zulaufen. Umgekehrt ergibt sich bei einer geringen Abschrägung eine nur leicht angedeutete Spiralform.

Körbchen aus Salzteig

Gefüllt mit Kunst- oder Trockenblumen, ist solch ein kleiner Korb aus Salzteig ein wunderschönes Mitbringsel für liebe Freunde.

Salzteig ist ideal zum Modellieren, und Sie können damit richtige kleine Kunstwerke gestalten. Aus wenigen Zutaten zubereitet, wird er im Nu formbar, sein hoher Salzgehalt sowie ein wenig Glyzerin verleihen ihm Festigkeit und sorgen dafür, daß er nicht bröselt.
Das Körbchen wird auf einer Form aus zerknüllter Alufolie modelliert, wobei kurze Teigrollen so über- und aneinandergelegt werden, daß ein traditionelles Flechtmuster entsteht. Füllen Sie das Körbchen mit Seiden-, Papier- oder Trockenblumen. Im Winter wirken rote Beeren zwischen dunkelgrünem Efeulaub dekorativ und stimmungsvoll.

WAS SIE BRAUCHEN:

- 180 g Salz, Wasser
- 240 g feines Mehl
- 2 TL Glyzerin
- Hochglanzlack, farblos
- Alufolie, Teigschüssel
- Schüssel (Durchmesser 20 – 23 cm) als Model
- Backblech und -brett
- Nudelholz
- Seiden- oder Trockenblumen, Beeren, Samenkapseln und -schoten
- Blumendraht
- Steckschaum
- Klebstoff, transparent auftrocknend

So wird's gemacht

1 Teig anrühren: Salz, Mehl und Glyzerin in die Teigschüssel geben und vermengen. Nach und nach Wasser zugeben und kneten, bis sich der Teig von der Schüssel löst. So lange weiterkneten, bis der Teig glatt und geschmeidig ist. Aus dem Teig eine Kugel formen und mit Alufolie abdecken. Nun ein Stück Alufolie von der Rolle trennen, das groß genug ist, um die Modelschüssel damit vollständig auszukleiden. Die Alufolie muß rundherum über den Schüsselrand herausragen. Die Folie in die Schüssel legen und glattstreichen.

2 Form anfertigen: Folienstücke zusammengeknüllt in die eine Schüsselhälfte geben und bis zum Rand fest hineindrücken. Die Folie von der anderen Schüsselhälfte darüberschlagen, festdrücken und die Form herausnehmen.

3 Rückseite formen: Einen Teil des Salzteiges 5 mm dick ausrollen. Die halbrunde Form mit der flachen Seite darauf setzen und den Teig rundherum mit 1 cm Zugabe ausschneiden. Nun den Teig mit der Form auf das Backblech setzen.

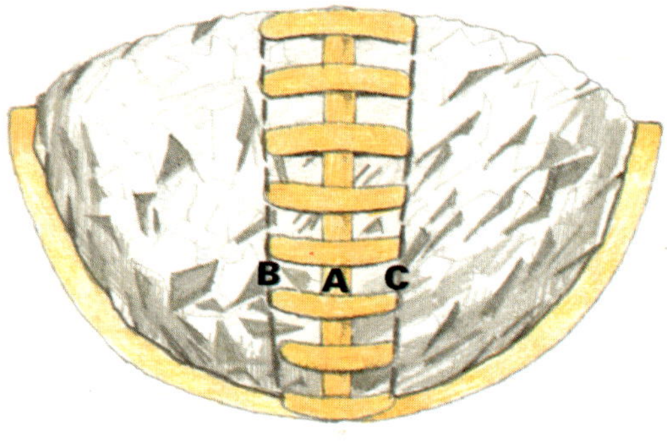

4 Korb beginnen: Auf dem Halbrund in der Mitte eine Linie A und beiderseits davon im Abstand von 2,5 cm zwei weitere Linien B und C markieren. Aus etwas Teig eine 5 mm dicke, 14 cm lange Rolle formen und auf Linie A legen. Eine ebenso dicke, aber längere Rolle in 5-cm-Stücke schneiden, die in gleichmäßigem Abstand quer zur Linie A von B nach C gelegt werden.

5 Korb flechten: Nun wieder eine 14 cm lange Rolle formen und entlang der Linie C so auflegen, daß sie die Enden der querliegenden 5-cm-Stücke bedeckt. Darauf wie zuvor kurze Röllchen quer auflegen, diese jedoch versetzt zu denen der ersten Reihe, so daß der Eindruck eines Flechtmusters entsteht.

6 Ränder behandeln: So die rechte Hälfte mit Teigröllchen bedecken. Da die Form nach unten hin schmaler wird, fallen die Rollen kürzer und deren Abstände nach unten hin immer enger aus. Röllchen an den Rändern abschrägen, mit Wasser befeuchten und an die Grundplatte kleben.

7 Linke Seite flechten: Auf der linken Formenhälfte eine Teigrolle entlang der Linie B und darüber kurze Röllchen versetzt zu denen der ersten Querreihe anordnen. Auf diese Weise weiter nach links arbeiten, wie für die rechte Seite (Schritt 6) beschrieben.

8 Henkel arbeiten: Für den Henkel zwei dickere, je 38 cm lange Teigrollen formen und miteinander verdrehen. Den Henkel bogenförmig über dem Korb auf das Blech legen und die Enden innen an das Geflecht drücken.

9 Körbchen fertigstellen: Als oberen Rand zwei 38 cm lange 5-mm-Röllchen miteinander verdrehen und auf den Geflechtrand legen. Enden abschneiden und an die Grundplatte kleben. Als unteren Rand zwei 7 cm lange Röllchen miteinander verdrehen und ankleben.

10 Korb backen: Backofen auf 110 Grad (Gas: Stufe 2) vorheizen und das Salzkörbchen 4 – 5 Stunden (im Umluftherd 3 – 4 Stunden) backen. Der Teig muß völlig aushärten. Das Körbchen herausnehmen, 2 – 3 Tage an der Luft nachtrocknen lassen. Erst dann die Folie vorsichtig mit einer Pinzette entfernen.

11 Korb lackieren: Das getrocknete Körbchen zweimal farblos lackieren, wobei die erste Schicht vollständig trocken sein muß, bevor Sie die zweite auftragen.

12 Korb dekorieren: Den Steckschaum zuschneiden, in das Körbchen setzen und mit Seiden- oder Trockenblumen sowie mit Grün bestecken. Verarbeiten Sie zunächst die größeren Blüten und Blätter; sie bilden den Rahmen, der mit dem restlichen Material aufgefüllt wird. Zu kurze oder brüchige Blüten und Blätter umwickeln Sie vorher mit Blumendraht. Für ein kaskadenartiges Arrangement können Sie auch einige Stiele durch das Geflecht ziehen.

Modellieren mit Salzteig

Mit Salz, Mehl, Wasser und etwas Geschick können Sie die schönsten Figuren, zauberhafte Wandbilder oder andere Deko-Plastiken detailgetreu modellieren.

Beim Modellieren mit Salzteig, einer uralten Volkskunst, ist vor allem viel Liebe zum Detail gefragt. Aus einfachem Brotteig entstehen in Relieftechnik zauberhafte Wand- und Tischdekorationen und sogar Modeschmuck. Ob naturbelassen oder bemalt, diese kunstvollen Plastiken stellen eine ganz besondere Zierde dar. Das viele Salz ist es übrigens, das die Teig-Modelliermasse so geschmeidig und haltbar macht.

▼ ***Üppiger Früchtekranz***

Leuchtende Farben und üppiges Dekor machen diesen traditionellen Früchtekranz aus Salzteig zum wunderschönen Blickfang.

Uralter Brauch

Seit Jahrhunderten werden aus Brotteig modellierte Figuren, Kränze, Blumen und Schmuckstücke hochgeschätzt. Die allseits beliebten Lebkuchenmännlein unserer Breiten sind ein Zeugnis dieser tiefverwurzelten Tradition.
In Indien werden angefeuchtete Brotkügelchen in der Hand gerollt, um Perlen herzustellen. In Mexiko formt man aus rohem Teig kleine Statuen und Tiere, die später getrocknet und bemalt werden.
Vor allem Salzteig ist zum Formen und Gestalten von hübschen kleinen Skulpturen und Reliefs bestens geeignet. Salzteig ist preiswert, läßt sich leicht herstellen und geht nicht so stark auf wie Hefeteig – die liebevoll modellierten Formen bleiben klar und unverändert. Sein hoher Salzgehalt macht den Teig leicht formbar, so daß auch feinste Details bestens gelingen. Salz gibt ihm zudem die nötige Festigkeit und Haltbarkeit.
Dünne, flache Arbeiten werden im Herd bei niedriger Temperatur gebacken. Voluminöse Formen können Sie sogar an der Luft trocknen. Anschließend wird der Teig durch bunte Lackfarben oder Klarlack vor Luftfeuchtigkeit geschützt.

SALZTEIG HERSTELLEN

WAS SIE BRAUCHEN:

- 2 Tassen Mehl
- 1 Tasse Salz
- 1 Tasse Wasser
- eine größere Schüssel

Salz und Mehl in einer Schüssel mischen, nach und nach Wasser zugeben und solange rühren, bis sich der Teig vom Schüsselrand löst. Kneten Sie den Teig auf einer Arbeitsplatte durch, bis er geschmeidig ist. In Plastikfolie verpackt, hält sich der Teig bis zu fünf Tagen. Bei zu trocken gewordener Masse etwas Wasser zugeben, und den Teig wieder geschmeidig kneten.

TEIG VERARBEITEN

WAS SIE BRAUCHEN:

- vorbereiteter Teig
- Alufolie
- Küchenbrett
- Nudelholz
- scharfes Messer
- Mehl
- Backpinsel und Ei (nach Wahl)
- Backblech
- Modellierwerkzeug, wie Teigradler, Ausstechförmchen

1 Für die Grundplatte jedes Modells einen Teil des Salzteigs auf das Brett legen. Etwa 6 mm dick auf die ungefähre Größe und Form des Modells ausrollen und auf ein mit Alufolie belegtes Backblech legen.

2 Die Hände mit Mehl bestäuben, damit der Teig nicht kleben bleibt. Aus dem restlichen Teig kleine Kugeln ausrollen, aus denen Dekoteile wie Blätter, Blüten, Gesichter usw. geformt werden.

3 Geformte Dekoteile auf die Teigplatte legen. Die zu verbindenden Teile mit einem wassergetränkten Pinsel anfeuchten, damit sie während des Backens aneinanderkleben.

4 Das Blech auf die unterste Schiene stellen. Die Backtemperatur anfangs auf 80° C, in der Endphase auf 160° C einstellen. Die Backzeit richtet sich nach der Teigstärke: 6 mm entsprechen 30 Minuten, 24 mm also 2 Stunden.

5 Den Teig abkühlen lassen. Da sich große, flache Stücke leicht wellen, sollten sie nach dem Backen mit einem größeren Gegenstand beschwert werden, Luftblasen stechen Sie mit einer Nadel oder einem Partyspieß an, damit die Luft entweichen kann.

Salzteig modellieren

BLUMENSTENGEL ARBEITEN

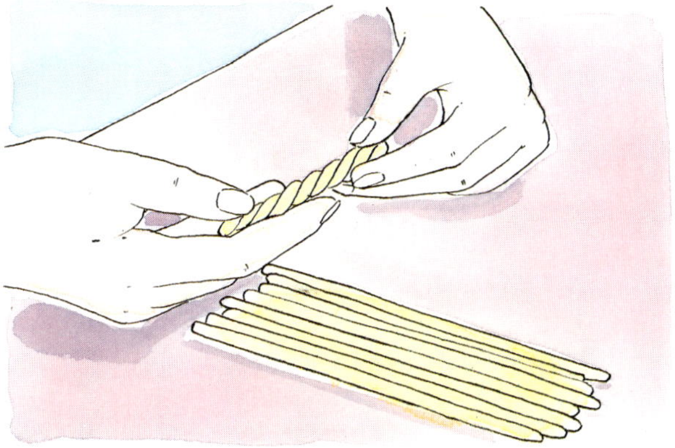

Rollen Sie etwas Teig zu langen, dünnen Strängen aus, die Sie dicht nebeneinander legen. Für das kordelähnliche Band zwei der Stränge miteinander verschlingen und das fertige Band zuletzt quer über die Stengel legen.

BLÄTTER MODELLIEREN

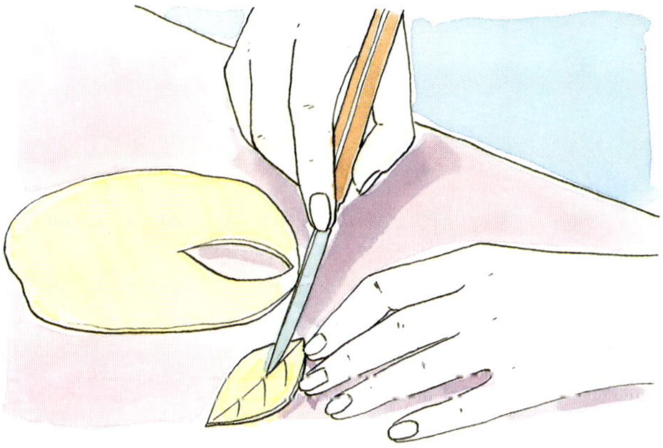

Rollen Sie den Teig 6 mm dick aus. Die gewünschte Blattform herausschneiden und mit einem Messer die mittlere Blattader markieren (Achtung: nicht durchschneiden). Die seitlichen Blattrippen dazuformen.

▲ ***Sommer-Bouquet***

Bei diesem prächtigen Sommerstrauß wurden zunächst alle Einzelelemente liebevoll modelliert, dann angefeuchtet und auf eine dünne Teigplatte gesetzt.

ROSENBLÜTEN FORMEN

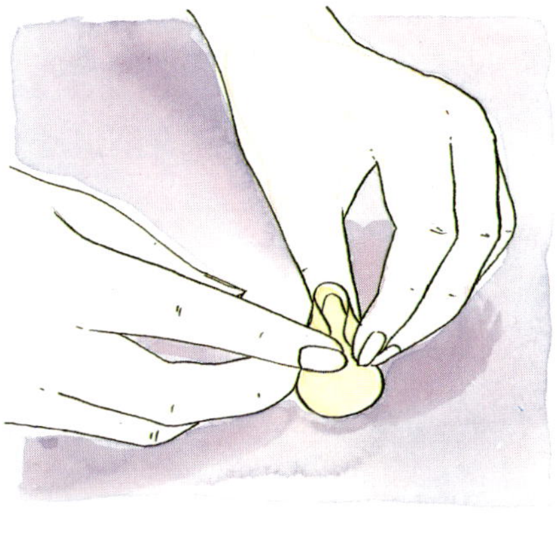

1 Teig zu einem Kegel formen und mit dem Pinsel anfeuchten. Vorgeformte Teigkugeln zu Blütenblättern flachdrücken und eines um die Kegelspitze legen.

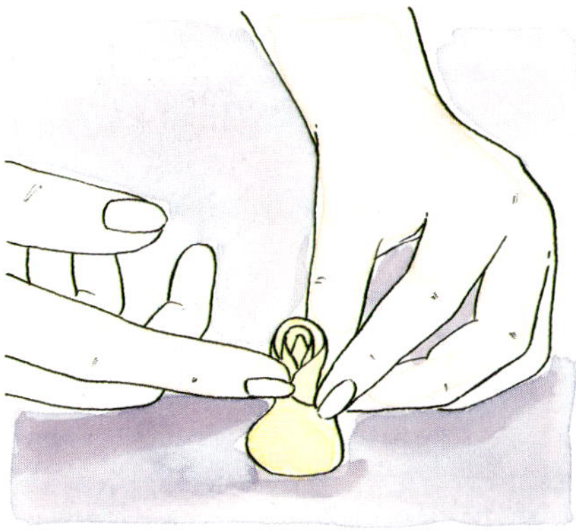

2 Zweites Blütenblatt anfeuchten und um das erste legen. Das untere Ende zusammendrücken, damit es zum Stielansatz hin schmaler wird. Weitere Blütenblätter modellieren.

3 Ist die Rose groß genug, die oberen Blütenränder behutsam nach außen biegen und den Blütenkelch leicht zusammendrücken. Die Rose vorsichtig vom Modellierkegel trennen.

Rohen Teig färben

Den Teig färbt man am besten schon bei der Herstellung. Mischen Sie einfach eine geringe Menge Aquarellfarbe in das Wasser, und experimentieren Sie so lange, bis Sie den gewünschten Farbton erzielt haben. Sie können aber auch färbende Gewürze, wie Gelbwurz oder Paprika, in den Teig mischen. Nach dem Backen die Oberfläche nach Wunsch mit Klarlack versiegeln.

Beim Backen tönen

Auch ohne zusätzliche Färbung, nur mit einem Klarlacküberzug kann eine Teigfigur ungemein reizvoll wirken. Den Grad der Tönung bestimmen Sie selbst durch die Länge der Backzeit.
Einen goldbraunen Glanz erhält der Teig, wenn Sie ihn vor dem Backen mit Eigelb oder Kondensmilch bestreichen. Nochmaliges Bestreichen nach der halben Backzeit macht den Farbton intensiver.

▲ ***In den feinsten Tönen***

Die fein abgestuften Farbtöne der abgebildeten Salzteig-Modelle entstanden auf ganz einfache Weise mit drei verschiedenen Mitteln. Das junge Paar wurde vor dem Backen mit Eigelb, die Katzenmutter mit Kondensmilch bestrichen. Die Kuh erhielt einen Anstrich aus zwei unterschiedlichen Holzeffektbeizen.

Gebackenen Teig einfärben

Nach dem Backen läßt sich der Teig mit Acrylfarbe, Plaka oder Wasserfarben hübsch bemalen; zum Schutz wird er anschließend mit Klarlack versiegelt.
Es ist durchaus auch möglich, Salzteig mit Holzbeize zu behandeln. Um einen reinen, kräftigen Farbton zu erhalten, sollten Sie ihn unbedingt in zwei Schichten auftragen. Eine besondere Wirkung erzielen Sie mit Metallic-Farben oder Patina, die eigentlich zur Holzveredelung eingesetzt wird.

Duftender Lavendel

Verschenken Sie doch einmal duftende Trockensträuße oder Arrangements. Als aromatisches Potpourri oder als üppige Beetbepflanzung verzaubert Lavendel Haus und Garten.

Blühende Lavendelfelder bedecken weite Landstriche der Provence im Süden Frankreichs. Aus der wohlriechenden Pflanze wird dort Lavendelöl gewonnen, das bei der Parfüm- und Seifenherstellung eine wichtige Rolle spielt. Der im Mittelmeerraum heimische Lavendel gelangte im frühen Mittelalter in die Klostergärten nördlich der Alpen und wird seitdem auch als Heilpflanze sehr geschätzt. Lavendelöl ist ideal als Badewasserzusatz und auch für Umschläge bestens geeignet: Lavendel beruhigt die Nerven und hilft bei Kopfschmerzen, Schlaflosigkeit und Gelenkrheuma. Lavendelblüten und -blätter kann man in verschlossenen Säckchen kaufen und als Duftkissen im Raum oder zur Parfümierung der Wäsche im Schlafzimmerschrank verwenden. Zudem halten die vielseitig einsetzbaren Blüten auch Motten fern.

Duftender Blumenschmuck

Frische Lavendelblüten verleihen Blumengestecken Farbe und angenehmen Duft. Sie harmonieren auch gut mit edlen, wohlriechenden Blumen wie Lilien, Rosen und Pfingstrosen. Getrockneter Lavendel duftet fast noch intensiver als das frische Kraut; sein Blauviolett verliert dabei kaum an Leuchtkraft. Mit Lavendelblüten und -blättchen füllt man Kräuterkissen und Duftsäckchen. Pflücken Sie Lavendel, wenn sich die Blüten gerade öffnen, und hängen Sie ihn in locker gebundenen Büscheln zum Trocknen auf.

▼ *Ein Korb voller Blüten*

Lavendelblüten bewahren auch getrocknet ihre schöne Farbe. Das herzförmige Weidenkörbchen und die roten und weißen Seidenblumen bilden einen reizvollen Kontrast zum Blauviolett des Lavendels.

◀ ***Zarte Trockensträuße***

Lavendel eignet sich hervorragend für Trockenblumensträuße. Seine satte, dunkle Farbe harmoniert besonders gut mit sanften, hellen Tönen. Hier zwei Arrangements mit leuchtendgelber Schafgarbe und Rosen in zartem Apricot.

▼ ***Betörende Vielfalt***

Frischer Duft entströmt den Trockensträußen, der mit Blüten gefüllten Schale und dem dekorativen Potpourri-Kissen. Lavendelöl wirkt schmerzlindernd und als Badezusatz beruhigend, Lavendelwasser strafft die Haut.

◀ ***Ein Platz zum Träumen***

Lavendel blüht und duftet den ganzen Sommer über. Pflanzen Sie eine Rabatte neben Ihrem Lieblingsplatz und freuen Sie sich am anregenden Duft der farbenprächtigen Blüten. Schneiden Sie die Stauden nach der Blüte zurück, damit im kommenden Jahr neue Triebe wachsen können – ein willkommener Anlaß, den Duft ins Haus zu holen.

Herzige Duftkissen

Schön verpackten Duft können Sie in kleinen Herzkissen mit zauberhaften Blumenmotiven verschenken.

Sozusagen nach Herzenslust können Sie Ihrer Stickleidenschaft frönen. Die in Frage kommenden Stiche dürften Ihnen, bis auf einen oder zwei, bekannt sein: Platt- und Stielstich, Ketten-, Wickel- und Margeritenstich. Die beiden letzteren stellen wir auf den nächsten Seiten detailliert vor. Als Basis für die Herzchen dient weißer Baumwollstoff, auf dem sich die bunten Blüten und Ranken wunderschön abheben. Eine leichte Wattierung macht sie weich und rundlich, und eine Kordeleinfassung betont ihre Form. Mit Lavendel oder einem Blüten-Potpourri gefüllt, werden aus den Kissen „duftende Herzen".

▲ ***Romantischer Blütenreigen***

Es muß nicht immer Weiß sein. Auch auf pastellfarbenem Untergrund oder gar auf Schwarz sehen die phantasievollen Volkskunst-Motive bezaubernd aus. Die bestickten Duftkissen sind 11 cm hoch und 14 cm breit.

So wird's gemacht

WAS SIE BRAUCHEN:

- Weißer Baumwollstoff, für ein Kissen 20 x 20 cm, für alle fünf Kissen 40 x 90 cm
- Volumenvlies zum Aufbügeln, 35 x 90 cm
- Kordel, farblich passend zum Stoff, pro Kissen 46 cm
- Nähgarn
- kleiner Stickrahmen
- Schneiderkopierpapier
- DMC-Baumwollsticktwist, je 1 Strang in den im Farbschlüssel angegebenen Farben
- Lavendelblüten oder Duft-Potpourri

STOFF BESTICKEN

Aus dem Baumwollstoff zunächst ein 20 x 20 cm großes Quadrat zuschneiden. Das ausgewählte Stickmotiv mit Schneiderkopierpapier auf den Stoff übertragen, den Stoff in den Stickrahmen einspannen und das Motiv nach Vorlage in den angegebenen Farben aufsticken.
Folgende Stickstiche kommen in den abgebildeten Blumenmotiven zur Anwendung: Platt- und Spannstich, Stielstich, Wickelstich, Kettenstich und Margeritenstich.
Sticktwist ist in Einzelfäden teilbar. Der Spannstich wird dreifädig, alle anderen Stiche werden dagegen vierfädig ausgeführt.

DUFTKISSEN NÄHEN

Den Stoff mit dem fertigen Stickmotiv von links bügeln und dann die Herzform mit rundum 1,5 cm Nahtzugabe ausschneiden. Ein zweites Herz in gleicher Größe aus Baumwollstoff für die Rückseite des Kissens ausschneiden. Zwei Vlies-Herzen ohne Nahtzugabe ausschneiden und auf die linken Seiten der beiden Baumwoll-Herzen bügeln. Die wattierten Herzen rechts auf rechts aufeinanderlegen und zusammennähen, dabei jedoch eine Öffnung an der Seite zum Wenden und eine kleine Öffnung in der oberen Mitte zum Einstekken der Kordelenden lassen. Nahtzugaben an den Rundungen einkerben und an der Herzspitze zurückschneiden. Das Herz auf rechts wenden und die Rundungen sowie die Spitze schön ausformen. Duftende Lavendelblüten oder Potpourri einfüllen, die Kanten der seitlichen Öffnung nach innen einschlagen und mit Staffierstichen schließen. Die Kordel entlang der Naht mit kleinen Stichen festnähen, dabei an der oberen Öffnung der Herzform beginnen. Die beiden Kordelenden in die Öffnung stecken und diese mit Staffierstichen schließen.

WICKELSTICH

Der Wickelstich ist eine längere Variante des Französischen Knötchenstichs. Er wird wie folgt ausgeführt: Am Beginn des Stiches von unten nach oben ausstechen und die Nadel durchziehen. Am Endpunkt des Stiches einstechen und an der ersten Ausstichstelle wieder ausstechen, die Nadel diesmal jedoch nicht aus dem Stoff herausziehen. Den Arbeitsfaden etwa fünf- bis siebenmal - je nach geplanter Stichlänge - um die Nadelspitze wikkeln. Die Nadel durch die Spirale ziehen, dabei die Wicklungen festhalten, und an der vorherigen Einstichstelle wieder einstechen.

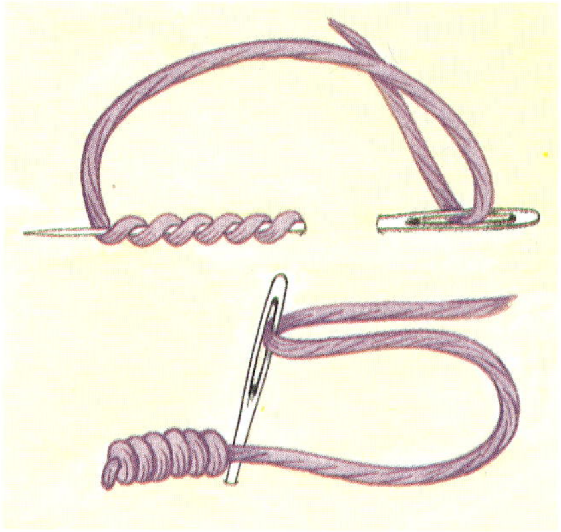

ROSEN MIT SCHLEIFE

Eine flatternde Schleife krönt das farbenfrohe Sträußchen mit plastischen Rosenblüten aus Wickelstichen.

Farbschlüssel

DMC Baumwollsticktwist

- 340
- 341
- 743
- 984
- 792
- 304

Stickstiche

A Wickelstich
B Margeritenstich
C Stielstich
D Spannstich

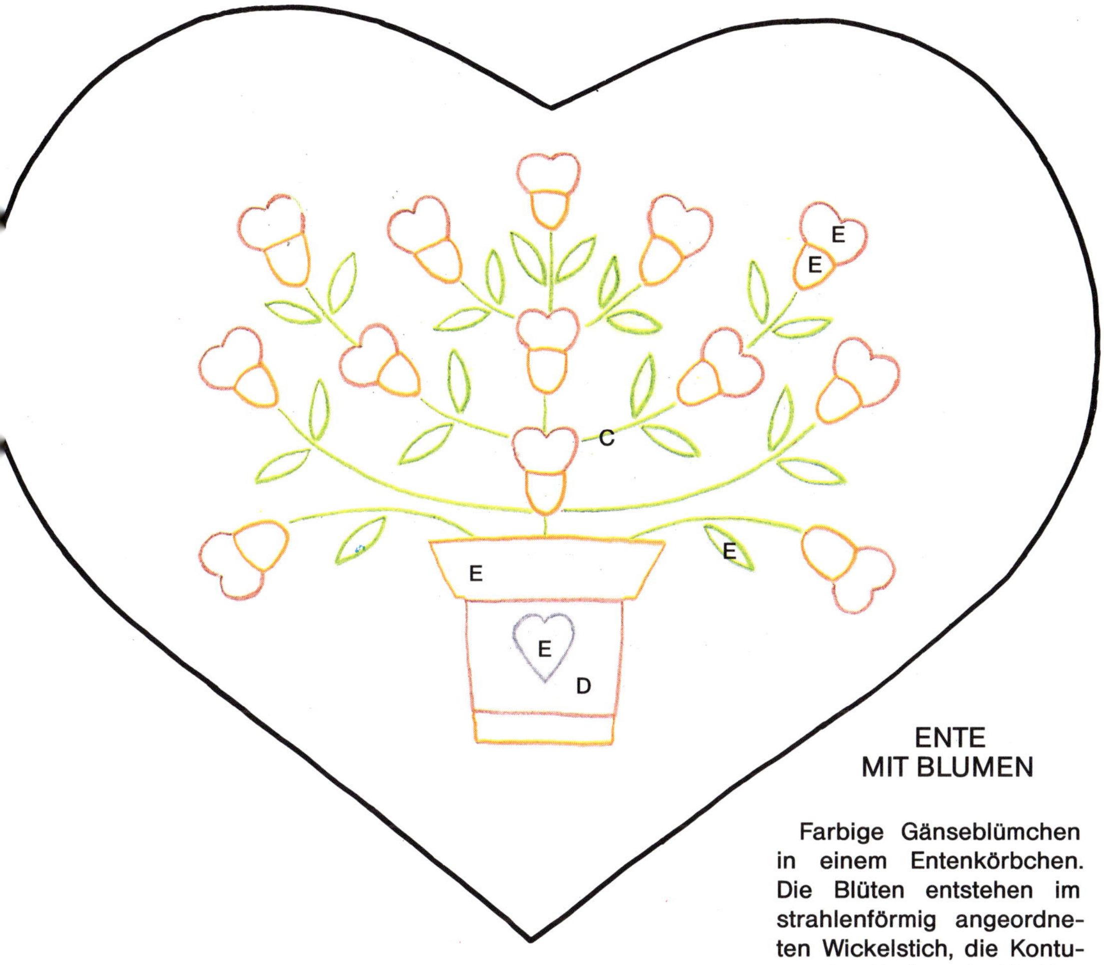

LEBENSBÄUMCHEN

In einem kleinen Terrakottatopf wächst ein wunderschöner Lebensbaum mit zarten Blüten. Gestickt wird im Plattstich, Spann- und Stielstich.

Farbschlüssel

472
743
341
689

Stickstiche

C Stielstich
D Spannstich
E Plattstich

ENTE MIT BLUMEN

Farbige Gänseblümchen in einem Entenkörbchen. Die Blüten entstehen im strahlenförmig angeordneten Wickelstich, die Konturen des Korbes sind in Kettenstichen gearbeitet.

Farbschlüssel

341
224
501
415

Stickstiche

A Wickelstich
B Margeritenstich
F Kettenstich

MARGERITENSTICH

Margeritenstiche werden meist strahlenförmig angelegt, um Blüten darzustellen. In der Kreismitte ausstechen und an dieser Stelle gleich wieder einstechen, dabei eine Fadenschlaufe stehenlassen. Knapp innerhalb der Schlaufe ausstechen und einen kleinen Spannstich über den Faden arbeiten. Nadel zur Kreismitte zurückführen.

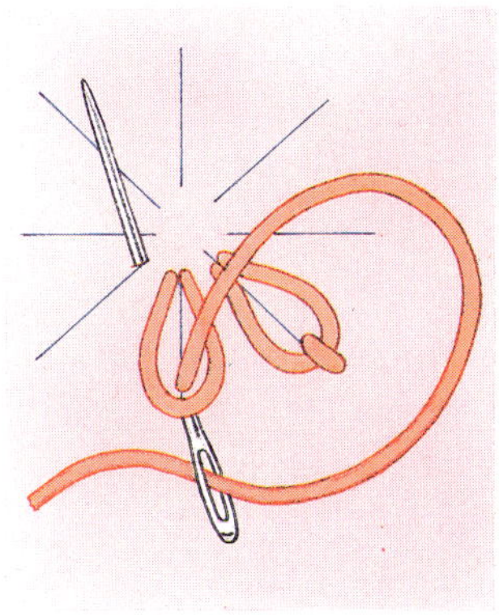

BLÜTENRANKE

Kleine Blümchen folgen der Herzform des Duftkissens. Die Blütenblätter werden aus zwei parallelen Plattstichen gearbeitet und in der Mitte mit einfädigem Plattstich in Braun gefüllt.

Farbschlüssel

964
743
407
436

Stickstiche

B Margeritenstich
E Plattstich

HERZ AN HERZ

Ein knallrotes Herz prangt in der Mitte, umringt von lauter Blümchen in Blau und Rot. Das Herz wird im Spannstich gefüllt, die Blüten mit Plattstichen aufgestickt, Ranke und Blätter werden im Stiel- und Margeritenstich ausgeführt.

Farbschlüssel

304
906
799

Stickstiche

B Margeritenstich
C Stielstich
D Spannstich
E Plattstich

Heiße Töpfe fest im Griff

Dekorativ für jede Küche: ein Topfhandschuh mit Gemüsemotiven

Porree, Radieschen, Champignon und Erbsenschote – dieses appetitliche Gemüsequartett „grünt", in Kreuz- und Holbeinstichen gestickt, auf einem dicken Topfhandschuh aus Hardangerstoff. Kopieren Sie die Mustervorlage auf der nächtsten Seite, oder entwerfen Sie ein eigenes Motiv mit Möhren, Tomaten, Salatgurken oder anderes farbenfrohes Gemüse. Einfache Formen eignen sich am besten zum Sticken. Hardangerstoff nennt man ein grobes Gewebe mit karierter Musterung. Falls Sie diesen Stoff in Ihrer Gegend nicht bekommen, können Sie alternativ entweder klassisch karierte Geschirrtücher nehmen oder einen locker gewebten, einfarbigen Baumwollstoff mit bunten Linien in Vorderstichen besticken. Die Linien sollten Sie vor den Motiven auf den Stoff arbeiten.

WAS SIE BRAUCHEN:

- Karierter Hardangerstoff mit 22 Fäden auf 2,5 cm, Größe 30 x 50 cm
- Karopapier, das Sie in Quadrate mit 4 cm Seitenlänge einteilen
- Baumwollstoff als Futter, Größe 30 x 50 cm
- dünnes Polyestervlies, Größe 30 x 50 cm
- Baumwollschrägband, 40 cm lang und 2,5 cm breit, farblich zum Karo oder zur Küche passend
- je ein Strang Anchor-Sticktwist entsprechend dem Farbschlüssel auf der Folgeseite. Falls Sie Garnreste haben, können Sie diese nach eigenen Ideen verwenden.
- Sticknadel Nr. 24

▼ *Hübsch überm Herd*

Besticken Sie einen zweiten Topfhandschuh mit anderen Gemüsesorten. Auch auf rustikalen Küchentischdekken machen sich die Motive gut.

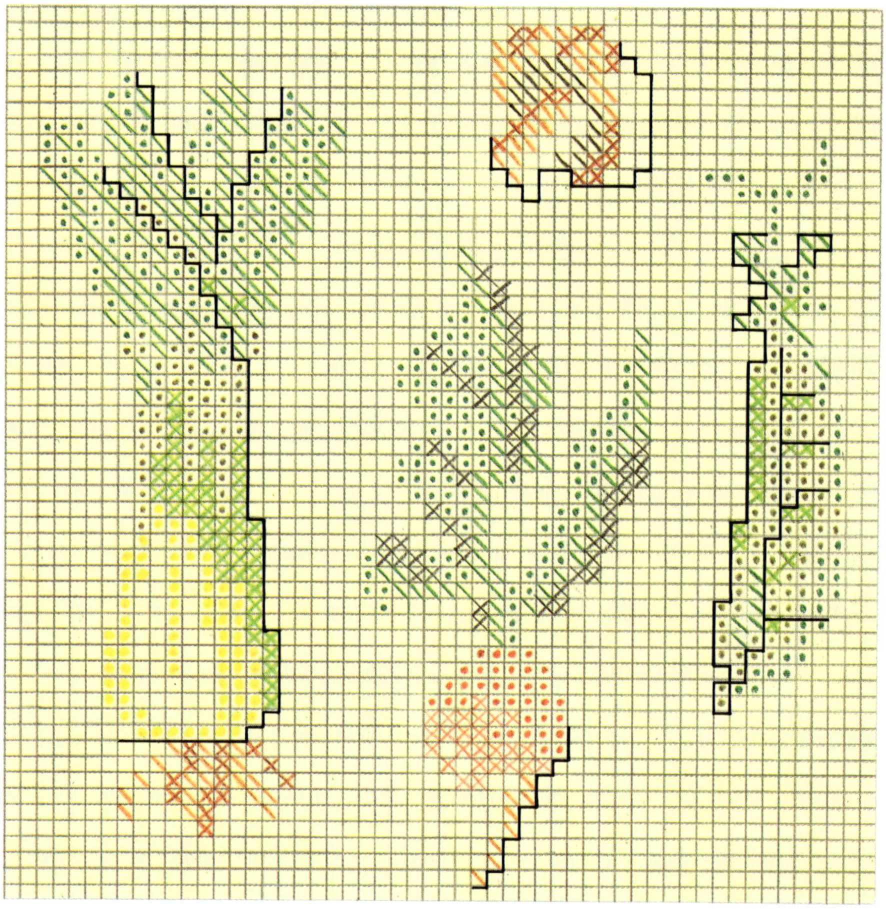

FARBSCHLÜSSEL

- Rot 19
- Rubinrot 20
- Weiß 1
- Stroh 891
- Karamel 901
- Zitrone 292
- Flaschengrün 246
- Smaragd 245
- Jade 205
- Limone 280
- Mint 214
- Zimt 352

Jedes Kästchen entspricht einem Kreuzstich. Gerade Linien werden in Holbeinstich gearbeitet.

So wird's gemacht:

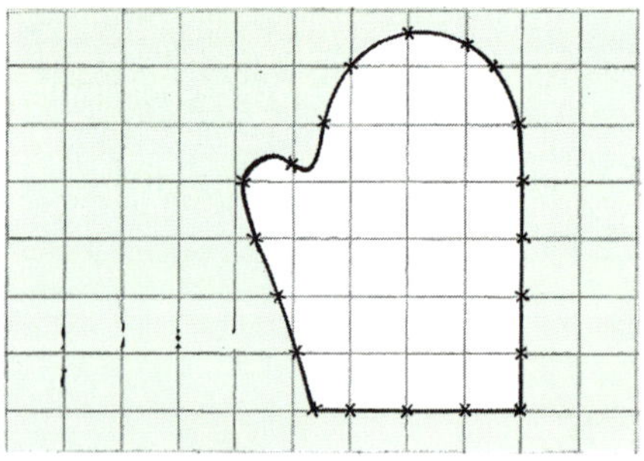

1 **Das Schnittmuster** kopieren und auf Karopapier die Handschuhumrisse mit Kreuzen markieren. Verbinden Sie die Kreuze mit einer Linie. Legen Sie anschließend Ihre Hand auf das Muster, um die Größe zu überprüfen, und korrigieren Sie diese, falls nötig. Schnittmuster ausschneiden.

2 **Hardangerstoff, Vlies und Futterstoff** zur Hälfte falten und den Schnitt aufstecken. Schneiden Sie den Handschuh jeweils durch beide Lagen mit ringsum 1 cm Nahtzugabe zu, außer an der Unterkante.

3 **Besticken Sie** nun den Handschuhrücken mit den Gemüsemotiven. Dazu den Handschuhrücken längs zur Hälfte falten und die Falzlinie mit Heftstichen markieren.

4 **Die Motive** mit dreifädigem Sticktwist in Kreuzstich über 2 x 2 Gewebefäden entsprechend dem oben abgebildeten Farbmuster arbeiten. Mit dem Radieschen etwa 3 cm ab Handschuhkante beginnen.

5 **Die Motive** mit zweifädigem Sticktwist in Holbeinstich entsprechend den dicken Linien der Vorlage betonen: Garn 901 für den Pilz verwenden, ansonsten Garn 246.

6 **Vorder- und Rückseite** rechts auf rechts aufeinanderlegen und auf beide Seiten ein Stück Vlies legen. Mit 1 cm Nahtzugabe durch alle Lagen steppen. Nahtzugabe einschneiden. Auf rechts wenden.

7 **Schneiden Sie** anschließend einen 12 cm langen Streifen Schrägband ab. Den Streifen zur Hälfte falten und entlang der beiden Längskanten absteppen. Zu einer Schlaufe zusammenlegen.

8 **Die Futterteile** rechts auf rechts aufeinanderlegen. Die Schlaufe so dazwischenschieben, daß alle Schnittkanten übereinstimmen. Beide Teile feststecken, heften und mit 1 cm Nahtzugabe zusammensteppen.

9 **Die Nahtzugabe** an den Rundungen einschneiden. Futter links auf links in den Handschuh einlegen, so daß die Nähte übereinstimmen. Gerade Unterkante mit Schrägband einfassen.

tip

Nähen mit Wattiervlies

Ungefüttertes Vlies kann sich beim Nähen mit der Maschine leicht im Transporteur verfangen. Diese Schwierigkeit können Sie von vornherein vermeiden: Decken Sie das Vlies beim Verarbeiten mit Seidenpapier ab. Nach dem Nähen wird es wieder abgerissen.

Blüten im Gobelinstich

Mit der Nadel gemalt: Die im Gobelinstich gearbeiteten Stiefmütterchen sind praktische Untersetzer und zauberhafte Tischdekoration zugleich.

Diese hübschen gestickten Stiefmütterchen haben alle die gleiche Form. Ihre freundlichen Gesichter jedoch lassen sich mit etwas Phantasie immer wieder verändern. Die kleinen Untersetzer sind leicht und schnell im Gobelinstich – auch Perlstich genannt – nachzuarbeiten. Man braucht nur Stickwolle, Stramin, Haftvlies und Filz.

GOBELIN-/PERLSTICH

Grundsätzlich sollte man für Gobelin- bzw. Perlsticharbeiten einen Stickrahmen benutzen. Bei kleinen Stücken wie diesen Untersetzern können Sie jedoch auf einen Rahmen verzichten, denn es besteht nicht die Gefahr, daß sich die Arbeit verzieht.

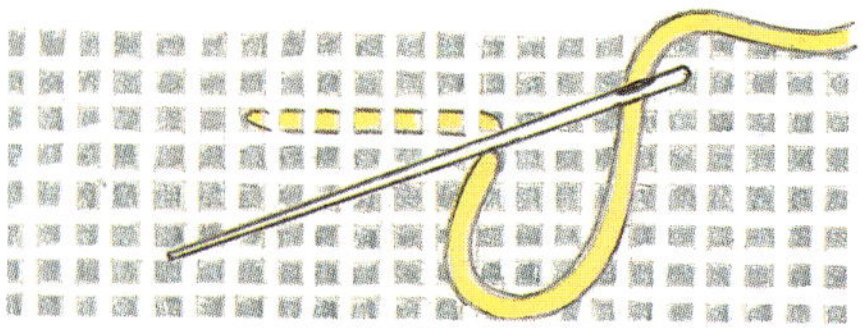

1 Wenn Sie mit der Stickarbeit eines Untersetzers beginnen, lassen Sie auf der Rückseite der Arbeit das Fadenende etwa 4 cm lang hängen. Es wird während der nächsten Stiche gegen den Stramin gehalten und mit eingenäht.

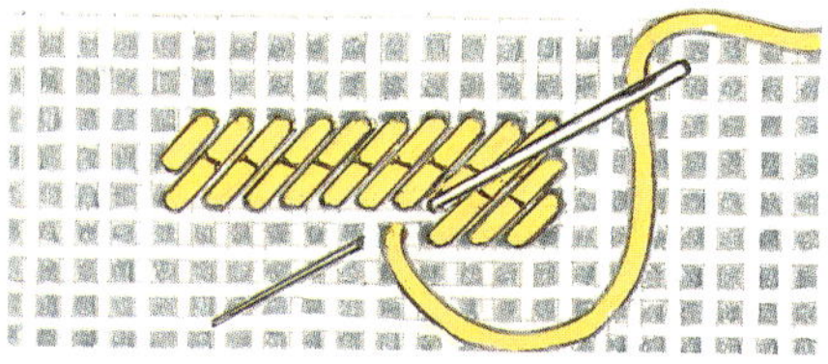

2 Arbeiten Sie von rechts nach links. Dabei immer diagonal rechts über der Ausstichstelle einstechen und links neben der vorigen Ausstichstelle wieder ausstechen.

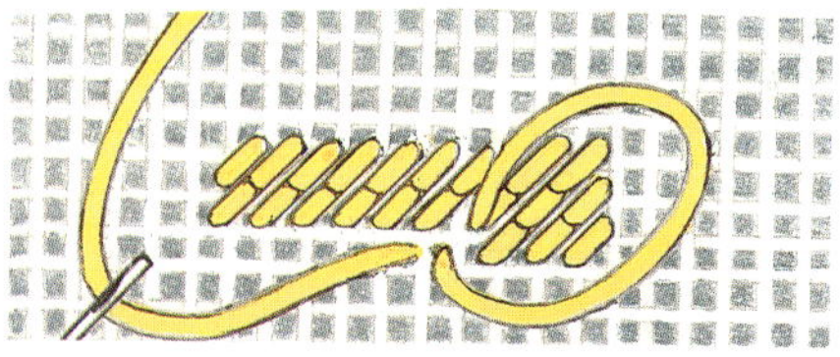

3 Den Faden so fest anziehen, daß er flach auf dem Stramin aufliegt. Achten Sie darauf, daß das Stramingewebe zwischen den Stichen nicht sichtbar wird.

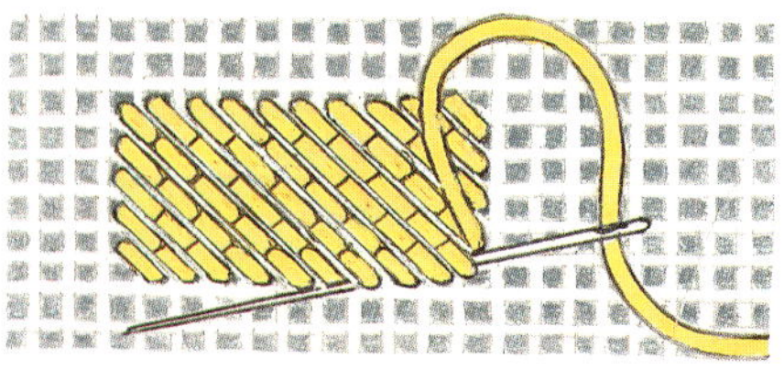

4 Die einzelnen Farbfelder wie beschrieben ausfüllen. Das Fadenende rückseitig unter den letzten Stichen vernähen. Werden mit einem neuen Faden nur ein paar Stiche gearbeitet, führt man den Fadenanfang auf der Rückseite durch ein paar Stiche eines benachbarten Feldes. Anschließend die überstehenden Garnenden abschneiden.

So wird's gemacht

Für die einzelnen Stiefmütterchenblüten benötigen Sie jeweils einen Strang Tapisserie-Wolle von DMC pro Farbe. Die Angaben für die Farbnummern finden Sie auf den folgenden Seiten.

WAS SIE BRAUCHEN:

- pro Untersetzer 15 x 15 cm Stramin, 14 Gewebefäden = 2,5 cm
- Sticknadel Nr. 20
- Nähgarn in einer zum Stramin kontrastierenden Farbe
- Haftvlies und Filz, pro Untersetzer 15 x 15 cm
- Weichholzbrett zum Spannen, etwa 20 x 20 cm
- Tuch zum Dämpfen
- Heftzwecken, rostfrei
- Bügeleisen
- Bügelbrett

1 Mitte markieren: Den Stramin einmal längs und einmal quer zur Hälfte zusammenlegen. Die beiden Mittellinien zur besseren Orientierung mit einem andersfarbigen Heftfaden markieren.

2 Motiv sticken: Ein Kästchen der Vorlage entspricht einem diagonalen Stich über ein Fadenkreuz. Das Motiv wird im Perlstich nach der Vorlage gearbeitet.

3 Arbeit spannen: Durch Spannen auf einem Holzbrett wird eine leicht verzogene Arbeit in Form gebracht.

4 Untersetzer beschneiden: Den Stramin rund um die Motive bis auf 1,5 cm abschneiden und in kurzen regelmäßigen Abständen bis auf einen Straminfaden vor der Arbeit einschneiden. Dabei sehr vorsichtig vorgehen.

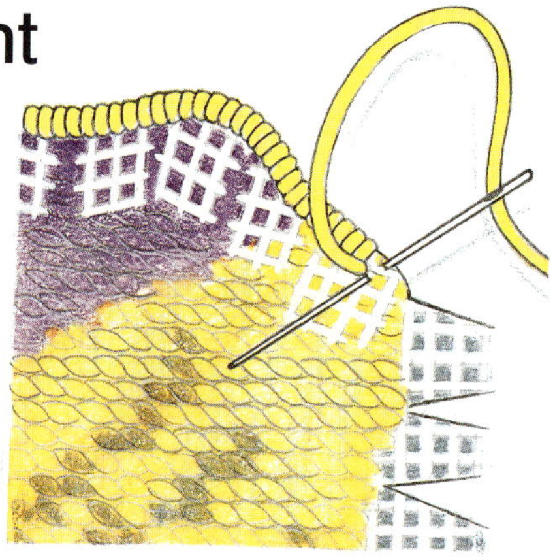

5 Kanten versäubern: Den Stramin zwischen zwei Einschnitten zur Unterseite hin umschlagen und mit Schlingstichen von links annähen. Die Stiche werden sauber dicht an dicht ähnlich einer Kordelstruktur gearbeitet, so daß schließlich keine Straminfäden mehr zu sehen sind. Legen Sie den nächsten Abschnitt um, und arbeiten Sie weiter, wie zuvor beschrieben. Die Stiche dürfen von rechts nicht zu sehen sein.

6 Haftvlies aufbügeln: Den Untersetzer unter einem feuchten Tuch vorsichtig dämpfen. Legen Sie das Haftvlies mit der Klebeseite gegen die linke Seite des Untersetzers, und setzen Sie das Bügeleisen – ohne Dampf – auf, bis das Haftvlies gut festklebt. Haftvlies, das über den Rand wegsteht, wird von links sauber abgeschnitten, es soll von rechts nicht mehr zu sehen sein.

7 Filz anbügeln: Vom Haftvlies die Schutzfolie abziehen und den Filz auflegen. Trockenes Tuch darüberlegen und das heiße Bügeleisen aufsetzen, bis der Filz fest anklebt. Überstehenden Filz abschneiden (siehe Punkt 6).

FARBCODE – ORANGE

- 9768
- 8164
- 8162
- 8166
- 8156
- 8124
- 8118
- 9776
- 0647

Zum Versäubern: 8118

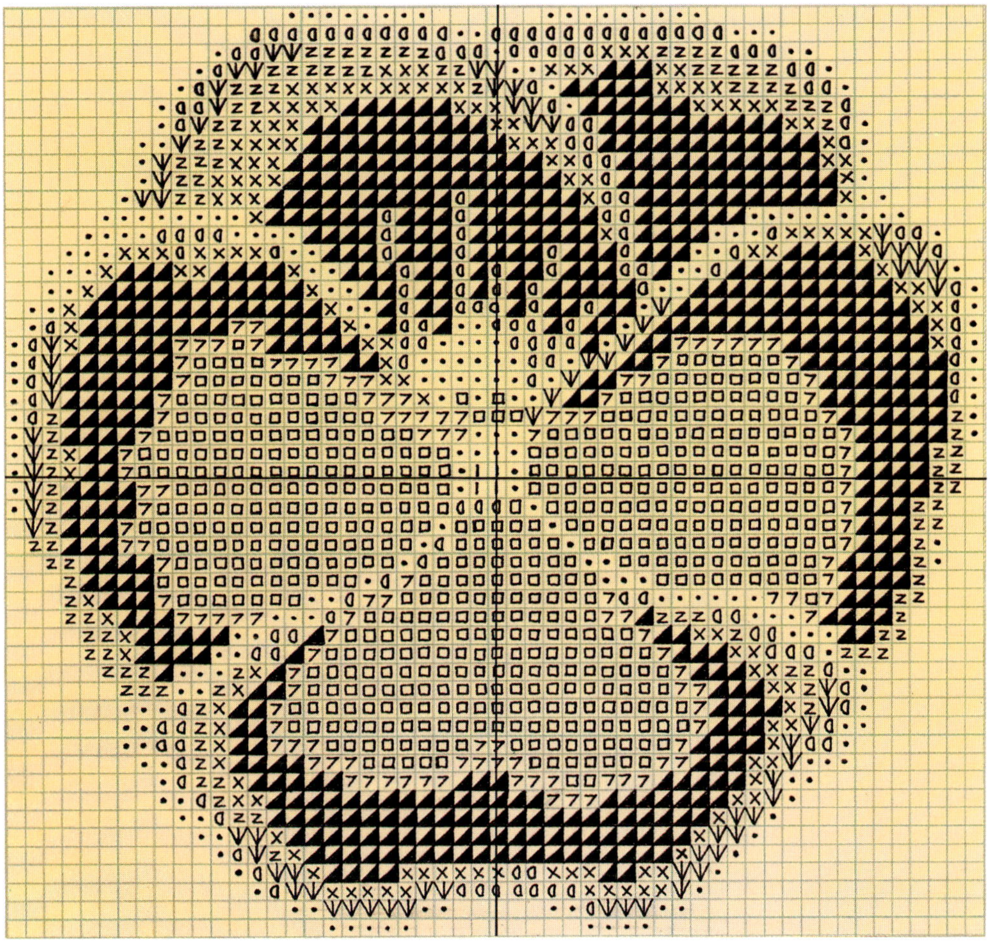

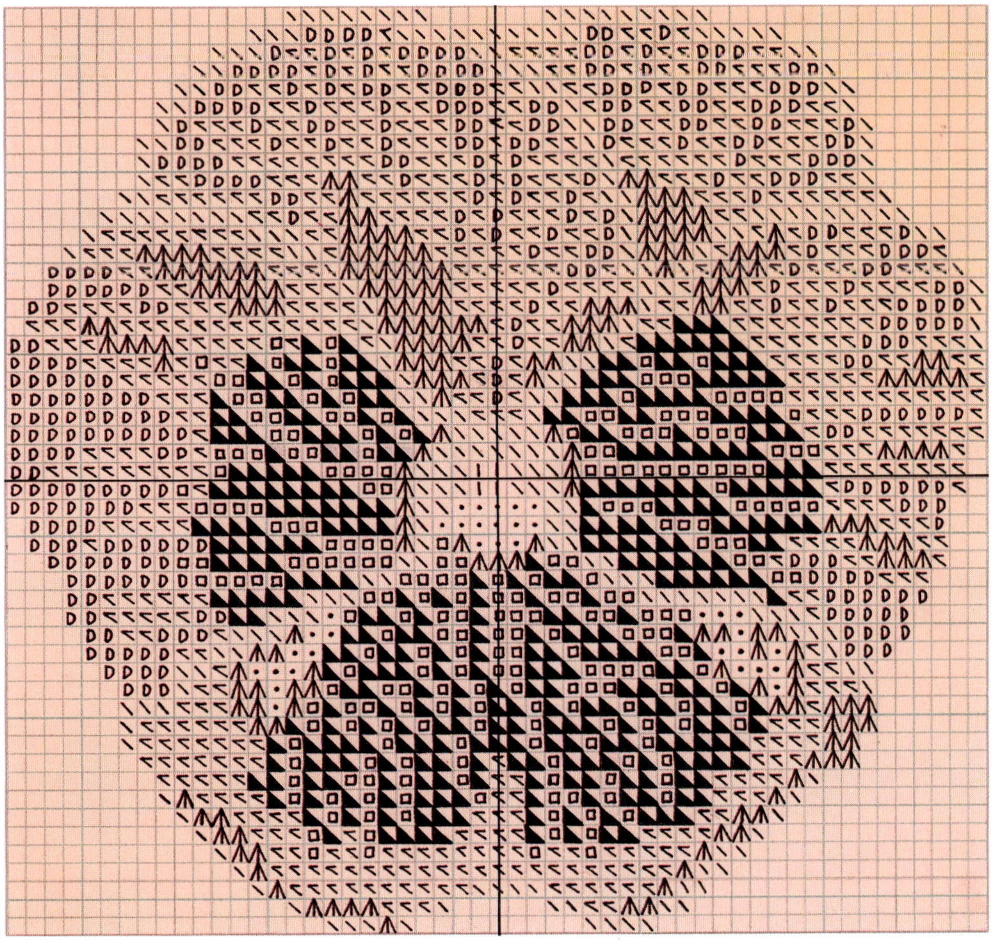

FARBCODE – ROT

- 8118
- 8006
- 9776
- 9768
- 8330
- 8242
- 8240
- 8238

Zum Versäubern: 8006

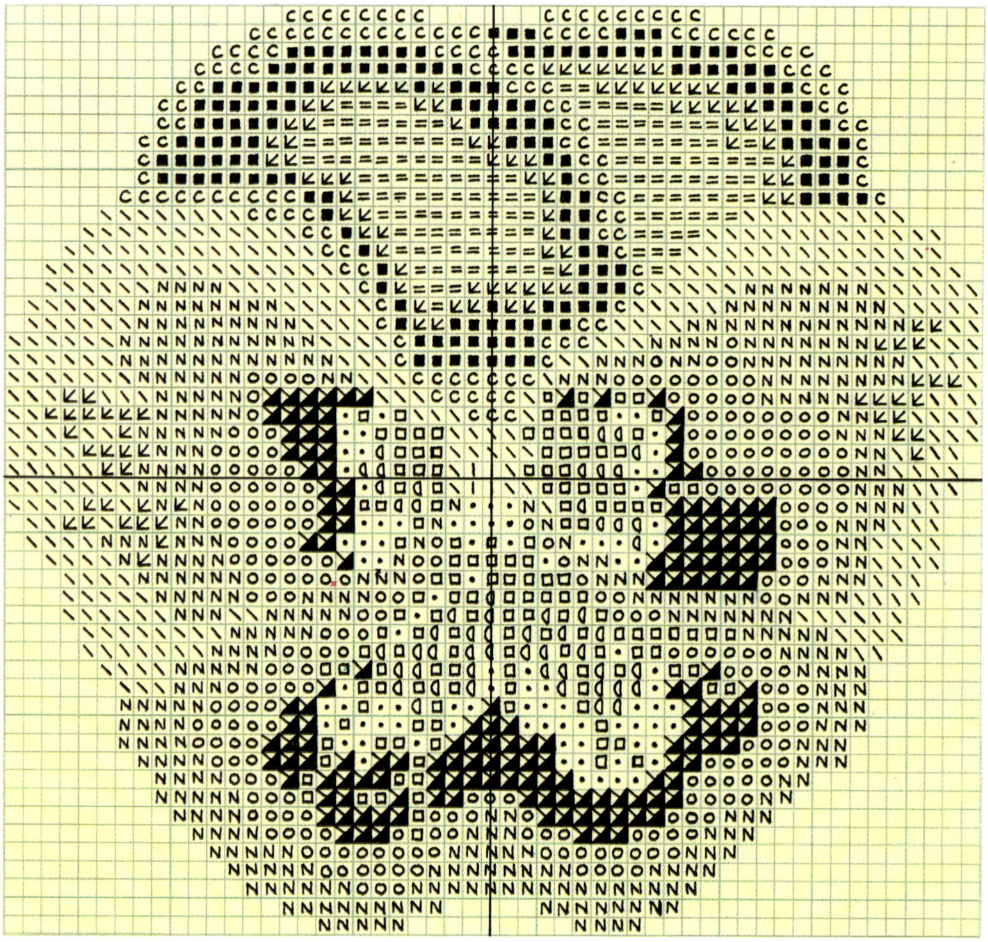

FARBCODE – GELB

- 9776
- 8006
- 8032
- 8116
- 9768
- 8098
- 8118
- 8120
- 8586
- 8588
- 8590
- 8594

Zum Versäubern: 8006

FARBCODE – BRAUN

- 8118
- 8006
- 9776
- 8404
- 8422
- 8426
- 8428
- 8424
- 8420
- 8004

Zum Versäubern: 8428

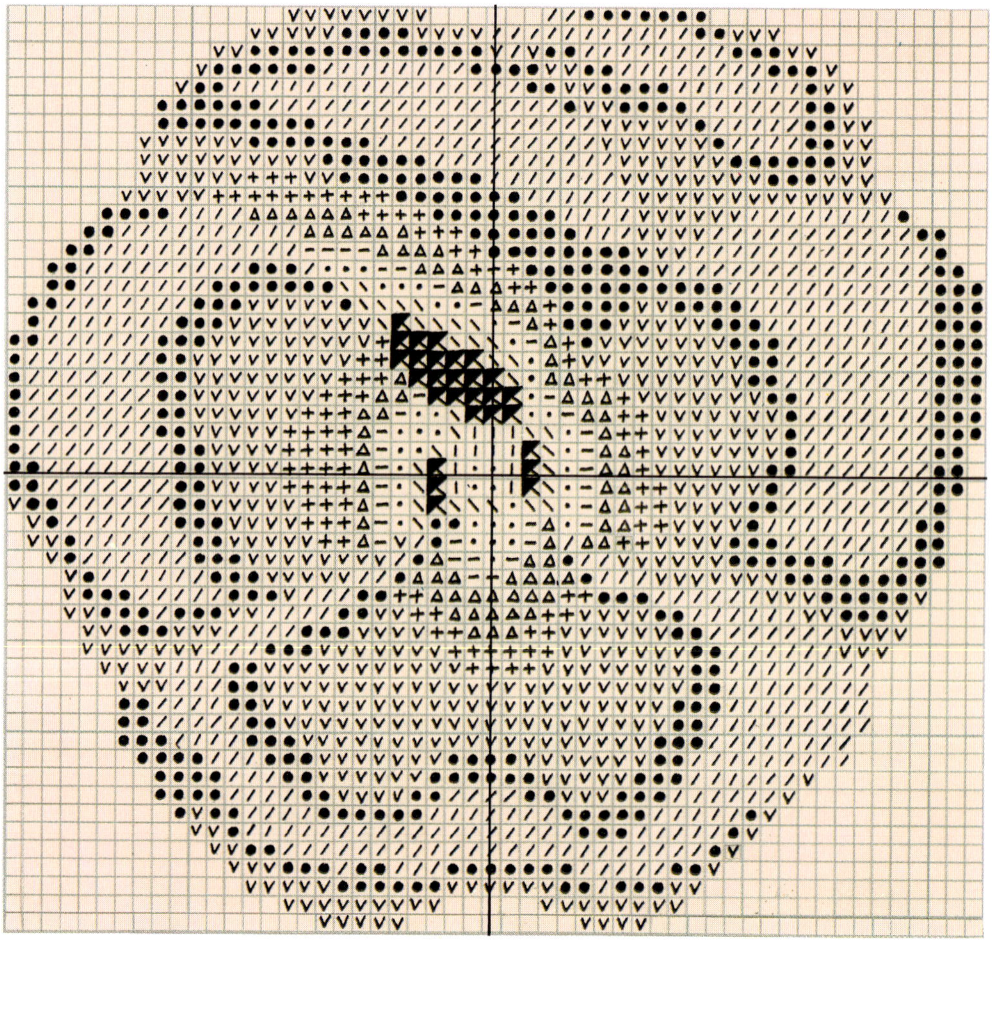

Trio in Gobelinstickerei

Ein dekoratives Geschenkset mit farbenprächtigem Dekor: Halbe Kreuzstiche auf Stramin gestickt, zieren Brillenetui, Geldbörse und Schminktäschchen.

▼ ***Musterhafte Ordnung***

Hübsche kleine Accessoires, zum Teil mit Leder gefaßt, sorgen dafür, daß man in der Handtasche das Wichtigste auf Anhieb findet.

Etui für die Brille

In einem über und über mit Erdbeeren und Blüten bestickten Etui ist Ihre Sonnen- oder Lesebrille gut aufgehoben. Gestickt wird nach einer detaillierten Vorlage auf Stramin, und mit etwas Übung geht der einfache, halbe Kreuzstich schnell von der Hand. Das Etui wird mit passendem Stoff abgefüttert, mit einer Lederpaspel an der oberen Kante eingefaßt und im Kreuzstich zusammengenäht.

WAS SIE BRAUCHEN:

- Zweifädiger Stramin mit 48 Löchern auf 10 cm, 23 x 20 cm, oder ein Bastelset für ein Brillenetui
- Klebeband
- schwarzer Futterstoff, 23 x 20 cm
- Anchor-Tapisseriewolle, 3 Stränge in Schwarz, je 1 Strang in den übrigen im Farbschlüssel angegebenen Farben
- Leder- oder Kunstlederstreifen von 25 x 3 cm
- schwarzes Nähgarn
- Sticknadel mit stumpfer Spitze
- Maschinennadel für Leder

1 **Stramin vorbereiten:** Den Stramin ringsum mit Klebeband einfassen, damit die Kanten nicht ausfransen. Die senkrechte und waagerechte Mittellinie mit Reihstichen markieren.

2 **Motiv sticken:** Die Tapisseriewolle in 45 cm lange Fäden schneiden. Nach der Stickvorlage das Motiv im halben Kreuzstich sticken, dabei in der Mitte der Arbeit beginnen und die Stiche über je ein Fadenpaar arbeiten. Die fertige Arbeit vorsichtig unter einem feuchten Tuch dämpfen.

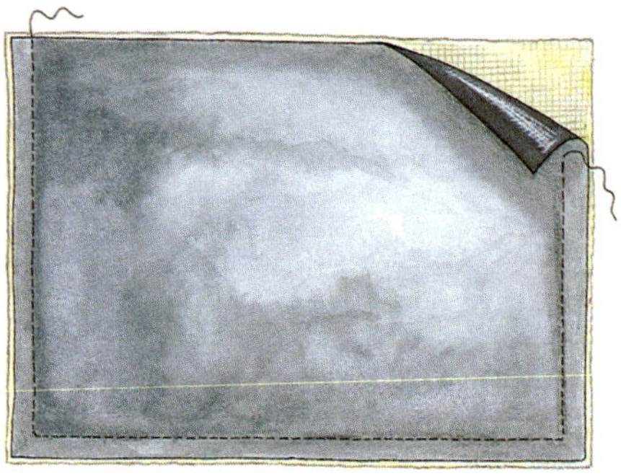

3 **Futter einnähen:** Futterstoff und Stramin kantengleich rechts auf rechts aufeinanderheften. Die beiden Teile entlang der unteren und den beiden seitlichen Kanten zusammensteppen. Anschließend die Hülle auf rechts verstürzen.

4 **Einfassung arbeiten:** Lederstreifen an der Oberkante rechts auf rechts entlang dem gestickten Rand auf den Stramin stecken. Enden einschlagen und den Streifen aufsteppen. Überstehende Kante von Stramin und Futter auf 5 mm zurückschneiden. Leder auf links bis zur Naht umlegen und von rechts knapp entlang der vorherigen Naht feststeppen.

FARBSCHLÜSSEL

- Weiß 8006
- Pink 8396
- Purpur 8526
- Violett 8694
- Rot 8218
- Gelb 8016
- Dunkelgrün 9006
- Apfelgrün 9018
- Blaßgrün 9172
- Braun 9564
- Schwarz 9800

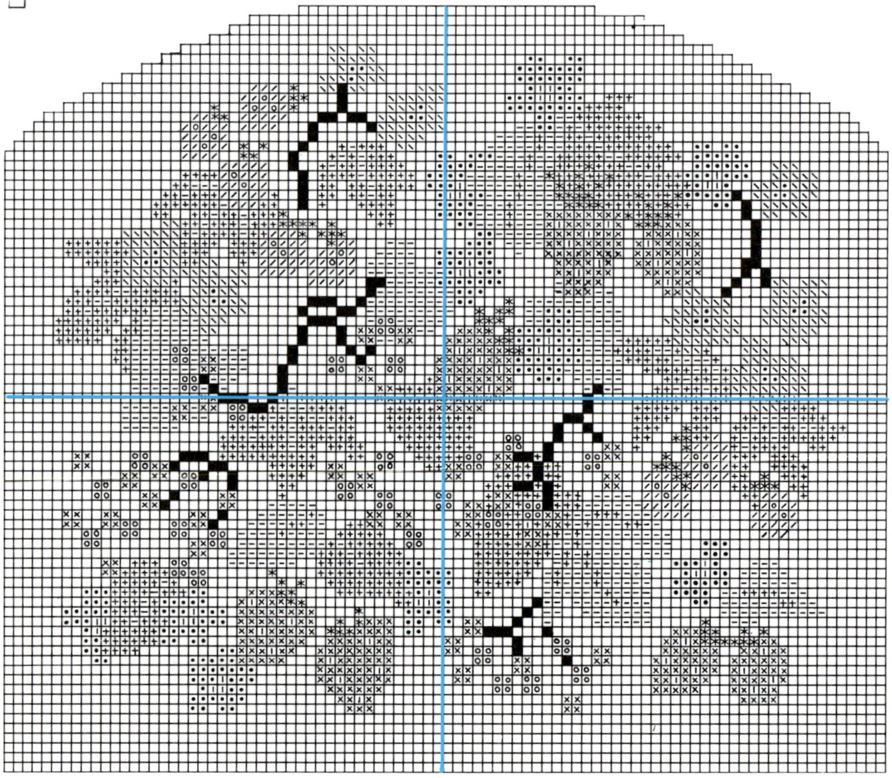

5 **Etui zusammennähen:** Das Teil mit der bestickten Straminseite nach außen zusammenlegen. Die untere und die seitliche Kante im Kreuzstich in Schwarz zusammennähen.

Mini-Geldbörse

Parkgroschen und Silbergeld finden Platz in diesem handlichen Portemonnaie. Die zierliche Geldbörse wird passend zum Brillenetui mit einem Erdbeermotiv bestickt und mit einem Schnappverschluß ausgestattet. Solche Verschlüsse gibt es in gut sortierten Handarbeits- oder Bastelgeschäften. Alternativ können Sie auch Klettband verwenden.

WAS SIE BRAUCHEN:

- Zweifädiger Stramin mit 56 Löchern auf 10 cm, 2 Stücke von 11,5 x 7,5 cm
- Klebeband
- schwarzer Futterstoff, 2 Stücke von 11,5 x 7,5 cm
- Anchor-Tapisseriewolle, 3 Stränge in Schwarz, je 1 Strang in den übrigen im Farbschlüssel angegebenen Farben
- Schnappverschluß, 9 cm breit, oder schwarzes Klettband in entsprechender Länge
- Leder- oder Kunstlederstreifen von 18 x 5 cm, bei Verwendung eines Schnappverschlusses
- Leder- oder Kunstlederstreifen von 24 x 5 cm, bei Verwendung von Klettband
- schwarzes Nähgarn
- Sticknadel mit stumpfer Spitze

FARBSCHLÜSSEL

- ⊡ Weiß 8006
- ⊙ Purpur 8526
- ⎕ Gelb 8016
- ⊠ Rot 8218
- ⊞ Blaßgrün 9172
- ⊟ Apfelgrün 9018
- ■ Dunkelbraun 9646
- □ Schwarz 9800

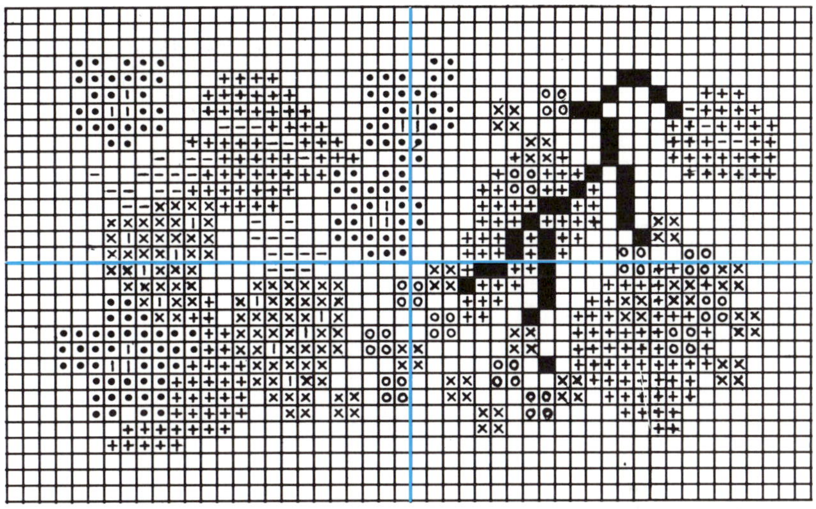

1 Motiv sticken: Den Stramin vorbereiten, wie beim Brillenetui in Schritt 1 beschrieben. Das Motiv nach der Vorlage im halben Kreuzstich über je ein Fadenpaar auf beide Straminstücke aufsticken, dabei in der markierten Mitte beginnen.

2 Futter einnähen: Je ein Futterstück rechts auf rechts auf ein besticktes Straminstück stecken und heften. An der unteren und beiden seitlichen Kanten zusammennähen. Die Nahtzugaben zurückschneiden und beide Teile auf rechts wenden.

tip

Kleine Stickereien

Da das Sticken auf kleinen Stoffstücken recht mühsam ist, empfiehlt es sich, ein größeres Straminstück zu verwenden und den Stoff nach dem Besticken auf eine Nahtzugabe von 1,5 cm zurückzuschneiden.

Fertigstellung mit Schnappverschluß: Das Leder oder Kunstleder in zwei Stücke von 9 x 5 cm halbieren. Ein Teil rechts auf rechts an der Oberkante eines Straminteils annähen. Leder zur linken Seite hin umschlagen, dabei eine Hälfte des Schnappverschlusses einlegen. Von rechts mit einer doppelten Steppstichlinie von Hand festnähen. Das andere Teil ebenso arbeiten, dabei die zweite Verschlußhälfte einlegen. Beide Geldbörsenteile links auf links aufeinanderlegen und im Kreuzstich zusammennähen.

Fertigstellung mit Klettband: Lederstreifen in der Mitte durchschneiden. Die Enden eines Stückes nach innen umschlagen, das Stück rechts auf rechts an der Oberkante eines Straminteils feststecken und annähen. Leder über die Straminkante bis zur Naht auf die linke Seite umlegen und von rechts knapp aufsteppen. Das zweite Teil ebenso einfassen. Je eine Klettbandhälfte oben am Eingriff auf der Innenseite annähen. Geldbörsenteile links auf links aufeinanderlegen und im Kreuzstich zusammennähen.

Kosmetiktäschchen

In diesem praktischen Täschchen sind wichtige Utensilien wie beispielsweise Lippenstift und Puderdöschen immer griffbereit. Eine Innentasche wird zusätzlich mit einem Reißverschluß gesichert. Und damit Sie unterwegs perfekt ausgestattet sind, befindet sich in der Taschenklappe sogar ein kleiner Spiegel, der mit Klettband befestigt ist und sich bei Bedarf jederzeit schnell herausnehmen läßt.

WAS SIE BRAUCHEN:

- Zweifädiger Stramin mit 40 Löchern auf 10 cm, 20 x 16,5 cm
- schwarzer Futterstoff, 20 x 5 cm
- Anchor-Tapisseriewolle, 3 Stränge in Schwarz, je 1 Strang in den übrigen im Farbschlüssel angegebenen Farben
- Reißverschluß, 10 cm lang
- schwarzes, selbstklebendes Klettband, 8 cm lang
- Taschenspiegel, 6,5 x 8 cm
- starker Karton, 13 x 7,5 cm
- schwarzes Nähgarn
- Sticknadel mit stumpfer Spitze
- schwarzer Druckknopf

ZUSCHNEIDELISTE

Aus dem schwarzen Futterstoff:

- 1 Rechteck von 20 x 16,5 cm
- 1 Rechteck von 8 x 16,5 cm
- 1 Rechteck von 13 x 16,5 cm

1 Stramin besticken: Den Stramin quer zur Hälfte falten und den Bruch mit Reihstichen markieren. Beide Hälften nach der Vorlage für die Geldbörse im halben Kreuzstich über je ein Fadenpaar besticken, so daß Oberkante der Vorlage und Mittellinie des Stramins übereinstimmen. An den Seiten zwei Reihen in Schwarz im halben Kreuzstich anfügen.

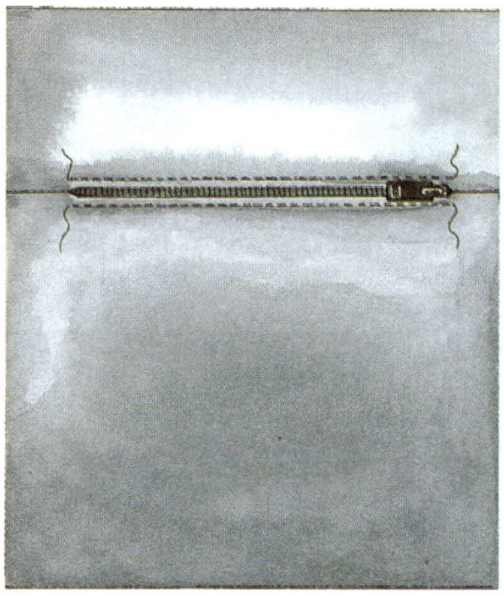

2 Reißverschluß einnähen: Die beiden kleineren Futterrechtecke rechts auf rechts aufeinanderstecken und entlang der langen Kante 1,5 cm breit zusammenheften. Von den Seitenkanten aus über 3 cm absteppen. Die Naht aufbügeln, den Reißverschluß mit der rechten Seite nach unten aufheften und von der rechten Seite an den Kanten entlang aufsteppen. Heftfäden entfernen.

3 Klettband annähen: Die beiden Klettbandhälften auseinanderziehen. Von einer Hälfte die Schutzfolie abziehen und das Stück auf dem größeren der beiden Futterteile mit Reißverschluß in der Mitte an den beiden Längskanten entlang aufsteppen. Die andere Klettbandhälfte darauflegen und andrücken, damit das Klettband beim Zusammenfügen des Täschchens nicht hängenbleibt.

4 Täschchen zusammenfügen: Das Futter mit offenem Reißverschluß rechts auf rechts auf den Stramin legen. Das dritte Futterstück links auf links auf dem Stramin feststecken. Alle drei Lagen ringsum dicht am Rand der Stickerei entlang zusammenheften und -steppen. Nahtzugaben zurückschneiden. Schnittkanten im Zickzackstich versäubern. Täschchen durch den Reißverschluß wenden.

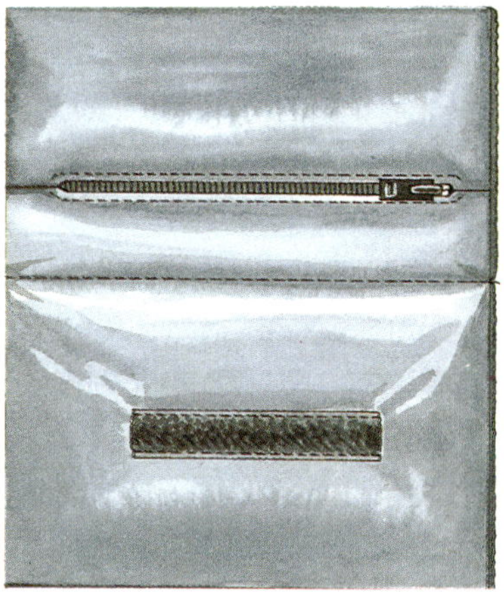

5 Spiegel befestigen: Den Karton in die Taschenhälfte mit aufgenähtem Klettband einschieben. Tasche hälftig legen, Bruchlinie überprüfen, aufklappen und entlang der Linie durch alle Lagen absteppen. Vom oberen Klettband die Schutzfolie abziehen und den Spiegel ausgemittelt fest andrücken. An der offenen Seite des Täschchens einen Druckknopf als Verschluß annähen.

Flechtwerk aus Papier

Sie halten nicht fürs Leben, sehen jedoch sehr dekorativ aus: Tischdecken, Sets, Mappen oder Taschen aus bunten Papierstreifen-Geflechten.

Schneiden Sie buntes Papier in breite oder schmale Streifen, und flechten oder „weben" Sie daraus dekorative Kleinigkeiten. Für die originellen Geflechte eignen sich fast alle gängigen Papiersorten, vom Geschenkpapier über Packpapier bis hin zu Zeitschriften. Das verarbeitete Material muß nicht immer faltenfrei und neu sein, auch gut erhaltenes gebrauchtes Papier ist geeignet. Allerdings hängt dessen Verwendung davon ab, was für ein Projekt Sie verwirklichen wollen. Wagen Sie ruhig ein paar Überraschungseffekte mit ungewöhnlichen Dessins, zum Beispiel mit alten Landkarten. Unterschiedliche Farben, Muster und Streifenbreiten geben Ihrem Flechtwerk einen echten Designer-Touch.

Welches Papier?

Verwendbar sind Schreib- und Packpapier, Geschenkbögen, Seiten aus farbigen Illustrierten, feines Seidenpapier, Poster und Tapetenreste. Mit einer Kombination aus schweren und leichten Papiersorten erzielen Sie interessante Effekte, doch sollten dabei die Längsstreifen aus schwererem Material bestehen als die Querstreifen, um eine bessere Stabilität zu gewähren. Sehr dünnes Papier muß mit einer festen Unterlage verarbeitet werden. Soll Ihr Flechtwerk nicht nur dekorativ, sondern auch praktisch sein, verflechten Sie am besten schmutzabweisendes, festes Papier.

Material und Zubehör

Außer diversen Papierarten mit unterschiedlichen Mustern benötigen Sie folgende Hilfsmittel:
Bleistift und Lineal, um die Streifenbreiten und -längen zu markieren.
Schere, Cutter sowie Metallschiene zum Anlegen und Zuschneiden.
Alleskleber, um Streifenenden zu verbinden und Ränder zu befestigen. Ideal ist ein Klebestift.
Büroklammern oder ein paar schwergewichtige Bücher, um die Streifenenden während des Flechtens an ihrem Platz zu halten.

▼ **Kunterbunte Tischdecke**
Viele bedruckte und einfarbige Geschenkpapier-Streifen wurden zu dieser schönen Decke verflochten.

FLECHTTECHNIK FÜR PAPIERSTREIFEN

Die einfachste Technik ähnelt der aus der Weberei bekannten Leinwandbindung: Man legt die Längsstreifen dicht nebeneinander und flicht die Querstreifen ein.

1 Streifen zuschneiden: Papierstreifen von 1–5 cm Breite lassen sich gut verarbeiten. Die Längsstreifen zuschneiden und dicht an dicht nebeneinanderlegen. Nun die Querstreifen zuschneiden. Sie müssen etwas länger sein als die Gesamtbreite aller nebeneinanderliegenden Längsstreifen.

2 Flechten: Den ersten Querstreifen so einziehen, daß er über dem ersten Längstreifen liegt. Der folgende liegt dagegen unter dem ersten Längsstreifen. Abwechselnd über und unter den Längsstreifen weiterflechten und dabei die Querstreifen immer wieder behutsam zusammenschieben. Die Längsstreifen ab und an mit Büroklammern am Rand an den Querstreifen fixieren.

3 Streifen verlängern: Zu kurze Streifen verlängern Sie durch Ankleben eines weiteren Streifenendes. Den überlappenden Bereich dabei möglichst schmal halten. Beim Einflechten darauf achten, daß die Verbindungsstellen immer unter den Längsstreifen liegen.

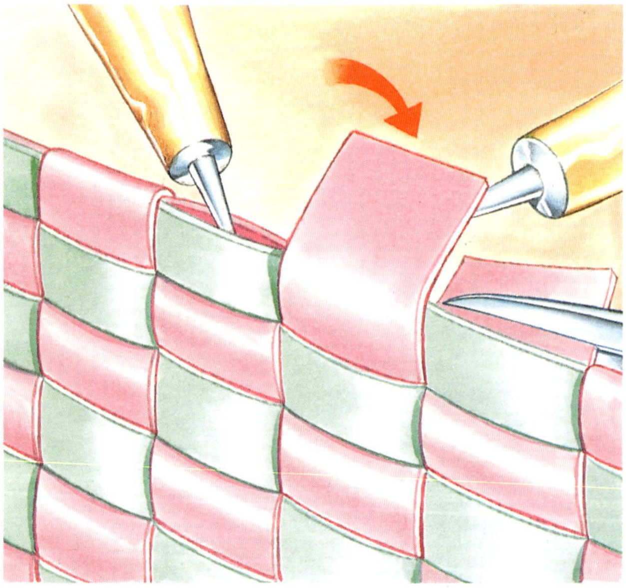

4 Enden befestigen: Zuletzt sichert man das Geflecht, indem man die oben liegenden Streifenenden entlang der Außenkante scharf nach hinten umknickt und anklebt. Die unten liegenden Enden kantenbündig abschneiden und die Kantenöffnung zukleben.

Papiertischtuch

Das eingangs gezeigte farbenfrohe Tischtuch besteht aus Geschenkpapierstreifen. Verarbeitet wurden sieben unterschiedliche Musterpapiere und einfarbiges Papier in fünf verschiedenen Farben. Die Mittelfläche tritt durch Verwendung gleichbreiter, unterschiedlich gemusterter Streifen hervor. Einen zusätzlichen Akzent setzt die äußere Umrahmung. Einfarbige schmalere Streifen lassen sie wie eine Einfassung wirken. Das fertige Tischtuch ist quadratisch und hat eine Seitenlänge von 160 cm.

WAS SIE BRAUCHEN:

- Je 2 Bögen Geschenkpapier in den Maßen 50 x 70 cm, in 7 verschiedenen Mustern
- je 1 Bogen unifarbenes Geschenkpapier, ebenfalls 50 x 70 cm, in 5 verschiedenen Farben
- Klebestift oder Alleskleber

1 Streifen schneiden: Gemustertes Papier in 5 cm breite, einfarbiges in 2,5 cm breite Streifen schneiden, je 70 cm lang. Von jedem Muster und jeder Farbe vier Streifen halbieren und mit zwei 70 cm langen Stücken des gleichen Dessins zu 170 cm langen Streifen verbinden. Die Überlappung beträgt 2,5 cm.

ABCDEFG = 5 cm breite gemusterte Streifen
HIJK = 2,5 cm breite einfarbige Streifen

2 Längsstreifen auslegen: Die Längsstreifen in der in der Zeichnung angegebenen Reihenfolge auf dem Fußboden nebeneinanderlegen. Die Querstreifen werden in derselben Reihenfolge verarbeitet.

3 Mittelbereich: Die gemusterten Querstreifen mit den Längsstreifen wie beschrieben verflechten. Büroklammern oder schwere Bücher verhindern, daß die Längsstreifen auseinanderrutschen.

4 Umrandung gestalten: Die einfarbigen Randstreifen einflechten. Danach die Enden verkleben.

5 **Obere Enden sichern:** Oben liegende Streifenenden auf 5 cm kürzen, nach hinten knicken, ankleben.

6 **Untere Enden sichern:** Unten liegende Streifenenden randbündig abschneiden und von unten ankleben.

GEFLOCHTENE MAPPEN

Geflochtene Papierflächen lassen sich gut falten und zu sehr originellen leichten Taschen, Mappen, Etuis und vielen anderen hübschen Dingen verarbeiten. Die überstehenden Querstreifenenden werden dabei mit eingeflochten und angeklebt, sobald einige Reihen fertig geflochten sind.

1 **Ränder versäubern:** Die Längsstreifen beschneiden und von der Rückseite an das Geflecht kleben, („Flechttechnik" siehe Punkt 4). Die geflochtene Fläche entlang einer Querstreifenkante in der Mitte falten.

2 **Unten liegende Querstreifen:** Die unter den Längsstreifen endenden Querstreifen kantenbündig abschneiden und an der Innenseite festkleben.

3 **Oben liegende Querstreifen:** Auf Längsstreifenbreite kürzen, um die Kanten legen und von innen gegen das Geflecht kleben.

Taschen-Set für Schreibutensilien

Das Geflecht dieser ausgefallenen Tragetaschen besteht aus liniertem, farbigem Schreibpapier, einer alten Landkarte und braunem Packpapier, das zuvor mit gestempelten Briefmarken beklebt wurde. Mit Schreibutensilien im passenden Design gefüllt, werden solche Taschen auch zum witzigen und originellen Geschenk. Die größere Tasche ist etwa 28 x 33 cm groß, die kleinere nur 11 x 14,5 cm.

WAS SIE BRAUCHEN:

- Liniertes Schreibpapier in vier Pastelltönen
- braunes Packpapier
- Landkarte
- entwertete Briefmarken
- Klebestift oder Alleskleber
- Gummierstift

► ***Übersicht im Partnerlook***

Originell und praktisch: geflochtene Ordnungshüter aus Papier.

GROSSE TRAGETASCHE

1 **Vorbereiten:** Briefmarken mit dem Gummierstift unregelmäßig auf Packpapier kleben, trocknen lassen.

2 **Streifen herstellen:** Alle Papiersorten in 2,5 cm breite Streifen schneiden, zu 80 cm Länge zusammenkleben.

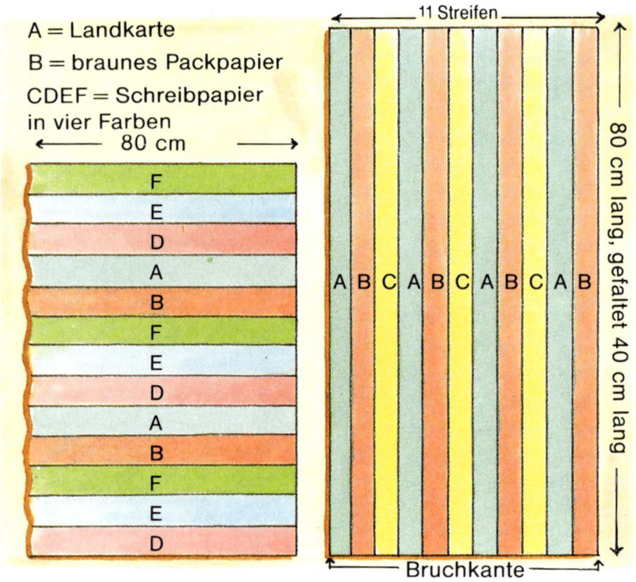

3 **Längsstreifen:** Elf Streifen in der Mitte zusammenfalten und in oben angegebener Reihenfolge mit bündigen Bruchkanten nebeneinanderlegen.

4 **Flechten:** Oberhalb der Bruchkante 13 Querstreifen in der gezeichneten Reihenfolge einflechten. Dabei an der Bruchkante beginnen. An der linken Seite müssen freie Querstreifenenden von 5 cm Länge übrigbleiben.

5 **Flechtwerk vollenden:** Arbeit behutsam wenden, damit die Streifen nicht auseinanderrutschen. Die restlichen Querstreifen von der Bruchkante aus in gleicher Folge wie zuvor in die zweite Tragetasche flechten.

6 **Seitenkanten versäubern:** Die Seitenkanten der Tasche versäubern. Dafür die Enden der Querstreifen umfalten bzw. abschneiden und ankleben (siehe „Geflochtene Mappen", Punkt 2 und 3).

7 **Taschenöffnung versäubern:** Obere Kanten versäubern (siehe „Geflochtenes Tischtuch", Punkt 5 und 6). Umgefaltete Streifenenden auf 2,5 cm einkürzen.

8 **Taschengriffe herstellen:** Zwei 5 cm breite, 30 cm lange Packpapierstreifen schneiden und an einer Längskante 2 cm breit, an der anderen Kante 1 cm breit umfalten. Umgeschlagene Kanten ankleben. Griffe von innen an die Taschenoberkanten kleben. Klebestreifen mit 5 x 15 cm großen Packpapierstreifen überkleben.

KLEINE TRAGETASCHE

Die kleine Tragetasche wird nach dem gleichen Prinzip angefertigt wie die große, jedoch aus nur 1,2 cm breiten und 35 cm langen Streifen. Die freien Enden der Querstreifen sind nur 2,5 cm lang und werden beim Verbinden der beiden Taschenhälften auf die Breite eines Längsstreifens eingekürzt. Für die Griffe 2,5 cm breite, 12 cm lange Packpapierstreifen an einer Kante 1 cm, an der anderen 6 mm breit umlegen. Die Verstärkung entfällt hier.

PASSEND BEZOGENE STIFTE

Ein Stück Papier in der Länge der Stifte ausschneiden. Die Breite entspricht dem Stiftumfang plus einem kleinen Zuschlag für den Kleberand. Das Papier mit Klebstoff einstreichen, glatt ankleben und gut andrücken.

Flechtmuster-Variationen

Durch Abwechseln von breiten und schmalen Papierstreifen entstehen zahlreiche reizvolle Muster. Ebenfalls immer andere, teilweise ganz überraschende Effekte erzeugen Sie, wenn Sie Papiere in unterschiedlichen Farben und vielen schönen Dessins kombinieren. Die Verflechtung von einfachem Zeitungspapier mit karierten Schreibpapierstreifen in zarten Pastelltönen zum Beispiel wirkt interessant und dezent zugleich.
Eine weitere Variante: Arbeiten Sie in das Geflecht Streifen aus Hochglanzmagazinseiten oder glänzender Bastelfolie ein. Dadurch erhält Ihr Flechtwerk zusätzliche Brillanz. Schick wirken auch Kombinationen aus Zeitungsseiten mit ähnlicher Farbgebung, während Sie mit starken Farbkontrasten ein fröhlich buntes Ergebnis erzielen. Ein besonders ausgefallenes Karo schließlich ergibt sich, wenn man breite und schmale Längsstreifen im Wechsel legt und ausschließlich schmale Querstreifen einflicht.

Praktische Badetaschen

Das persönliche Geschenk mit der besonderen Note: zwei tolle Taschen aus buntem Baumwolldruck mit Futter aus wasserfestem Kunststoff.

▲ *Ein dekoratives Duo*

Platznot macht erfinderisch: In der Badetasche und dem Kulturbeutel verschwinden Wäschestücke und Toilettenartikel. Vor der pastellfarbigen Wand wirkt der zartgeblümte Stoff besonders reizvoll.

Besonders hübsch machen sich die Badetasche und der dazu passende Kulturbeutel, wenn der Stoff farblich abgestimmt ist. Doch die beiden Accessoires sind nicht nur dekorativ, sondern auch praktisch. Die Schultertasche läßt sich bequem am langen Gurt über einen Haken an der Tür hängen. So dient sie als fescher Wäschebeutel, falls für einen Korb der Platz fehlt. Mit wasserdichtem Plastikfutter ausgestattet, eignet sich die Tasche auch ideal für Sport und Strand. Feuchte Frotteehandtücher und Badeanzüge schaden ihrer Haltbarkeit nicht. Aus demselben Stoff entstand als Ergänzung dazu der Kulturbeutel. Ein zusätzliches Wattepolster verstärkt den Schutz für seinen zuweilen zerbrechlichen Inhalt. Außerdem verbirgt er in seinem Innern die unentbehrlichen Fächer, die Lippenstift, Wimperntusche und allerlei andere Schminkutensilien aufnehmen können.

Gefütterte Badetasche

WAS SIE BRAUCHEN:

- fest gewebter Stoff
- Kunststoffutter (in Kaufhäusern erhältlich). Er sollte möglichst leicht und flexibel sein.
- Schrägband, passend zum Stoff
- Büroklammern
- farblich passendes Baumwollnähgarn
- Maßband
- Schneiderkreide

Die fertige Badetasche ist 55 cm breit und 50 cm hoch. Die Umschlagklappe wird gesondert zugeschnitten, so können Sie die ganze Stoffbreite nutzen. Beachten Sie beim Nähen des Futters den Hinweis zur Verarbeitung von Plastik.

1 **Zuschneiden:** Schneiden Sie Stoff und das Plastikfutter auf ein 58 cm breites und 103 cm langes Rechteck zu. Für die Umschlagklappe benötigen Sie je ein 55 cm breites und 52 cm langes Rechteck. Zuletzt schneiden Sie zwei Stoffstreifen von 83 x 7 cm für den Träger zu. Achten Sie dabei auf Faden- und Musterverlauf!

2 **Plastikfutter annähen:** Legen Sie den Stoff mit der rechten Seite auf das Plastikfutter. Halten Sie die Lagen an einer der schmalen Seiten (Eingriffkante) mit Büroklammern statt Stecknadeln zusammen, um Stecklöcher im Futter zu vermeiden. Die Kante 1 cm breit absteppen und dabei nach und nach die Büroklammern abziehen. Auf rechts wenden, Nahtkanten ausrichten und knappkantig absteppen.

3 **Tasche zusammennähen** (siehe Abbildung): Schmale, offene Stoffkanten getrennt voneinander 1,5 cm über die abgesteppte Eingriffkante legen, und zwar so, daß Stoff auf Stoff und Futter auf Futter liegt. Seiten 1,5 cm breit absteppen; die unteren Ecken im Bogen ausnähen. Nähte zurückschneiden und versäubern, dann Tasche auf rechts wenden. Überstehende Schnittkanten einschlagen und knappkantig absteppen.

4 **Umschlagklappe nähen:** Stoffteil mit der rechten Seite auf das Futterteil klammern und die Ecken der Verschlußkante abrunden. Nehmen Sie dazu eine Rundschere, und achten Sie darauf, daß der Stoff genau aufliegt. Anschließend die gegenüberliegende Längskante 1,5 cm breit absteppen und zum Schluß die Umschlagklappe auf rechts wenden.

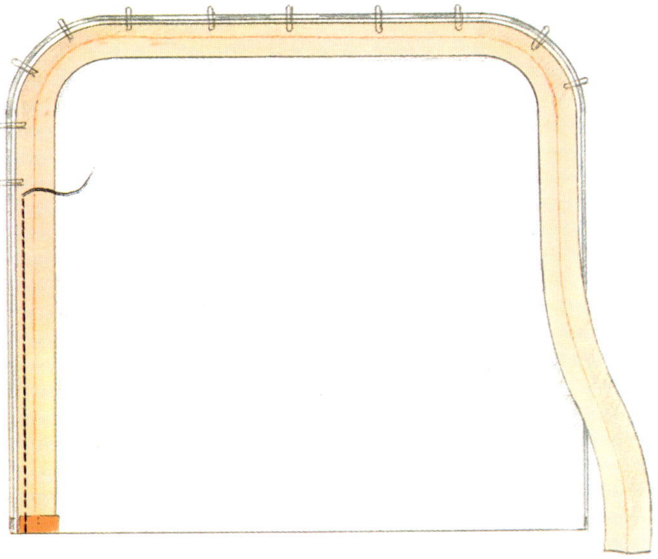

5 **Umschlagklappe einfassen:** Messen Sie den Schrägstreifenverbrauch entlang den offenen Klappenkanten plus einer Zugabe von 1 cm zum Einschlagen der Enden. Das Schrägband mit der rechten Stoffseite auf der Futterseite anklammern, aufsteppen und zur Stoffseite hin umschlagen, Schnittkante einschlagen und knapp über der vorherigen Naht liegend aufklammern. Knappkantig absteppen.

VERARBEITUNG VON PLASTIKMATERIAL

Plastikmaterial läßt sich im Prinzip gut verarbeiten, jedoch sind dabei einige wichtige Regeln zu beachten: Stecknadeln und Heftnähte sind tabu. Sie hinterlassen im Material häßliche Einstichlöcher, die nicht mehr verschwinden. Um Nähte vorher zu markieren, verwenden Sie besser Büroklammern oder Klebeband. Einzige Ausnahme: Sie stecken oder heften nur innerhalb der Nahtzugabe.

Nähen Sie mit Baumwollgarn in Stichen von mittlerer bis großer Länge. Bei zu kleinen Stichen könnte das Plastikmaterial schnell einreißen. Benutzen Sie immer eine brandneue Nadel. Sobald deren Spitze stumpf geworden ist, die Nadel auswechseln. Dadurch bleiben die Einstichlöcher so klein wie möglich.

Plastikmaterial klebt leicht am Nähfuß an. Nähen Sie deshalb mit einem Walzenfüßchen, falls Ihre Maschine damit ausgerüstet ist. Wer diese Möglichkeit nicht hat, streut etwas Kreidepulver auf die Plastikoberfläche. Auch Seidenpapier über dem Nahtverlauf verhindert das Ankleben.

Ein Wort zur Pflege der genähten Taschen: Am besten bekommt ihnen eine Wäsche mit milder Seifenlauge. Falls erforderlich, können Sie den Stoff auch bügeln, aber auf niedriger Temperaturstufe.

6 **Träger anfertigen:** Legen Sie die beiden Streifen für die Träger rechts auf rechts genau kantengleich aufeinander. Steppen Sie die schmalen Kanten mit 1 cm Nahtzugabe ab. Streifenteil auf rechts wenden. Nähte kantig ausrichten, die Längsseiten wie oben bei der Umschlagklappe beschrieben mit einem Schrägband sauber einfassen.

7 **Umschlagklappe und Träger annähen:** Klammern Sie die Trägerenden wie abgebildet auf die rechte Stoffseite der Umschlagklappe bündig mit den Seitenkanten und der verstürzten Kante an. Die Klappe mit der Futterseite auf die rechte Stoffseite des Taschenrückteiles legen, so daß sich die Kanten 3,5 cm überlappen. Klappe und Träger knappkantig aufsteppen: Folgen Sie zunächst der Klappenkante, dann etwa 3 cm der folgenden schmalen Seite und weiter entlang der Oberkante des Taschenrückteils. Beenden Sie die Naht nach der zweiten schmalen Seite.

Gefütterte Kulturtasche

Mit dieser klassischen, wasserdicht gefütterten Kulturtasche bringen Sie im Handumdrehen Ordnung in Ihre zahlreichen Toilettenartikel. Sie ist rundum wattiert und mit praktischen Innentaschen versehen, in denen sich viel unterbringen läßt. Die fertige Tasche mißt 30 x 20 cm. Arbeiten Sie rundum mit 1,5 cm Nahtzugabe, wenn nichts anderes angegeben ist.

1 Zuschneiden: Schneiden Sie zu: 1 Taschenrückteil mit angeschnittener Umschlagklappe = 46 x 33 cm; 1 Taschenvorderteil = 23 x 33 cm; 1 Seiten- und Bodenteil = 74 x 9 cm; für jedes Teil auch das entsprechende Plastikfutter und mittelstarkes Volumenvlies zuschneiden. Außerdem benötigen Sie zwei Innentaschen aus Stoff und Plastik in der Größe 33 x 18 cm.

2 Umschlagklappe nähen: Größtes Stoffteil – rechte Seite oben – auflegen und die Umschlageklappe markieren. Von der Oberkante aus an beiden Seiten 24,5 cm abmessen und 1,5 cm zurückschneiden. Obere Ecken gleichmäßig abrunden. Volumenvlies und Plastikfutter entsprechend zuschneiden und in gleicher Reihenfolge auf der linken Stoffseite anklammern. Die zurückgeschnittenen Kanten und die Oberkante mit einem passenden Schrägband einfassen.

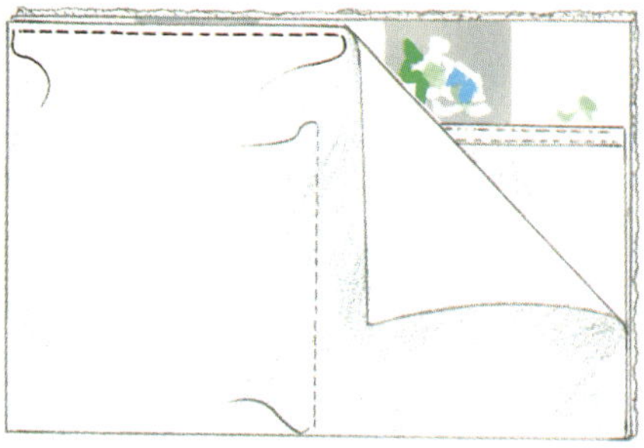

3 Vorderteil vorbereiten: Beide Innentaschen 1 cm breit säumen. Eine gesäumte Tasche kantengleich zusammen mit dem Futter auf das Plastikfutter für das Vorderteil legen. Von Oberkante zur Unterkante mittig zusammensteppen. Vorderteilstoff mit links auf das Vlies legen und darauf die Tasche mit der Stoffseite nach unten. Lagen an der Oberkante mit Büroklammern sichern und zusammensteppen. Naht zurückschneiden, Teile auf rechts wenden und an der Oberkante knappkantig absteppen.

4 Seitenstreifen vorbereiten: Stoff, Volumenvlies und Plastikfutter wie beim Vorderteil mit Büroklammern zusammenstecken und an den schmalen Kanten absteppen. Nahtzugaben zurückschneiden und auf rechts wenden. An den kurzen Oberkanten knappkantig entlangsteppen.

5 Kulturtasche fertigstellen: Seitenstreifen rechts auf rechts entlang der Seiten und Unterkante des Vorderteils ansteppen, anschließend Nahtzugabe an den Ecken vorsichtig einschneiden. Zweite Innentasche mit der Plastikseite kantengleich auf das Rükkenteil legen. Seitenteil mit dem Rükkenteil verbinden.

6 Nahtzugaben versäubern: Schneiden Sie alle Nahtzugaben zurück, bis auf das Plastikfutter des Seitenstreifens. Schlagen Sie das überstehende Futter über die Nahtzugaben, und steppen Sie es auf, um einen sauberen Abschluß zu erzielen. Wenden Sie die Tasche auf rechts.

▼ Schick und praktisch

In dieser adretten Kulturtasche mit Innenfächern finden zahlreiche Toilettenartikel Platz.

Geschenkkorbideen 1

Maßgeschneiderte Stoffeinsätze in fröhlich-bunten Mustern sind eine praktische und zugleich auch hübsche Idee für Haushaltskörbe aller Art.

Körbe kann man gar nicht genug haben. Die praktischen Helfer in Haus und Garten sind ideal zum zeitweiligen Aufbewahren vieler Gegenstände des täglichen Gebrauchs – von Obst und Gemüse über Handarbeiten bis hin zu den frischen Brötchen für den Frühstückstisch. Für den Einkauf sind Körbe nicht nur eine stabile, sondern auch umweltfreundliche Alternative zu Kunststofftüten. Passend zum rustikalen Flechtwerk können Sie Ihre Körbe mit lustigen Rüschen verzieren oder mit fröhlich-bunten Stoffen auskleiden. Stoffeinsätze sind nicht nur ein hübsches dekoratives Extra, sondern auch sehr praktisch, beispielsweise für Brot-, Näh- oder Einkaufskörbe.

▲ *Appetitlich serviert*

Dieses hübsche Brotkörbchen hält mit seinem fröhlich gemusterten Steppstoffeinsatz Brötchen und Croissants knusprig und warm. Der gefütterte Einsatz ist mit Schleifen am Korbrand befestigt.

Korb mit Steppeinsatz

Der Einsatz ist eigentlich ganz einfach zu nähen, nur bei der Schnittherstellung kann es, je nach Form des Korbes, etwas kniffelig werden. Fertigen Sie den Schnitt aus Packpapier an, damit können Sie exakter arbeiten. Kaufen Sie einen hübschen Steppstoff und noch passenden unifarbenen Stoff für das Innenfutter. Die Schleifen werden aus dem Steppstoff gefertigt. Zum Einfassen der Umschlagklappen benötigen Sie außerdem Schrägstreifen, die Sie aus dem Stoff für das Innenfutter nähen können. Einfacher ist es jedoch, Sie verwenden Fertigschrägband.

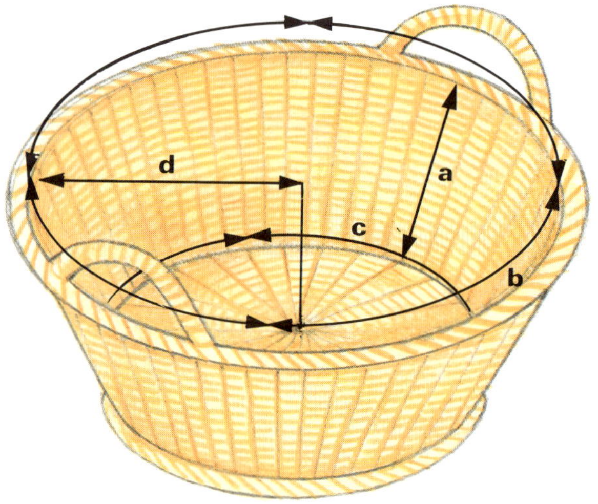

1 Ein Stück Papier fest auf den Boden des Korbs drücken und sorgfältig entlang der Bodenkante knicken. Dieser Knicklinie folgend die Bodenform ausschneiden. Da der Korbboden sicher nicht symmetrisch ist, markieren Sie für die folgenden Arbeitsgänge besondere Punkte wie etwa die Henkelmitte auf dem Schnitt (zum Beispiel Endpunkt der Linie a).

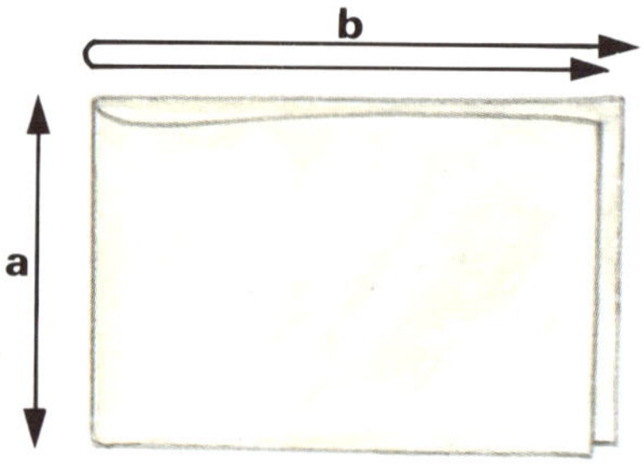

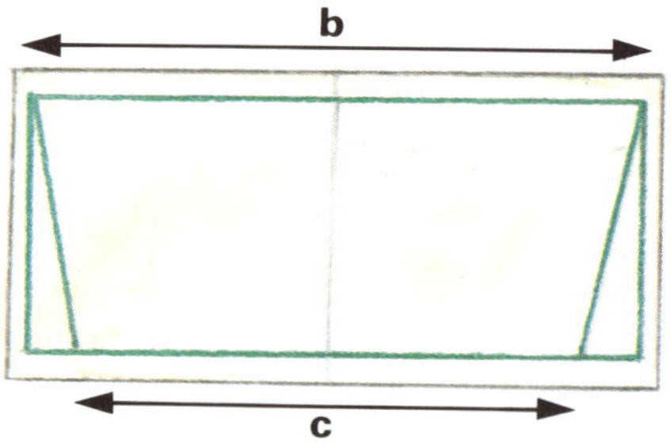

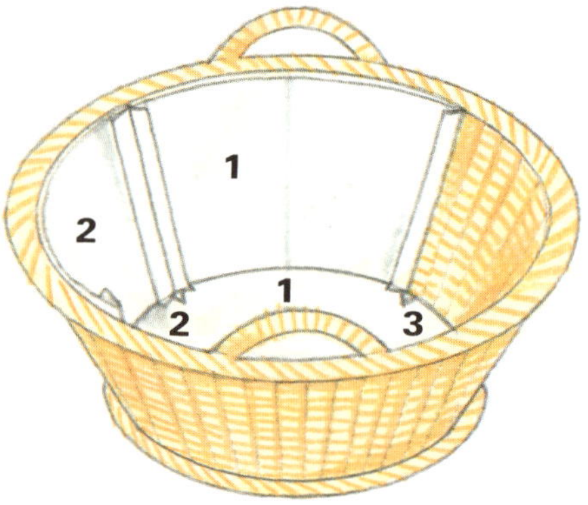

2 Messen Sie zunächst die Seitenhöhe (a) ab und dann den oberen Umfang, und teilen Sie diesen durch vier (b). Auf Packpapier vier Rechtecke mit diesen Maßen aufzeichnen und rundum 1 cm größer als aufgezeichnet zuschneiden. Die einzelnen Rechtecke der Breite folgend zur Hälfte falzen, die Bruchlinie nochmals scharf falzen und anschließend die Rechtecke wieder aufklappen.

3 Den Umfang des Bodens auf der Innenseite des Korbs abmessen und zuerst durch vier (c) und dieses Ergebnis dann nochmals durch zwei (e) teilen. Das ermittelte Maß von der Mitte ausgehend auf die Unterkante eines jeden Rechtecks übertragen. Die oberen und die unteren Eckpunkte ab Konturlinie verbinden und im Abstand von etwa 1 cm die Seitenkanten schräg abschneiden.

4 Alle seitlichen Kanten 1 cm breit falzen und die Schnitteile der Korbwand anpassen. Zwei Teile so einsetzen, daß die Mittellinien mit den Henkelmitten des Korbes übereinstimmen. Die überstehenden Papierkanten zurückschneiden. Alle Mittel- und Seitenlinien auf dem Bodenschnitt markieren. Die aneinanderstoßenden Teile durchnumerieren, so finden Sie diese später leicht wieder.

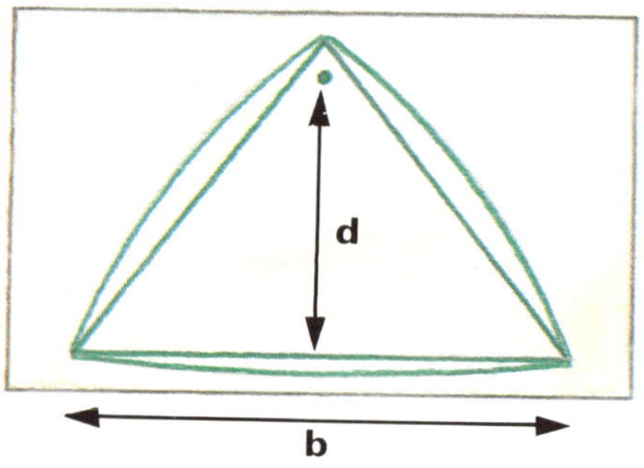

5 Zeichnen Sie auf Packpapier ein Dreieck auf, dessen Unterkante so lang ist wie die Oberkante der Rechtecke (b). Seine Höhe soll dem Radius der oberen Korbweite (d) entsprechen plus 2,5 cm Zugabe. Geben Sie entsprechend der Grafik den Seiten eine starke und der Unterkante eine leichte Rundung.

6 Aus Steppstoff und Innenfutterstoff den Boden, die vier Seitenteile und die Umschlagklappen (nur an der Unterkante) mit 1,5 cm Nahtzugabe zuschneiden. Aus dem Futterstoff 2 cm breite Schrägstreifen zum Einfassen der seitlichen Klappenkanten aussschneiden. Mit Schneiderkreide alle Markierungen des Schnittmusters auf die linke Stoffseite übertragen.

7 Die Seitenteile mit 1,5 cm Nahtzugabe an den schrägen Kanten bis 1,5 cm vor der Unterkante zu einem Ring zusammenheften. Teile zusammennähen und die Nahtzugaben auseinanderbügeln.

◀ ***Maßgeschneidert***

Etwas aufwendiger in der Anfertigung, dafür aber paßgenauer ist ein Einsatz, der nach der Korbform zugeschnitten wird. Statt eines fertigen Steppstoffs können Sie auch Reste eines hübschen Baumwollstoffs verwenden. Unterlegen Sie den Stoff mit Vlies und steppen Sie ihn mit farblich kontrastierendem Garn ab.

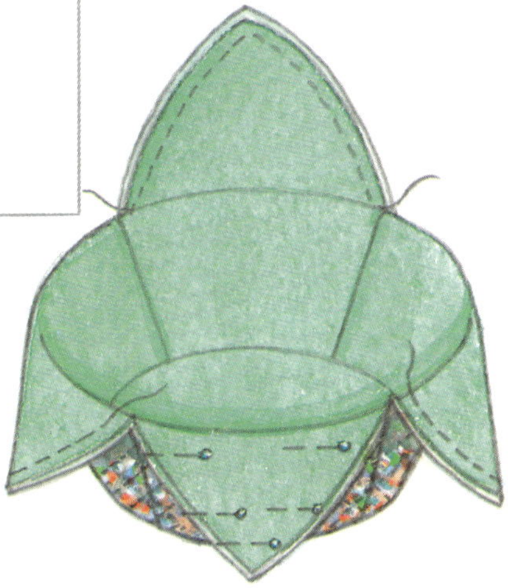

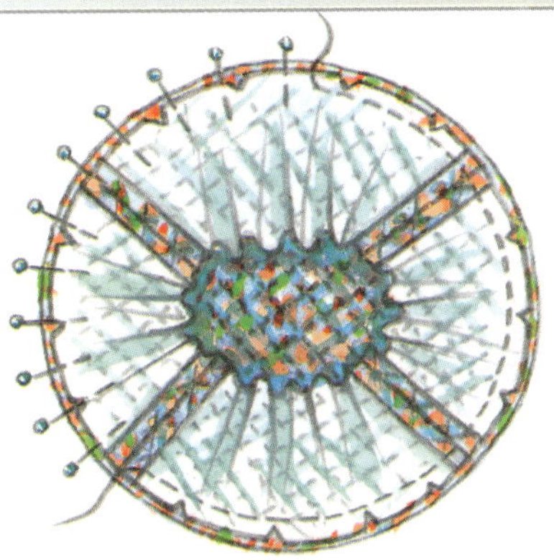

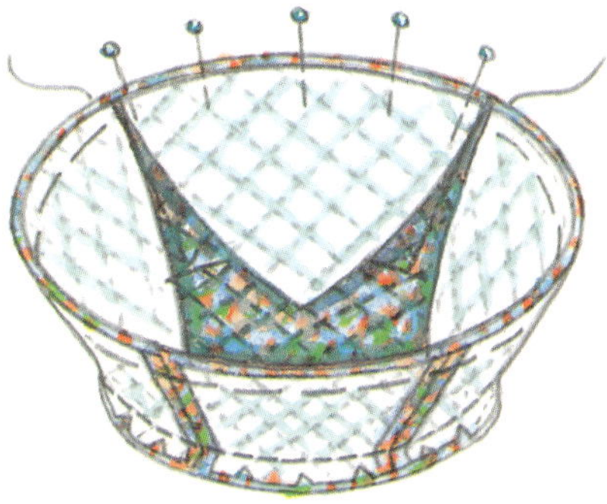

8 Den Seitenteilring entlang der Unterkante ca.1 cm tief und im Abstand von 2,5 cm gleichmäßig einkerben. Den Stoffring rechts auf rechts, kantengleich entlang der Einschnittkante und paßpunktgleich am Bodenteil feststecken und -nähen. Nahtzugabe zum Seitenteil hin bügeln.

9 Die Unterkanten der Umschlagklappen rechts auf rechts an die Oberkante des Seitenteilrings stekken; dabei stoßen die Stoffecken jeweils bei einer Verbindungsnaht aneinander. Umschlagklappen heften und ansteppen. Die Nahtzugabe ebenfalls zum Seitenteil hin bügeln.

10 Futterteile zusammennähen. Steppstoffeinsatz im Korb plazieren und Futter links auf links anpassen; die Futterkanten der Umschlagklappen stehen eventuell etwas über. Futter- und Steppstoffklappen zusammenstecken. Einsatz herausnehmen, Klappenkanten von der Steppstoffseite aus im Abstand von 5 mm abnähen. Futterkanten zurückschneiden.

▼ ***Kräftige Farben, bunte Muster***

Zu Weide passen rustikale Stoffe.

11 Den Kantenumfang einer Klappe abmessen und 3 cm zugeben. Vier Schrägstreifen in entsprechender Länge zuschneiden. Eine Streifenkante rechts auf rechts von der Steppstoffseite aus entlang den Kanten feststecken und nähen; dabei die kurzen Enden 1 cm breit zum Versäubern einschlagen.

12 Lose Streifenkanten zur Futterseite hin legen, einschlagen und an der Vornaht anstaffieren. Aus Ober- oder Futterstoff fünf Schleifenbänder à ca. 40 x 3,5 cm zuschneiden und nähen; vier Bänder zwischen den Klappen oder als fertiggebundene Schleifen am Korb befestigen. Mit der letzten Schleife eine der Klappen verzieren.

Rüschen für den Korbrand

Schnell und einfach genäht ist diese verspielte Rüschenkante, die um den Korbrand läuft.

WAS SIE BRAUCHEN

- ca. 1 m Stoff, Breite entsprechend der Rüschenhöhe
- 1 Schleifenband, 8 – 10 mm breit, in der Länge des Korbumfangs plus 1 m für die Schleifen an den Henkeln

1 Die Höhe der Rüsche bestimmen, (die abgebildete Rüsche ist 12 cm hoch) und 7 cm für Saum und Durchzug hinzurechnen. Schneiden Sie Stoffstreifen für die Rüsche zu; die Gesamtlänge sollte das 2,5 bis 3fache des Korbumfangs betragen. Dabei darauf achten, daß an jedem Henkelansatz eine Naht liegt, damit man das Band herausziehen kann. Am besten die Streifen paarweise zuschneiden.

▲ ***Weidenkorb im Rüschenkleid***

Romantisch-verspielt wirkt dieser Korb mit dem breiten Rüschenrand – eine reizvolle Idee für einen Picknick- oder Einkaufskorb.

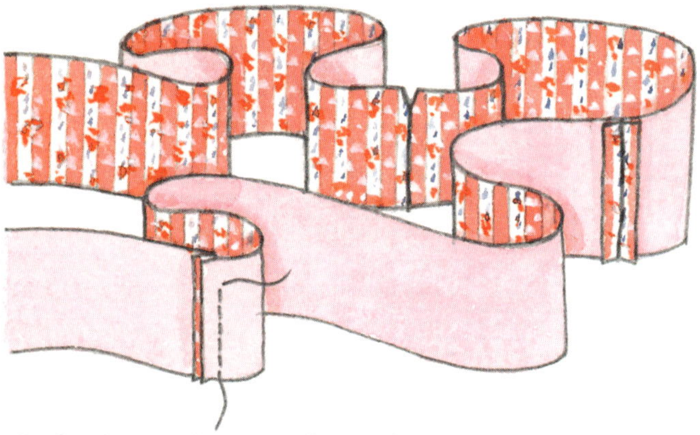

2 Stecken und steppen Sie die Streifen jeweils rechts auf rechts zu einem Ring zusammen. Dabei an zwei gegenüberliegenden Nähten an der Oberkante 4 cm offenlassen. Hier wird später das Band eingezogen, das an den Henkelansätzen zu Schleifen gebunden werden soll.

3 Arbeiten Sie an der Unterkante der Rüsche einen doppelten Saum, indem Sie den Stoff zweimal 2 cm breit zur linken Seite einschlagen, stecken und feststeppen. Saum bügeln.

4 Die Oberkante der Rüsche erst 1 cm, dann 2 cm breit zur linken Stoffseite einschlagen. Einschlagkante feststecken und den Durchzug durch knappkantiges Absteppen der Einschlagkante fertigstellen.

5 Schneiden Sie das Schleifenband in der Mitte durch, und ziehen Sie die beiden Hälften mit Hilfe einer Sicherheitsnadel in den Durchzug ein. Beginnen Sie jeweils an einer Öffnung, und hören Sie an der nächsten auf, so daß an den Öffnungen schließlich je zwei Bandenden heraushängen. Ziehen Sie die Bänder an, verteilen Sie die Raffung gleichmäßig über den gesamten Korbumfang, und sichern Sie die Raffung mit einem Knoten. Die langen Bandenden um die beiden Henkelansätze schlingen und zu einer hübschen Schleife binden. Zuletzt die Bandenden abschrägen.

Geschenkkorbideen 2

Alte Schachteln und ausgediente Kartons kommen in veränderter Form zu neuen Ehren – als handliche, hübsche Körbe aus Pappstreifen. Einzige Schwäche dieser starken Stücke: Nässe macht sie weich.

▼ *Recycling mit Pfiff*

Dieser praktische Korb wurde aus Lebensmittelkartons gefertigt, die sonst der Reißwolf „gefressen" hätte. Die diagonale Flechttechnik sorgt für genügend Stabilität und Haltbarkeit.

Flechtwerk aus Pappe

Aus Pappstreifen geflochtene Körbe sind vielseitig einsetzbar, zum Beispiel als Tablett, Obst- und Gemüsekorb oder als praktische Ablage für Spielzeug und Wäsche. Die Größe des Korbes läßt sich durch Anzahl und Breite der verwendeten Staken (so nennt man die Streifen, die umflochten werden) ganz nach Wunsch variieren.
Das auf der vorigen Seite abgebildete Modell ist in diagonaler Flechtwerktechnik gefertigt.
Wie Sie die Pappstreifen verarbeiten, liegt ganz bei Ihnen. Sie entscheiden, ob die bedruckte beziehungsweise beschriftete Seite der Streifen später nach innen oder nach außen zeigt. Natürlich können Sie die Staken auch vor der Verarbeitung einfarbig oder bunt bemalen oder zuletzt zusätzliche Staken als Kontrast einflechten.
Der stabile, dekorative Abschlußrand entsteht durch die umgeschlagenen Staken, die in kräftigem Einfaßstich mit einem farblich passenden oder kontrastierenden starken Faden umgenäht werden. Sollen die Körbe Henkel bekommen, binden Sie Schnüre an die genähte Kante, oder Sie fertigen die Griffe passend zum Korb ebenfalls aus Pappe.

Materialien

Pappe: Sammeln Sie saubere Pappschachteln und Kartons. Beachten Sie dabei, daß die Staken für das Korbgeflecht in gleicher Größe und Stärke zugeschnitten werden müssen. Lebensmittelverpackungen in kräftigen Farben sehen besonders hübsch aus. Passendes Material finden Sie in den Regalen der Supermärkte, aber auch beim Weinhändler. Dünnere Pappe, auch Papier oder Plastik und sogar Stoff lassen sich – zu schmaleren Staken geschnitten – in das Flechtwerk hervorragend miteinbeziehen und setzen dort interessante Akzente.
Faden: Zum Umnähen der Korbkante benutzen Sie am besten farbige Knopflochseide, Bindfaden und schmale, bunte Bänder oder einfachen Zwirn.
Farben und Lacke brauchen Sie zum Bemalen des Korbes. Nehmen Sie auf Wasser basierende Farben. Zum Abschluß versiegeln Sie das Ganze mit Polyurethan-Lack.
Weitere Hilfsmittel: Schnelltrocknender Papierklebstoff, Maßband, Bleistift und Lineal, Schere und Cutter sowie eine Schneidunterlage zum Schutz der sauberen und geraden Arbeitsfläche.
Darüber hinaus benötigen Sie einen Heftapparat, Ahle oder Vorstecher, Stopfnadel mit großem Öhr und ungefähr zwanzig Wäscheklammern zum Fixieren der Streifen.

Geflochtener Pappkorb

Der fertige Korb mißt etwa 40 x 28 cm und ist 10 cm hoch.
Die folgenden Gegenstände benötigen Sie für die Anfertigung eines Pappkorbes zusätzlich zu den oben genannten Materialien:

WAS SIE BRAUCHEN:

- 26 Staken aus Pappe, je 60 cm lang und 3 cm breit
- eine Pappstake, 125 cm lang und 6 cm breit
- 14 Pappstaken, jeweils 60 cm lang und 1,5 cm breit (für zusätzliche Verzierungen)
- 5 m starken Faden (sofern Sie planen, Ihren Korb mit Henkeln zu versehen, benötigen Sie zusätzlich noch einen weiteren Meter Faden)

STAKEN VORBEREITEN

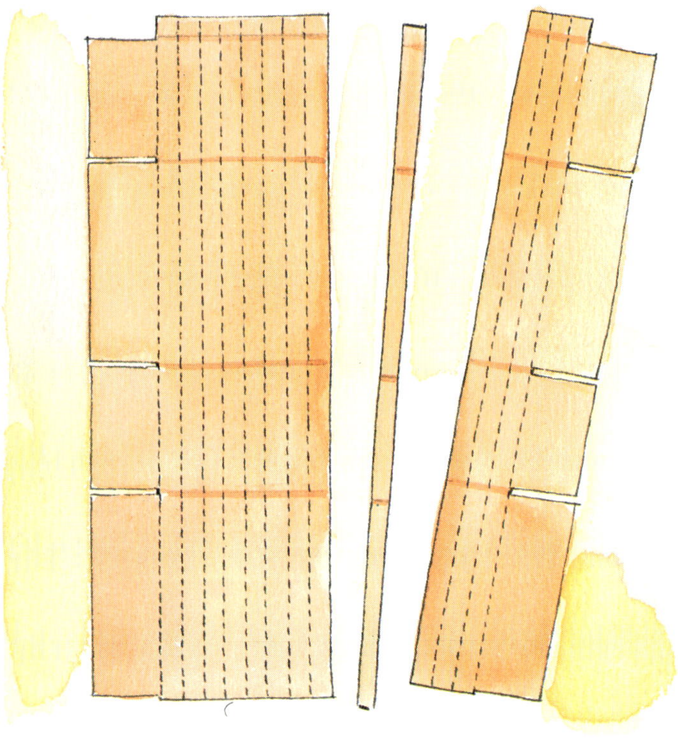

1 **Die Pappschachteln entlang der Klebefalzung** vorsichtig auseinanderziehen und glatt auf die Arbeitsfläche legen. Anschließend 3 cm breite Streifen so markieren, daß Sie möglichst lange Streifen erhalten. Bei Wellpappe müssen die Streifen im rechten Winkel zur Wellung markiert werden, damit sich die Staken später auch leicht biegen lassen. Schneiden Sie die Streifen mit einem Cutter oder mit einer Schere.

2 **Sollten die Streifen zu kurz sein,** verbinden Sie zwei oder mehrere zur gewünschten Länge. Dazu die Enden plattpressen, um unerwünschte Erhöhungen zu vermeiden. Die Enden überlappen und mit schnelltrocknendem Papierklebstoff zusammenkleben.

STAKEN FLECHTEN

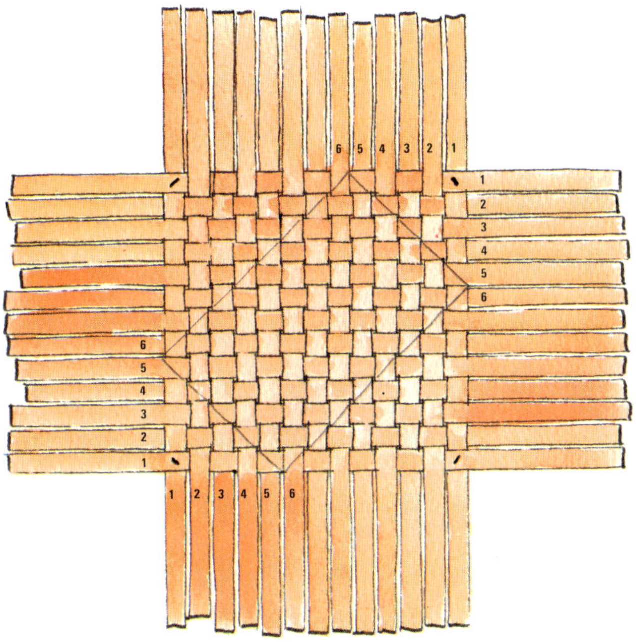

1 **Ein Quadrat aus 26 Staken fertigen** (horizontal und vertikal je 13). Im Schachbrettmuster flechten: einmal darüber, einmal darunter. Die geflochtene Fläche muß in der Mitte der Staken liegen. Zur Stabilisierung die Staken dicht aneinanderschieben. Das Geflecht während der Arbeit an den Ecken mit Wäscheklammern fixieren. Wenn das Geflecht in der Diagonalen die Bodengröße erreicht hat, jede Ecke mit Heftklammern fixieren, die später entfernt werden.

2 **Da der Korb diagonal geflochten wird,** müssen die Ecken, die den Korbboden bilden, vor dem Flechten der Seitenwände unbedingt markiert werden. Dafür zunächst zwei entgegengesetzte, geheftete Ecken markieren (daraus wird die Mitte der Stirnseiten des Korbs). Anschließend die Staken von diesen markierten Ecken aus zählen und die jeweils 5. und 6. kennzeichnen. Die numerierten Staken sind Ausgangspunkt fürs Flechten der Korbwand.

3 **Eine Ecke des Korbes formen,** indem Sie Stake 5 und Stake 6 rechtwinklig übereinanderlegen. Die Staken unter Beibehaltung der Einmal-darüber-einmal-darunter-Flechttechnik weiterführen und dabei immer so fest anziehen, daß sich ein rechter Eckwinkel bildet. Die Form während der Arbeit mit Wäscheklammern fixieren, damit die Streifen nicht verrutschen. In der gleichen Weise nun auch die restlichen drei Ecken flechten. Jetzt zeichnet sich bereits der Korbboden ab.

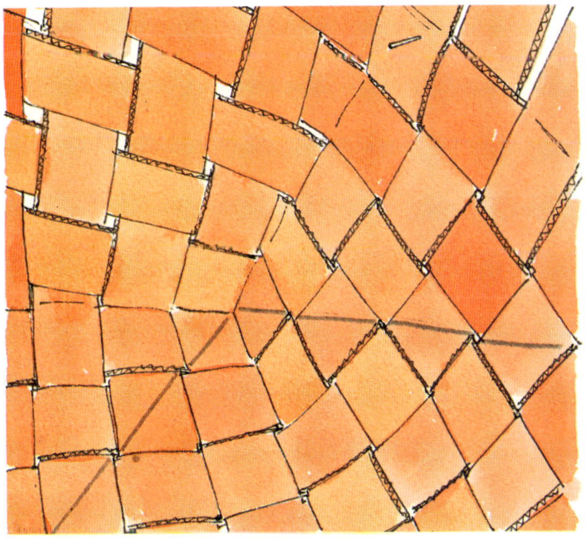

4 **Nun die Staken, von beiden Seiten** einer neuen Ecke ausgehend, nehmen und so übereinanderflechten, daß alle Staken links von der Ecke nach rechts geführt werden – und umgekehrt. Auf jeder Korbseite wiederholen, wobei alle vorhandenen Staken verflochten werden, bis die abgehefteten Ecken erreicht werden, die jetzt Bestandteil der Korbwände geworden sind. Weiterflechten bis alle Korbseiten miteinander verbunden sind. Prüfen, ob alle Staken richtig liegen.

5 **Wenn Sie von jeder Ecke aus** zwei vollständige Rauten zählen können, ist es genug. Das Geflecht so fest wie möglich zurren und dabei alle Enden verheften.

KORBRAND MARKIEREN

An der Spitze der zweiten Raute einer Ecke beginnend, eine Linie durch die Mitte der angrenzenden Rauten um den Korb herum ziehen. Ist das Geflecht fest genug, verläuft die Linie auf gleicher Höhe. Geflecht an der Linie zusammenheften und oberhalb abschneiden. Alle Heftklammern unterhalb entfernen.

KORBRAND VERSTÄRKEN

1 **Zum Verstärken des Korbrandes** auf der Oberseite eines dem Korbumfang entsprechend langen Pappstreifens der Länge nach eine Mittellinie ziehen. Diese mit Cutter und Lineal einritzen. Den Streifen entlang dieser Linie falzen. Streifen entlang des Korbrandes anlegen und die Eckpunkte markieren. Diese Stellen vorsichtig, aber fest über die Tischkante ziehen, damit sie geschmeidig werden.

2 **Den gefalteten Streifen** über die zugeschnittene Oberkante des Korbes legen und mit Nadeln feststecken. Mit einer Ahle oder einem Vorstecher exakt unterhalb des gefalteten Streifens in regelmäßigen Abständen rund um den Korb kleine Löcher stechen. Die Löcher sollten groß genug für den verwendeten Faden sein. Nun die Randverstärkung mit Festonstichen festnähen und ein gutes Stück Fadenende stehenlassen. Die Enden des Pappstreifens überlappen und leicht zusammendrücken, um den Übergang auszugleichen. Fadenenden zusammenbinden und mit einem Messer oder der Schere unter die Verbindung drücken.

KORB FERTIGSTELLEN

Falls der Korb nicht richtig aufsitzt, das heißt wackelt oder schief steht, die Pappe entlang der Bodenkante behutsam falten, um den Boden neu zu formen. Dabei in gerader Linie von Ecke zu Ecke arbeiten. Eine Hand innen gegen die Falzlinie pressen, während die andere außen an der gleichen Stelle dagegendrückt, bis der Korb gerade steht. Abschließend den Korb zum Schutz lackieren und vor der Verwendung gründlich trocknen lassen.

HENKEL ANFERTIGEN

1 **Für Henkel aus Pappe** werden zwei 30 cm lange und 5 cm breite Pappstreifen zugeschnitten. Damit sie zum Korb passen, Pappe derselben Dicke und Breite wählen wie für die Einfassung des Korbrands. Die Streifen wie bei der Korbrandverstärkung mittig einritzen und falzen und entlang des Falzes zu einem Bogen biegen.

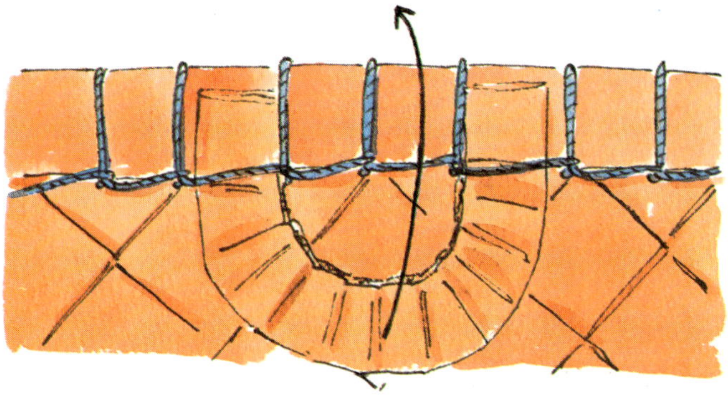

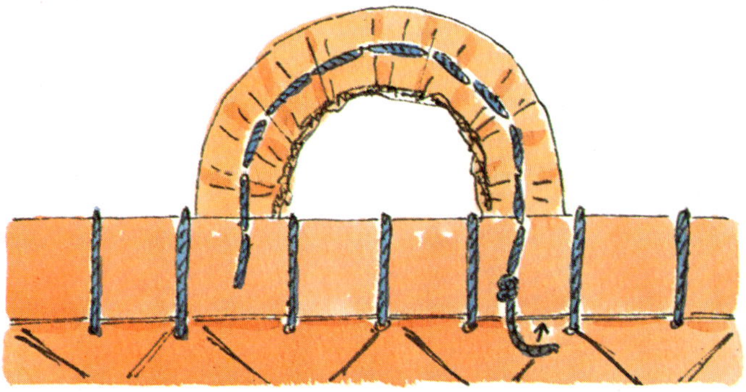

2 **Die Enden des Henkels unterhalb der Festonstiche** durchstecken und den Henkelbogen so aufrichten, daß seine Verankerung verdeckt wird. Mit Nadeln fixieren. Mit einer Ahle oder einem Vorstecher von beiden Seiten durch Korb und Henkel stechen, dann den Henkel zentriert in regelmäßigen Abständen ebenfalls vorstechen. Einen Stielstich vorwärts und versetzt rückwärts durch die Löcher nähen. Fäden auf der Innenseite verknüpfen und die Enden abschneiden. Restliche Fadenenden unter die Korbeinfassung drücken.

tip

Zusätzliche Zierstreifen

Nach Fertigstellung des Korbes lassen sich schmälere, farblich kontrastierende Papp- oder Stoffstreifen einflechten. Letztere mit Hilfe einer Sicherheitsnadel in das Geflecht einziehen. Die Enden klammern oder verkleben.

Marmorieren von Papier

Schon mit der einfachsten Marmoriertechnik können Sie die ausgefallensten Muster auf Papier gestalten – zum Beziehen von Schachteln und anderen dekorativen Gegenständen oder für Geschenkpapier mit ganz eigener Note.

Vermutlich aus Japan stammt die kunstvolle Technik des Marmorierens, mit der die faszinierendsten Muster erzeugt werden können. Dabei werden Ölfarben in eine mit Wasser oder verdünntem Kleister gefüllte Wanne geträufelt. Die an der Oberfläche schwimmenden Farben werden dann mit einem grobzinkigen Kamm vermischt. Dadurch entsteht das so typische Marmorierungsmuster. Anschließend breitet man ein Blatt Papier auf der Oberfläche aus, es nimmt die Farben auf, und beim Herausnehmen zeigt sich das Muster. Nach dem Trocknen können Sie den marmorierten Papierabzug nach Ihren Wünschen weiterverarbeiten, indem Sie beispielsweise ein Buch neu beziehen oder auch ein Schreibtisch-Set mit einem Überzug verschönern.

Jede Marmorierung ist in ihrer Art einzigartig und kann nie exakt wiederholt werden. Am einfachsten läßt sich Papier marmorieren, doch kann man auch Kerzen oder ausgeblasene Eier auf diese Weise dekorieren. Das Marmorieren von Stoffen ist etwas komplizierter, da statt Wasser oder Kleister eine aus Karrageenmoos hergestellte Trägerschicht benötigt wird.

▼ ***Pfauenaugenmuster***

Schillernde Pfauenaugen in unterschiedlichen Farbkompositionen schmücken das Bezugspapier dieses dekorativen Schreibtisch-Sets. Bei der Marmorierung dieses aparten Musters wurde ein grobzinkiger Kamm verwendet.

Einfaches Marmorieren

Bei Verwendung von Öl und Wasser, der einfachsten Methode, entstehen auf der Oberfläche sehr bewegte Muster. Bekanntlich vermischen Öl und Wasser sich nicht. Auf diesem Prinzip beruht die Marmorierungstechnik. Die Ölfarben schwimmen auf dem Wasser in einer kleinen Wanne und werden dann mit einem Stück Papier abgenommen. Zunächst träufelt man die Farben mit einer Pipette oder dem Pinsel auf das Wasser. Ausgeprägtere Muster ergeben sich, wenn man die Farbe auf das Wasser gießt, was allerdings einige Übung voraussetzt. Die aufgetropfte Farbe steigt an die Oberfläche, wo sie Augen bildet. Ist sie jedoch zu schwer, sinkt sie auf den Grund. Im Idealfall besitzt die Farbe die Konsistenz flüssiger Sahne.
Mit verschiedenen Hilfsmitteln lassen sich Zufallsmuster kreieren. Zum Beispiel kann man die Farbe mit einem dünnen Stock etwas durcheinanderwirbeln oder auch mit einem Strohhalm leicht über das Wasser blasen. Ein über die Oberfläche gezogener grobzinkiger Kamm erzeugt den klassischen Marmoriereffekt.

Verfeinerte Technik

Eine klarere und feinere Marmorierung erhält man durch Verwendung von sehr dünnflüssigem Tapetenkleister statt Wasser. Das Prinzip ist das gleiche, doch kann die Farbe aufgrund der – verglichen mit Wasser – dickeren Konsistenz der Trägerschicht nicht so leicht fließen und läßt sich besser kontrollieren. Den angerührten Kleister bei Raumtemperatur verwenden.

Materialien

Farben auf Ölbasis wie etwa Künstlerfarben sind ideal. Man bekommt sie in Geschäften für Künstlerbedarf. Da sie vor Gebrauch mit Terpentinersatz verdünnt werden, reicht schon eine kleine Menge.
Tapetenkleister, Künstlerleim oder speziellen Marmoriergrund bekommen Sie im Fachhandel. Außerdem können Sie auch eine Gallertmasse aus Gelantine herstellen.
Als Wanne eignet sich jeder wasserdichte Behälter, in den das gewählte Papier hineinpaßt, etwa ein Backblech mit hohem Rand, die Wässerungswanne des Fotografen oder gar ein Katzenklo.

Papier in allen Qualitäten eignet sich, mit Ausnahme von extrem dünnem oder besonders kräftigem. Ideal, nicht zuletzt auch wegen der Größe, ist Schreibmaschinenpapier. Selbst braunes Packpapier, Zeichen- oder farbiges Papier kann man ohne weiteres marmorieren.

Die weiteren Hilfsmittel beschränken sich auf Gefäße zum Anrühren der Farben und kleine Gläser zum Aufbewahren der Farbe, außerdem alte Pinsel sowie einen dünnen Stock, eine Stricknadel oder einen grobzinkigen Kamm zum Erzeugen der Marmorierung.

tip

Gelatine zum Marmorieren

Lösen Sie einen Eßlöffel Gelatinepulver in 450 ml heißem Wasser auf. Gießen Sie noch 450 ml kaltes Wasser hinzu und lassen das Ganze abkühlen. Die fertige Mischung, die in die Wanne gegeben wird, sollte die Konsistenz von eingedicktem Saft besitzen.

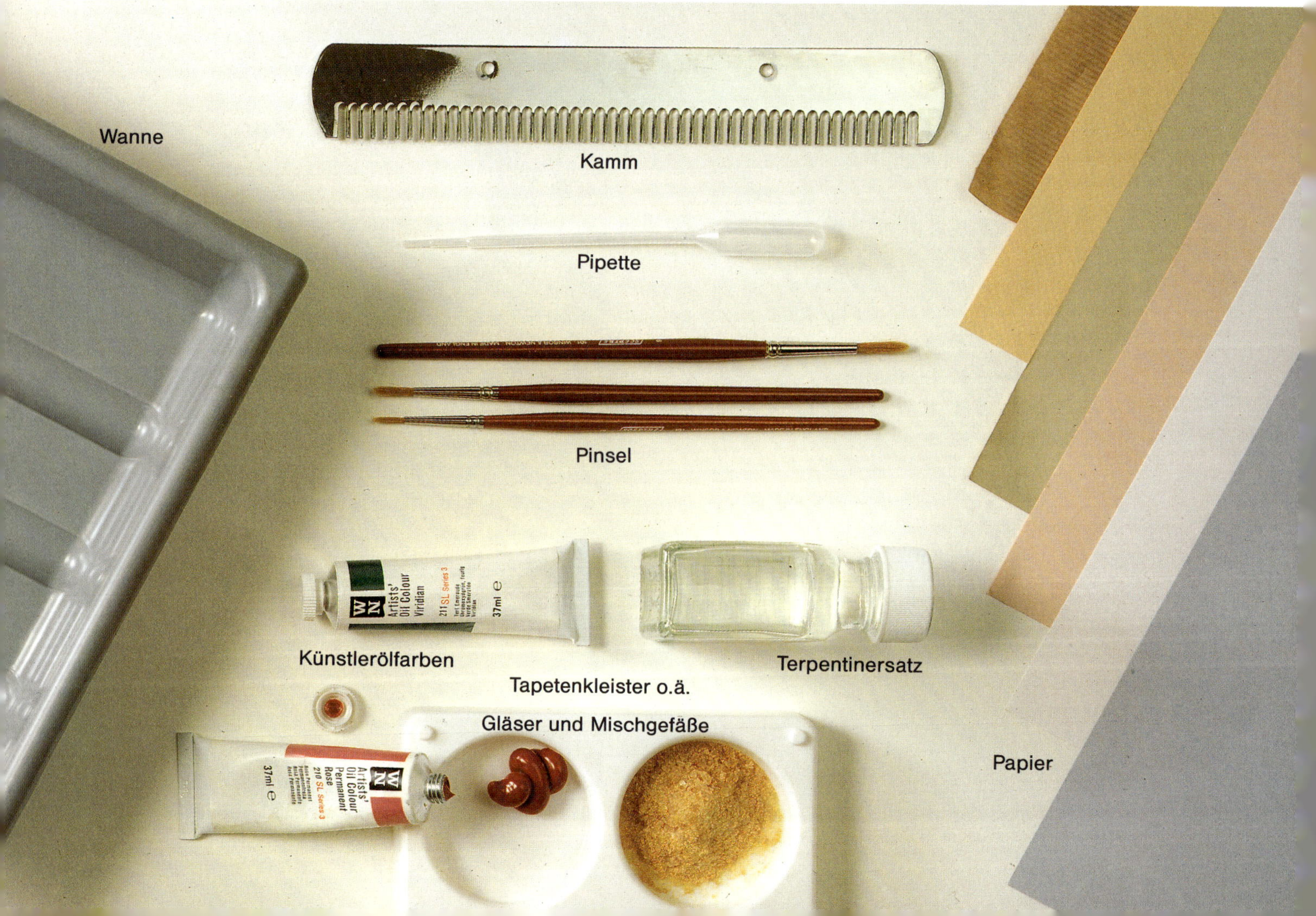

So wird's gemacht

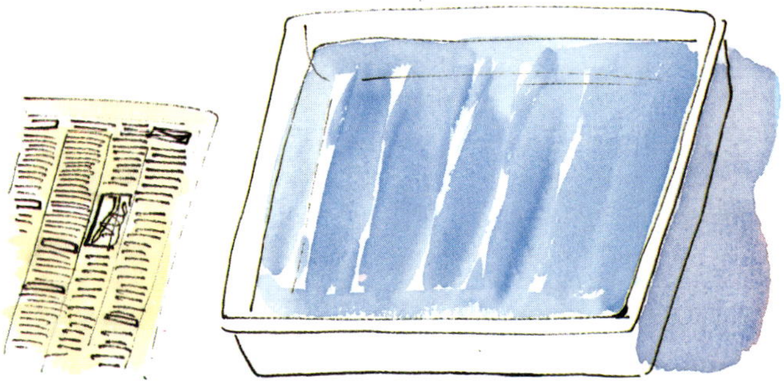

1 Füllen Sie einen geeigneten Behälter zur Hälfte mit Wasser (oder verdünntem Tapetenkleister). Legen Sie gleich daneben alte Zeitungen bereit, auf denen Sie später das marmorierte, nasse Papier abtropfen lassen. Dann etwas Künstlerölfarbe in ein Glas oder auf die Palette geben und mit Terpentinersatz verdünnen, so daß die Farbe die Konsistenz flüssiger Sahne erhält. Von der Farbkonsistenz hängt das spätere Ergebnis ab.

2 Träufeln Sie die erste Farbe in den Behälter. Sie bildet auf der Oberfläche Augen und breitet sich um so mehr aus, je stärker sie verdünnt ist. Ist sie dagegen zu dickflüssig, sinkt sie auf den Boden. Träufeln Sie vorsichtig und sparsam weitere Farben auf – zwei bis drei Farben reichen völlig aus, um ein gelungenes Ergebnis zu garantieren. Darauf achten, daß die verschiedenen Farbtöne gut aufeinander abgestimmt sind.

3 Rühren Sie jetzt die Farben mit einem Stock oder mit einer Stricknadel durcheinander. Sie können statt dessen auch mit einem grobzinkigen Kamm über die Oberfläche fahren, so ziehen die einzelnen Farbtöne Schlieren, und es entsteht das typische Marmorierungsmuster. Mischen Sie die Farbe auf der Flüssigkeit so lange, bis Ihnen das Ergebnis gefällt.

4 Breiten Sie nun langsam ein Stück Papier auf die Oberfläche. Das Papier dazu an beiden Enden halten, so daß es zuerst in der Mitte aufsetzt. Heben Sie das Papier wieder vorsichtig heraus. Etwas trocknen lassen, anschließend halten Sie es schräg unter den Wasserhahn und spülen behutsam den Kleister ab. Zum Abtropfen auf Zeitungspapier legen.

5 Da die Farbe beim ersten Abzug nicht ganz aufgenommen wird, können Sie eventuell einen zweiten Abzug anfertigen. Ist noch genügend Farbe in der Wanne, werden vorher die Farben erneut vermischt. Oder Sie stellen eine neue Farbmischung her und entfernen die Farbreste, indem Sie einen Streifen Zeitungspapier über die Oberfläche ziehen. Dann von vorn beginnen.

6 Nach etwa einer halben Stunde ist das Marmorpapier soweit getrocknet, daß man es hochheben kann – allerdings vorsichtig, denn Ölfarben haben lange Trockungszeiten. Nach frühestens einem Tag kann das Marmorpapier geglättet werden: Decken Sie es mit weißem Papier ab, und legen Sie es zwischen die Seiten eines dicken Buches.

Marmorier-Kamm anfertigen

Falls Sie keinen alten grobzinkigen Kamm parat haben, können Sie sich selbst einen Marmorierkamm basteln. Sie benötigen dazu feinen Karton, Metallstifte oder Nadeln und Klebstoff. Fertigen Sie mehrere Kämme mit unterschiedlichem Zinkenabstand an.

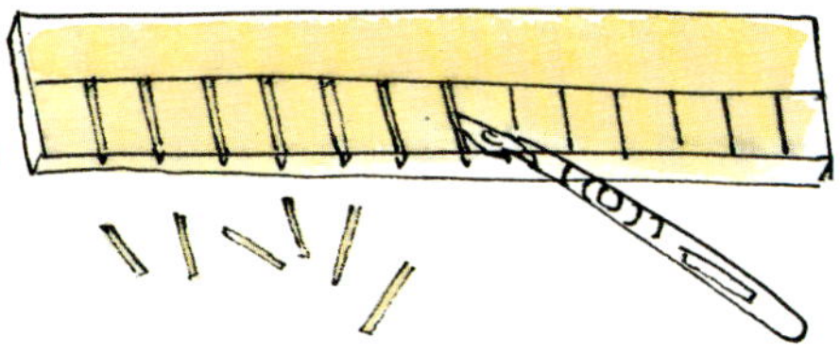

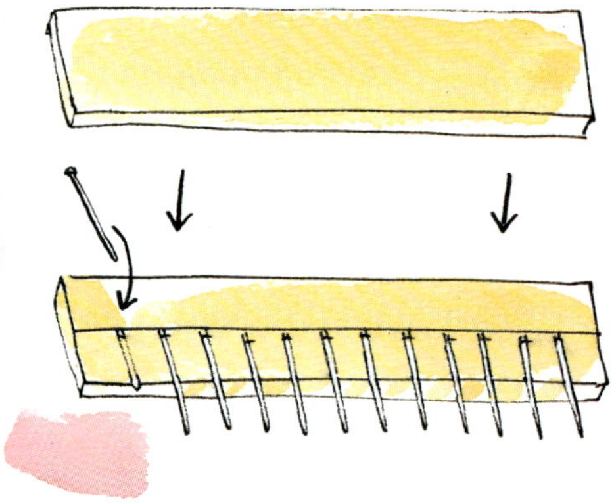

1 Aus dem Karton zwei 5 cm breite Streifen ausschneiden, die etwas schmaler als die Wanne sind. Auf einem Streifen auf halber Höhe eine Längslinie ziehen. Teilen Sie eine der dabei entstandenen Hälften mit dem Bleistift in gleiche Abschnitte ein.

2 Mit einem Cutter vorsichtig auf dem Karton entlang den senkrechten aufgezeichneten Markierungsstrichen schmale Einschnitte für die dünnen Nägel oder Nadeln einritzen, ohne jedoch dabei den Karton zu durchschneiden.

3 Drücken Sie die Nägel oder Nadeln so in die Einschnitte, daß sie unten mindestens 2,5 cm hervorstehen. Den zweiten Kartonstreifen darüber kleben, und den Kamm abschließend mit einer schützenden Lackschicht versehen.

► ***Alles von eigener Hand***

Welch unterschiedliche Muster Sie mit der Marmoriertechnik erzeugen können, zeigt dieses Schreibtisch-Set mit gesprenkelten Farbeffekten. Sollten Sie kein passendes Set zum Beziehen haben, so können Sie die Schreibunterlage, den Behälter für Stifte und die Briefbox auch selbst anfertigen. Verwenden Sie starken Karton, den Sie mit Hilfe eines Metallineals und eines scharfen Cutters zuschneiden. Ecken und Verbindungen sind mit einem kräftigen Gewebeklebeband in passender Farbe verstärkt. Berechnen Sie beim Zuschneiden des Bezugspapiers ausreichend Rand für Ecken und Einschläge!

Hübsche Geschenkutensilien

Tapetenreste und -borten in hübschen Mustern sind ein ideales Deko-Material fürs Verschönern von Schreibtisch-Sets, Bilderrahmen oder Lampenschirmen.

Mit Tapeten und passenden Borten können Sie nicht nur Ihren eigenen vier Wänden ein dekoratives Aussehen geben. Sie eignen sich auch hervorragend fürs Verschönern aller möglichen Utensilien, seien es Bücher, Papierkörbe, Geschenkschachteln oder Lampenschirme. Sollten Sie keine Reste von der letzten Wohnungsrenovierung mehr besitzen, so fragen Sie am besten im Fachhandel nach Resten hübsch gemusterter Tapeten oder Borten.
Mit nur geringem Aufwand können Sie originelle Effekte erzielen. Auf einfarbigem Grund kommen die Muster der Tapeten und Borten besonders gut zur Geltung.

▼ Muntermacher fürs Wohnbüro

Das verspielte blau-weiße Muster der Tapetenbordüre vertreibt die sachliche Nüchternheit dieses praktischen Wohnbüro-Sets.

Schreibtisch-Set

Besonders reizvoll wirkt Ihr Schreibtisch-Set, wenn Sie Farben und Muster des Deko-Materials aufeinander abstimmen. Beschränken Sie sich auf einige wenige, ausgesuchte Dessins und Farbtöne, damit's nicht zu bunt wird. Für die einzelnen Teile des vorgestellten Sets wurden drei verschiedene Tapeten- bzw. Bortenmuster in den Farben Weiß, Blau und Grün verwendet.

WAS SIE BRAUCHEN:

- Maßband, Bleistift
- dünne Pappe, scharfe Schere
- Tapetenleim, Sprühklebstoff
- Acryl- und Klarlack
- Reste von Tapeten und Borten

AKTENORDNER

1 **Innenseiten:** Die Länge und Breite der Innenseiten ausmessen und rundherum 2 mm abziehen, da das Papier nicht bis zum Rand geklebt wird. Diese Maße zweimal auf die Tapeten zeichnen und ausschneiden. Tapetenstücke auf die Innenseite halten und den Ansatz der Ecken markieren. Mit Sprühkleber festkleben und mit einer Bürste von innen nach außen glattstreichen.

2 **Außenseiten:** Ältere Ordner vor dem Bekleben der Innenseite mit einfarbigem Papier überziehen; 1 cm auf die Innenseite überlappen lassen. Nach dem Trocknen ein Stück Borte auf die rechte Kante kleben.

BLEISTIFT-BOX

1 **Aufkleben der Tapete:** Umfang des Behälters ermitteln (plus 1 cm Zugabe als Überlappung), seine Höhe ausmessen, die Maße auf die Rückseite der Tapete übertragen und ausschneiden. Kleber auf den Behälter sprühen und die Tapete aufkleben. Darauf achten, daß die Ränder sauber überlappen. Mit den Händen andrücken und glattstreichen.

2 **Anbringen der Borten:** Wenn die Tapetenbahn auf dem Behälter getrocknet ist, zwei Bortenstreifen in Umfanglänge (plus 1 cm als Überlappung) abschneiden und je einen an den oberen und den unteren Rand sauber um den Behälter kleben. Achten Sie darauf, daß die Nahtstellen der Borten genau auf die Nahtstellen der Tapetenkaschierung treffen.

***Papierkorb:** Beim Papierkorb genauso arbeiten wie beim Stiftbehälter. Die obere Borte sollte aber breiter sein.*

HOLZSCHACHTEL DEKORIEREN

1 **Oberfläche vorbereiten:** Schachtel mit feinem Sandpapier glattschmirgeln und grundieren. Nach dem Trocknen mit Acryllack streichen, trocknen lassen, aufrauhen und ein bis zwei weitere Farbschichten auftragen.

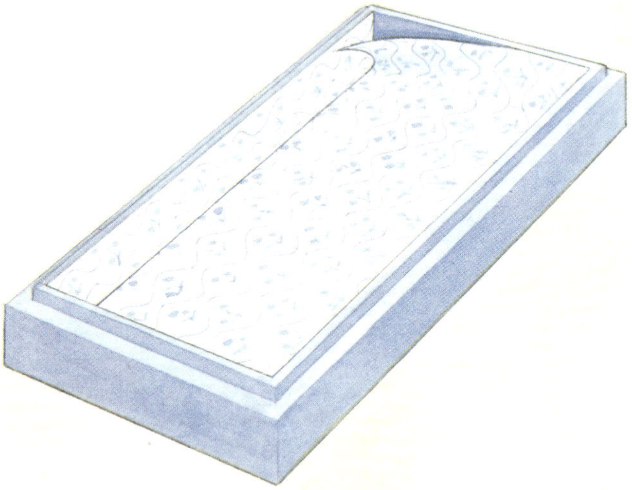

2 **Innenseite auskleiden:** Die Länge der Deckelinnenseite ausmessen, dabei den vorderen und hinteren Rand mitrechnen. Dann die Breite ohne Ränder messen. Ein Stück Tapete in diesen Maßen zuschneiden. Mit Tapetenleim auf die Deckelinnenseite kleben, vorsichtig glattstreichen, Ecken gut andrücken. Jetzt die Breite der Innenseite mit Rändern, die Länge ohne Ränder messen. Ein zweites Stück Tapete in diesen Maßen zurechtschneiden und so auf das vorhergehende kleben, daß alle Ränder bedeckt sind. Innenseite der Schachtel ebenso auskleiden.

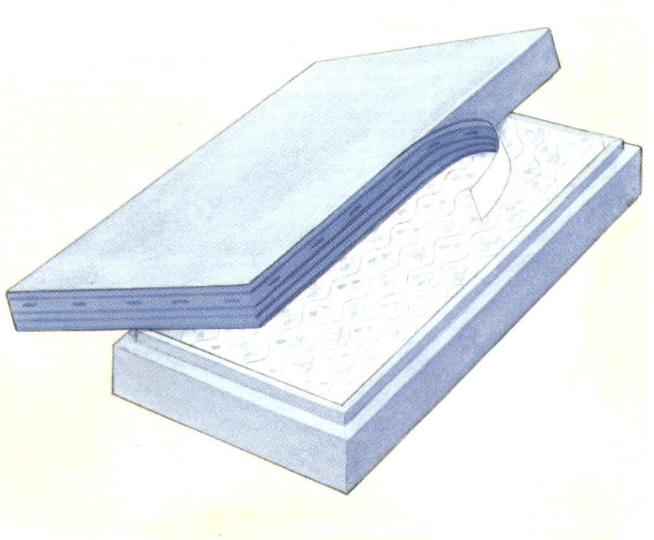

3 **Deckelränder dekorieren:** Ein Stück Tapetenborte in der Breite der Deckelaußenränder zuschneiden (plus 1 cm als Überlappung). Sorgfältig um den Deckelrand kleben, die Ränder sauber überlappen. Gut andrücken und die Schachtel trocknen lassen.

4 **Stoß- und kratzfest lackieren:** Staub entfernen und für eine strapazierfähige Oberfläche mit einem gut härtenden Klarlack streichen; trocknen lassen.

BÜCHERBORDÜRE

Auf Konsolen und Kommoden, auf Nachttischen und Telefonregalen liegen häufig liebgewordene Dinge herum, die – weil oft benutzt – einmal „renoviert" werden könnten. Frischen Sie abgegriffene Tage- und Adreßbücher, angekratzte Bilderrahmen und verschlissene Schmuckkästchen mit Tapetenborten auf. Die Wirkung ist verblüffend.

Bordüre aufkleben: Die Länge des Buches ausmessen. Dann einen Streifen Tapetenborte in gleicher Länge abschneiden. Mit einer scharfen, spitzen Schere die Umrisse des Musters an einer Seite ausschneiden. Die Borte mit Sprühkleber so aufkleben, daß die gerade Seite des Bortenstreifens exakt bündig mit der rechten Buchkante abschließt.

▲ ***Dezent verziert***

Adreß- und Notizbuch sowie der Rahmen wurden mit einer Borte geschmückt, deren Grün sich im Tischtuch und im Krug wiederholt.

BILDERRAHMEN

1 **Vorbereiten:** Einen unbearbeiteten, einfachen Holzrahmen zunächst mit feinem Sandpapier glattschmirgeln. Dann den Holzstaub restlos entfernen und den Rahmen mit farbigem Acryllack streichen.

2 **Borte zuschneiden:** Die Längen der Rahmenleisten ausmessen (plus je 1 cm). Dann die innere Breite des Rahmenstückes abmessen, das Sie bekleben möchten. Vier Streifen Bordüre in den entsprechenden Längen und Breiten zuschneiden. Die Breite muß genau zugeschnitten sein, damit der Streifen in den Rahmen paßt.

3 **Borte aufkleben:** Die Streifen mit Tapetenkleister bestreichen und ca. eine Minute weichen lassen. Einen nach dem anderen aufkleben, an den Ecken überlappen lassen. Die überstehende Ränder in den Ecken mit einer Schere im 45-Grad-Winkel passend schneiden. Anschließend die Kanten gut andrücken. Wenn nötig, noch einmal mit Kleister bestreichen.

4 **Rahmen lackieren:** Nach dem Trocknen tragen Sie ein bis zwei Schichten Hochglanzlack auf. Der verleiht dem Rahmen einen seidig schimmernden Glanz und mehr Haltbarkeit.

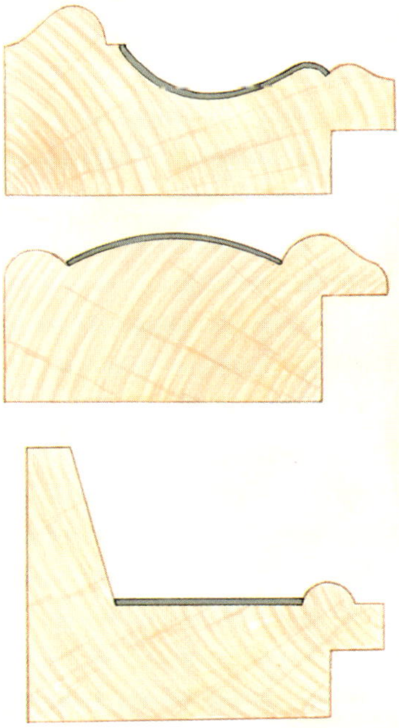

Wahl des Rahmens: Der Rahmen muß so eben und flach sein, daß man Borten aufkleben kann. Hier einige Rahmenprofile, die sich zum Bekleben mit Tapetenstreifen eignen.

LAMPENSCHIRM BEKLEBEN

Mit schönen Tapetenresten und dekorativen Borten lassen sich auch Lampenschirme schnell und leicht passend zum Raum verzieren. Es empfehlen sich dafür jedoch nur Schirme mit einer glatten Oberfläche aus Papier, Pergament, Glas oder Metall. Auf Stoff haftet Tapete nicht gut.

WAS SIE BRAUCHEN:

- Lampenschirm
- Tapetenbordüre
- scharfe Schere
- Tapetenkleister, kleine Bürste

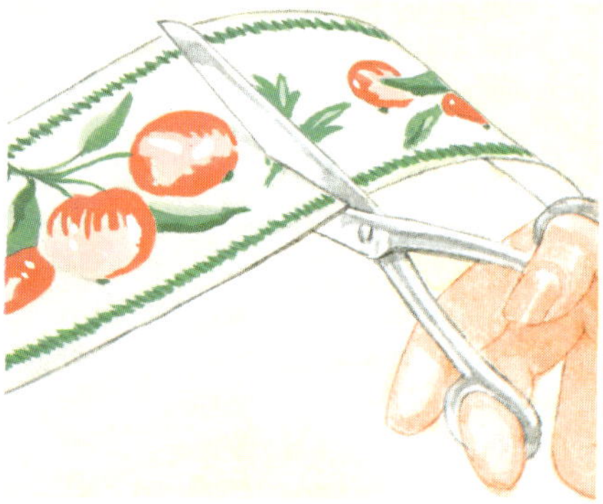

1 Schirmoberfläche: Wenn Sie sich für den Schirm eine andere Grundfarbe wünschen, streichen Sie ihn einfach mit Acrylfarbe entsprechend an. Anschließend gut trocknen lassen. Mit einer kleinen, scharfen Schere verschiedene Motive aus der Borte schneiden (Borten mit großen Mustern eignen sich besonders gut). Die einzelnen Muster mit Tapetenkleister bestreichen, aufkleben und gut andrücken.

2 Randgestaltung: Für den Rand des Lampenschirms eine größere Zahl kleinerer Motive aus der Borte schneiden und diese sorgfältig an den unteren Rand kleben. Alternativ können Sie auch zwei dünne Randstreifen aus der Borte schneiden und an den oberen und unteren Schirmrand kleben. Wegen der Rundung müssen die Streifen vor dem Aufkleben im Zwei-Zentimeter-Abstand leicht eingeschnitten werden.

▲ ***Prachtvolles Früchtedekor***

Das frische Früchtedekor der hübschen Tapetenborte paßt wunderbar zu den zartrosa Rosen und den roséfarbenen Mokkatassen. Für den Schirm der Tischlampe wurden Früchte und Einzelblätter aus Bortenresten ausgeschnitten und phantasievoll aufgeklebt. Das Blaugrün des gedrechselten Lampenfußes greift die Farben von Schirm und Borte auf.

tip **Farbabstimmung**

Zum perfekten, farbig stimmigen Deko-Element wird Ihre Lampe, wenn Sie den Fuß in der Grundfarbe des Schirms streichen oder in einem Ton, den Sie dem aufgeklebten Bortenmuster entnehmen.

Geschenkte Zeit

Aus Pappe und Papier können Sie verrückte Uhren basteln, die absolut richtig ticken. Hinter dem Zifferblatt verbirgt sich ein Uhrwerk aus Quarz.

Warum sich auf fremde Designer verlassen, geben Sie ruhig auch bei der Zeitansage den Ton selbst an, nur mit etwas Pappe und interessantem Papier und einem Quarzwerk – ganz individuell. Originelle Ideen fürs Zifferblatt kommen dabei ganz von selbst.

Aus einer simplen Pappschachtel, bezogen mit Glanzpapier oder farbiger Folie, läßt sich zum Beispiel eine außerordentlich wirkungsvolle Tischuhr gestalten. Gekrönt mit einer üppigen Schleife, ist sie als Geschenk schon fix und fertig. Ganz einfach geht's auch mit einer Kartonplatte, rund oder in jeder anderen geometrischen Form, die auf das komplett verschlossene Uhrwerk nur aufmontiert wird.

Preiswerte Quarzuhrwerke für Ihr Designer-Stück erhalten Sie in gut sortierten Bastelgeschäften oder im Versandhandel für Uhrenbau. Sie sind flach und kompakt im Format, so daß sie sich problemlos hinter dem Zifferblatt einbauen lassen. Es gibt sie mit verschiedenen Zeigern, von modern bis nostalgisch.

▼ Wem die Stunde schlägt …

Fertig dekoriert wartet die elegante grün-goldene Tisch-Standuhr auf ihre große Stunde als originelles Überraschungsgeschenk.

Die Uhr in der Schachtel

Die Schachtel-Grundform für die Tischuhr wird aus Passepartoutkarton zugeschnitten, gefaltet und zusammengeklebt. Die Kantenlänge des Würfels beträgt 16,5 cm. Genauso gut sieht der hübsche Zeitmesser in einem anderen Format aus, dann geht's auch mit einer fertigen Schachtel.

WAS SIE BRAUCHEN:

- Quarzuhrwerk und ein passendes Zeigerpaar aus Messing oder Kupfer
- Passepartoutkarton
- farbige Selbstklebefolie
- Klebeband
- 4 kleine Zierbalken aus Messing oder gold- bzw. kupferfarbene Papierfolie
- Zeichenpapier, Zeichendreieck
- transparent auftrocknender Alleskleber
- Cutter, Schere und Bleistift

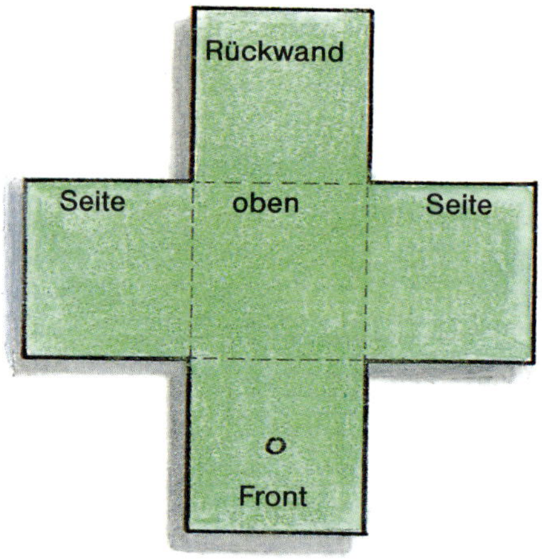

1 **Die Schachtel-Grundform** mit 16,5 cm Kantenlänge nach der Vorlage aus dem Karton ausschneiden. In die Mitte der Front ein kleines Loch für die Uhrzeiger schneiden. An den gestrichelten Linien von der rechten Kartonseite aus leicht entlangritzen und die Schachtel in Form falten.

2 **Vier Streifen Klebeband** in Länge der Seitenkanten zurechtschneiden. Entlang einer Kartonseite hälftig aufkleben, dann zur angrenzenden Kartonwand umlegen und so die Seitenkanten zusammenfügen.

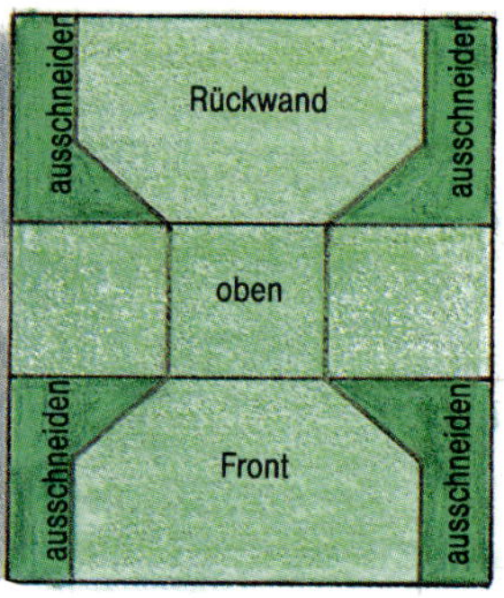

3 **Auf das Schutzpapier** der Klebefolie die Schachtel-Grundform aufzeichnen. Die Höhe der Wände um 5 cm verlängern und die Breite von Front und Rückwand beidseitig um die halbe Wandhöhe erweitern. Zwei Drittel der Seitenkanten abmessen und zu den Ecken der oberen Fläche hin abschrägen. Diese Form ausschneiden und mit der Farbseite nach unten ausbreiten. Schutzpapier abziehen und die Schachtel mit der Öffnung nach oben in der Mitte auflegen.

4 **Die seitlichen Folienflächen** an die Kartonseitenwände kleben, dann Front und Rückwand hochlegen und feststreichen, die abgeschrägten Kanten auf die Schachtelseiten umlegen und glattstreichen.

5 **An den Schachtelecken** die überstehenden Folienkanten bis zur Schachtelkante senkrecht einschneiden und auf die Innenseiten umschlagen. Das Loch an der Front aus der Folie ausschneiden.

6 **Schachtel mit der Öffnung** nach unten aufstellen. Die vier Zierbalken als Ziffermarkierung auf die Front kleben oder aus Papierfolie vier kleine Rechtecke ausschneiden und aufkleben. Das Quarzwerk im Schachtelinneren anbringen und das Zeigerpaar aufstecken, dafür den Anweisungen des Herstellers folgen.

◄ ***In zwölf Stunden um die Welt***

Diese Wanduhr für Reiselustige besteht aus einer kreisrunden Kartonscheibe, beklebt mit dem Ausschnitt einer Landkarte. Der Clou: Kleine Spielzeugboote markieren die Ziffern.

Gestrickte Spitzen

Um zarteste Spitzen herzustellen, müssen Sie nicht die Kunst des Klöppelns beherrschen. Mit feinem Garn und dünnen Nadeln lassen sich filigrane Muster stricken, die echter Spitze täuschend ähnlich sind.

▼ ***Hauchzarte Muster***

Diese kleine Auswahl bezaubernder nostalgischer Deckchen zeigt, welch hauchzarte Muster für schöne „Spitzengeschenke" entstehen können.

Spitzen stricken

Ursprünglich galten gestrickte Spitzen als Arme-Leute-Ersatz für die kostbaren Klöppel- und Nadelspitzen. Allmählich aber fand diese Handarbeitstechnik Verbreitung und entwickelte sich sogar zu einem florierenden Geschäft. Im 19. Jahrhundert entstanden überall die herrlichsten hauchzart gestrickten Spitzen. Sie wurden zu Hauben, Krägen, Handschuhen, Strümpfen, Dreiecktüchern, Taufkleidern und Schals verarbeitet oder zierten als Einsätze oder Einfassung Haushaltswäsche, Nachthemden, Unterröcke und Kinderkleider.
Jeder, der stricken konnte, war auch in der Lage, selbst Spitzen herzustellen. Das Material kostete nicht besonders viel, die Arbeit ging relativ rasch von der Hand, und man konnte sie überallhin mitnehmen. Aufgrund dieser Vorzüge erfreute sich diese Handarbeitstechnik alsbald größter Beliebtheit.
In Mittel- und vor allem in Südeuropa hat sie sich bis heute gehalten, und viele Fachgeschäfte führen Bücher mit Anleitungen für die wunderbarsten Muster.

Materialien

Garn: Früher wurde am häufigsten reine Baumwolle verwendet, ebenso verstrickte man aber auch andere Garne. Auf den Shetlandinseln entstanden aus feinster, handgesponnener Wolle prachtvolle Schals, und auf den Azoren verarbeitete man Aloe- oder Pitafasern, die mehrfach gespalten wurden.
Heute verwendet man für feine Arbeiten am besten baumwollenes Häkel- oder Spitzengarn. Die Garnstärke wird in Nummern wie 40, 50, 60 und so weiter angegeben. Je feiner das Garn, desto höher ist in der Regel die Ziffer.
Traditionsgemäß werden Spitzen aus weißem Garn gefertigt, doch stehen auch andere Farben zur Auswahl. Das klarste Maschenbild ergibt sich, wenn Sie mit glattem Garn in einer hellen Farbe arbeiten.

Nadeln: Besonders zarte Spitzen werden mit Stahlnadeln gestrickt. Die feinste Nadelstärke beträgt derzeit 1,25 mm. Die Nadeln sind an beiden Enden zugespitzt und werden als Nadelspiel, wie man es zum Rundstricken benötigt, angeboten. Das Blattmotiv wird jedoch nur mit zwei der fünf Nadeln gearbeitet.
Früher strickte man mit weitaus feineren Nadeln, die zum Teil sogar dünner waren als der Draht einer 15-A-Sicherung. Mit etwas handwerklichem Geschick können Sie sich solche Nadeln selbst anfertigen, indem Sie Draht in der passenden Länge abschneiden und die Enden zuspitzen und glätten.

▲ ***Stilvolles Zubehör***

Diese kunstvoll gefertigten Nadelhüte, mit Gold verzierten Garndosen und gedrechselten Nadelschützer stammen aus Barcelona.

Nadelhüte: Nadelhüte werden über die Nadelenden gesteckt, damit die Maschen, wenn man die Arbeit beiseite legt, nicht herunterrutschen können und man sich an den Nadelspitzen nicht verletzt. Ersatzweise können Sie dafür natürlich auch Flaschenkorken verwenden.

Stricktips

Fadenspannung: Gestrickte Spitzen wirken am besten, wenn sie mit straff gespanntem Faden gearbeitet werden. Dadurch heben sich die komplexen Muster besser von der glatten Fläche ab. Fertigen Sie grundsätzlich zunächst eine Maschenprobe an, die Sie anschließend spannen. Anhand dieses Musters können Sie dann die Maschen und Reihen zählen und prüfen, ob die Fadenspannung stimmt.

Größenkorrektur: Die Größe des Strickstücks läßt sich sowohl durch die Garn- als auch durch die Nadelstärke verändern. Das Blattmotiv läßt sich aber auch ganz einfach vergrößern, indem man vor Beginn der Abnahmen zusätzlich weitere Reihen mit Zunahmen einfügt.

Maschenanschlag und Abketten: Da gestrickte Spitzen sich meist stärker dehnen als andere Strickarbeiten, werden die Maschen sehr locker abgekettet. Damit der Maschenanschlag locker ausfällt, werden beim Stricken die Maschen in der Regel mit zwei Nadeln gleicher Stärke angeschlagen, das heißt, man schlingt den Faden um zwei Nadeln gleichzeitig. Das Blatt erfordert allerdings einen festen Anschlag, damit die drei Anfangsmaschen eine richtige Spitze ergeben. Daher erfolgt der Anschlag mit nur einer Nadel, und die Schlingen werden zusätzlich verdreht.

Arbeitsprobe: Um sich an die Arbeit mit dem besonders feinen Garn und den extrem dünnen Nadeln zu gewöhnen, stricken Sie am besten zuerst ein Musterstück. Üben Sie dabei insbesondere die Abnahmen und Zunahmen. Die Hände sollten beim Stricken möglichst wenig bewegt werden. Wickeln Sie das Garn um den Zeigefinger Ihrer linken Hand, und ziehen Sie es nach jeder Masche fest an. Die Maschen sollten die Nadeln fest umschließen. Die beste Kontrolle haben Sie, wenn Ihr rechter Zeigefinger auf der rechten Nadel oben aufliegt.

MASCHEN ANSCHLAGEN MIT EINER NADEL

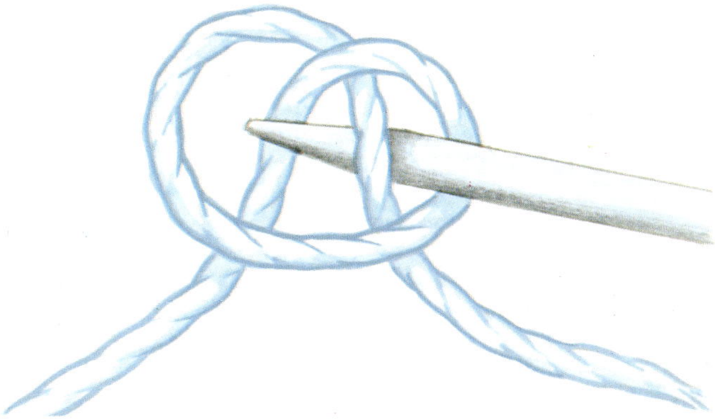

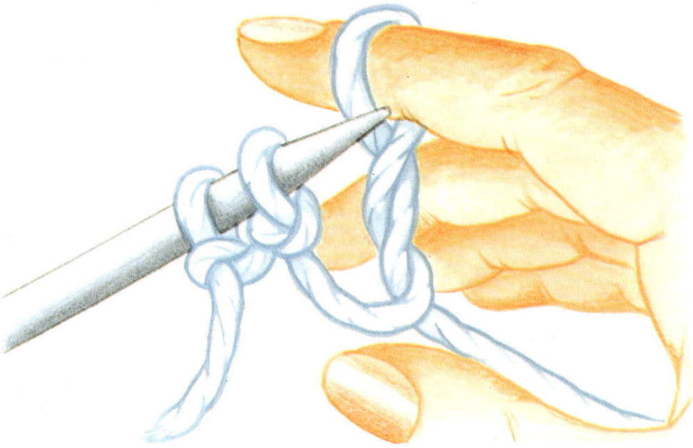

1 **Beginnen Sie Ihre Strickarbeit** mit einem Maschenanschlag. Als erstes müssen Sie, entsprechend der Abbildung, aus dem Garn eine Anfangsschlinge bilden. Legen Sie das Garn überkreuz, und ziehen Sie den Arbeitsfaden mit einer Stricknadel durch die Kreisschlinge. Nehmen Sie diese Nadel dann in die linke Hand.

2 **Legen Sie das Garn** über den rechten Zeigefinger, und verdrehen Sie die Schlinge zweimal nach rechts. Führen Sie dabei die Fingerspitze unter dem Faden hindurch auf Ihren Körper zu und anschließend von ihm weg. Legen Sie die entstandene Schlaufe über die Nadel in der linken Hand, und ziehen Sie sie fest.

DOPPELTEN ÜBERZUG STRICKEN

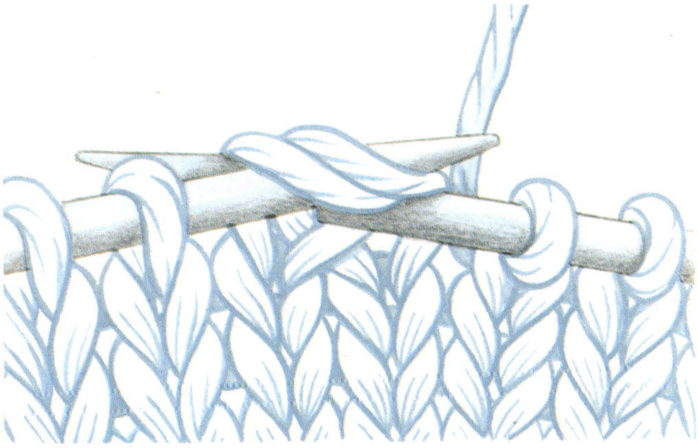

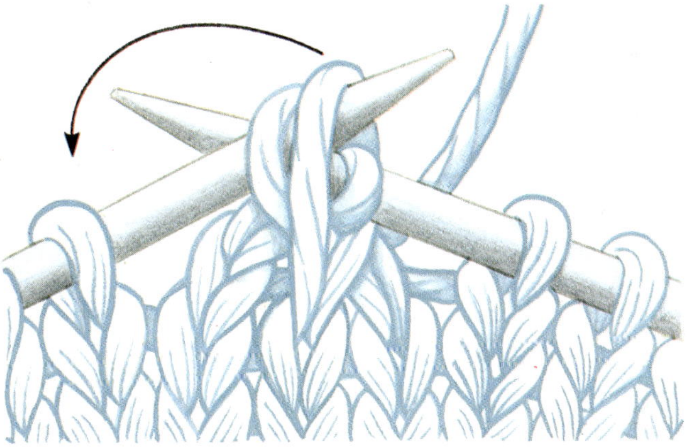

1 **Stechen Sie mit der rechten Nadel** in die folgenden zwei Maschen ein, so als wollten Sie sie rechts zusammenstricken. Lassen Sie die beiden Maschen nun jedoch einfach auf die rechte Nadel gleiten, ohne sie abzustricken.

2 **Stricken Sie die folgende Masche** rechts, ziehen Sie dann die beiden abgehobenen Maschen mit Hilfe der linken Nadel über die gestrickte Masche, und lassen Sie sie von der Nadel gleiten. In der Strickanleitung hat diese Arbeitsabfolge die Abkürzung „dopp Überz".

FÄDEN VERNÄHEN

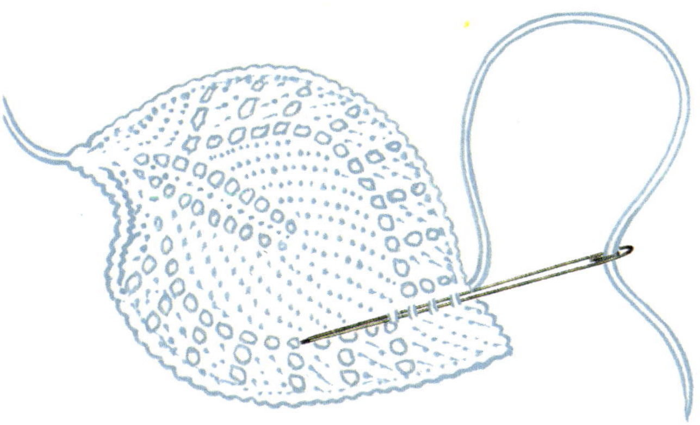

Fädeln Sie das Fadenende in eine feine Nadel ein, und vernähen Sie es auf der linken Seite in den Bereichen, die nicht von Löchern durchbrochen sind, so daß man die Stiche auf der Vorderseite nicht sehen kann.

SPANNEN UND TROCKNEN

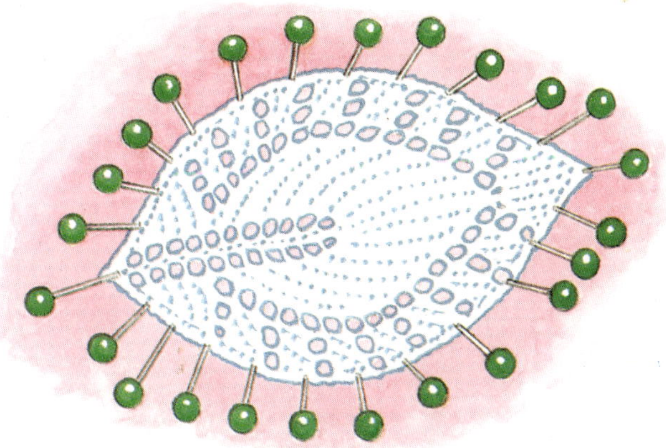

Ein Tuch auf eine gepolsterte Unterlage heften. Stecken Sie das Blatt mit der rechten Seite nach unten darauf fest, und ziehen Sie es in Form. Die Arbeit mit Stärke einsprühen und trocknen lassen.

Dekoratives Spitzenblatt

WAS SIE BRAUCHEN:

- DMC Baumwollhäkelgarn Nr. 40
- Stricknadeln Nr. 1,25
- Nähnadel
- nichtrostende Stecknadeln
- Sprühstärke

Abkürzungen und Zeichenerklärung: M = Masche(n); **re M** = rechte Masche; **li M** = linke Masche; **R** = Reihe; **U** = Umschlag; **zusstr** = zusammenstricken; **Überz** = einfacher Überzug: 1 M wie zum Rechtsstricken abheben, 1 M re, die abgehobene M darüberziehen; **dopp. Überz.** = doppelter Überzug: 1 M abheben, 2 M re zusstr, die abgehobene M darüberziehen. | = in Hinreihen re M, in Rückreihen li M; o = Umschlag; ⩚ = doppelter Überzug; ⋌ = 2 M rechts zusammenstricken; ⋋ = einfacher Überzug

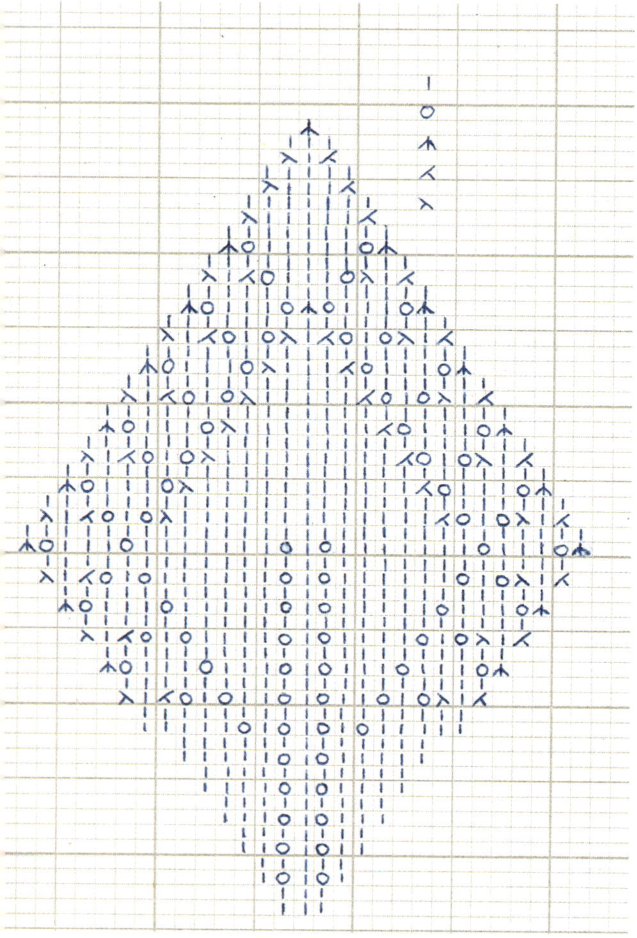

SO WIRD'S GEMACHT

3 M anschlagen.
1. R: re M.
2. und alle weiteren geraden R: li M.
3. R: 1 M re, 2mal (1 U, 1 M re) = 5 M.
5. R: 2 M re, 1 U, 1 M re, 1 U, 2 M re = 7 M.
7. R: 3 M re, 1 U, 1 M re, 1 U, 3 M re = 9 M.
9. R: 4 M re, 1 U, 1 M re, 1 U, 4 M re = 11 M.
11. R: 5 M re, 1 U, 1 M re, 1 U, 5 M re = 13 M.
13. R: 5 M re, 3mal (1 U, 1 M re), 1 U, 5 M re = 17 M
15. R: 2 M re zusstr, 1 M re, 1 Überz, 1 U, 1 M re, 1 U, 2 M re, 1 U, 1 M re, 1 U, 2 M re, 1 U, 1 M re, 1 U, 2 M re zusstr, 1 M re, 1 Überz = 19 M.
17. R: 1 dopp Überz, 2mal (1 U, 3 M re), 1 U, 1 M re, 2mal (1 U, 3 M re), 1 U, 1 dopp Überz = 21 M.
19. R: 2 M re zusstr, 1 M re, 1 Überz, 2mal (1 U, 1 M re, 1 U, 4 M re), 1 U, 1 M re, 1 U, 2 M re zusstr, 1 M re, 1 Überz = 23 M.
21. R: 1 dopp Überz, 1 U, 3 M re, 1 U, 5 M re, 1 U, 1 M re, 1 U, 5 M re, 1 U, 3 M re, 1 U, 1 dopp Überz = 25 M.
23. R: 2 M re zusstr, 1 M re, 1 Überz, 1 U, 1 M re, 1 U, 6 M re, 1 U, 1 M re, 1 U, 6 M re, 1 U, 1 M re, 1 U, 2 M re zusstr, 1 M re, 1 Überz = 27 M.
25. R: 1 dopp Überz, 1 U, 3 M re, 1 U, 7 M re, 1 U, 1 M re, 1 U, 7 M re, 1 U, 3 M re, 1 U, 1 dopp Überz = 29 M.
27. R: 2 M re zusstr, 1 M re, 1 Überz, 1 U, 1 M re, 1 U, 2 M re zusstr, 13 M re, 1 Überz, 1 U, 1 M re, 1 U, 2 M re zusstr, 1 M re, 1 Überz = 27 M.
29. R: 1 dopp Überz, 1 U, 3 M re, 1 U, 2 M re zusstr, 11 M re, 1 Überz, 1 U, 3 M re, 1 U, 1 dopp Überz = 25 M.
31. R: 2 M re zusstr, 1 M re, 1 Überz, 1 U, 1 M re, 1 U, 2 M re zusstr, 9 M re, 1 Überz, 1 U, 1 M re, 1 U, 2 M re zusstr, 1 M re, 1 Überz = 23 M.
33. R: 1 dopp Überz, 1 U, 3 M re, 1 U, 2 M re zusstr, 7 M re, 1 Überz, 1 U, 3 M re, 1 U, 1 dopp Überz = 21 M.
35. R: 2 M re zusstr, 1 M re, 1 Überz, 1 U, 1 M re, 1 U, 2 M re zusstr, 5 M re, 1 Überz, 1 U, 1 M re, 1 U, 2 M re zusstr, 1 M re, 1 Überz = 19 M.
37. R: 1 dopp Überz, 1 U, 3 M re, 1 U, 2 M re zusstr, 3 M re, 1 Überz, 1 U, 3 M re, 1 U, dopp Überz = 17 M.
39. R: 2 M re zusstr, 1 M re, 1 Überz, 1 U, 1 M re, 1 U, 2 M re zusstr, 1 M re, 1 Überz, 1 U, 1 M re, 1 U, 2 M re zusstr, 1 M re, 1 Überz = 15 M.
41. R: 1 dopp Überz, 1 U, 3 M re, 1 U, 1 dopp Überz, 1 U, 3 M re, 1 U, 1 dopp Überz = 13 M.
43. R: 2 M re zusstr, 1 M re, 1 Überz, 1 U, 3 M re, 1 U, 2 M re zusstr, 1 M re, 1 Überz = 11 M.
45. R: 1 dopp Überz, 1 U, 5 M re, 1 U, 1 dopp Überz = 9 M.
47. R: 2 M re zusstr, 5 M re, 1 Überz = 7 M.
49. R: 2 M re zusstr, 3 M re, 1 Überz = 5 M.
51. R: 2 M re zusstr, 1 M re, 1 Überz = 3 M.
53. R: 1 dopp Überz = 1 M.
Abketten. Die Garnenden vernähen. Das Blatt aufstecken, mit Stärke einsprühen und trocknen lassen.

FILIGRANE ACCESSOIRES

Fertigen Sie sich aus den filigranen Blättern aparte Ohrhänger, wie auf dem Foto oben zu sehen. Hübsch wirken die Blätter auch, wenn man sie als Blickfang an den Kragen oder auf die Tasche einer Bluse näht.

Stickerei für die Aussteuer

Früher wurde diese traditionelle Sticktechnik stets nur von Hand im Festonstich auf Leinen ausgeführt. Heute kann man die Ausschnittmuster viel schneller auch mit der Maschine arbeiten.

▲ *Kunstvolle Randverzierung*

Die durchbrochenen, meist floralen Motive der Ausschnittstickerei verleihen zart getönter Bettwäsche eine exklusive Note und verbreiten einen Hauch von Nostalgie.

Die Richelieu-Stickerei verzierte einst hauptsächlich kostbare Tisch- und Bettwäsche unserer Großmütter. Sie wurde mit viel Geduld und Geschick von Hand gearbeitet. Dank moderner Nähmaschinen mit Zickzackstich-Einrichtung können wir die gleichen kunstvollen Effekte der Ausschnittmuster heute in wesentlich kürzerer Zeit erzielen. Die Motivkonturen werden mit Geradstichen geformt, dann die Innenflächen herausgeschnitten und die Kanten im geschlossenen Zickzackstich überstickt. Schmale Stege verbinden die Stoffkanten miteinander. Der Stoff wird zur Verstärkung mit Stickvlies unterlegt.

Musterplanung

Beim Entwerfen eigener Richelieu-Motive sind folgende Punkte zu bedenken: Wählen Sie zunächst möglichst einfache, sanft geschwungene Formen, die den Ausschnittbereich ganz einschließen. Sie sind leichter nachzuarbeiten als stark gekrümmte Linien. Zusätzlich können kleine, komplizierte Ausschnitt-Motive hinzugefügt und durch reine Sticklinien als Verzierung ergänzt werden. Die Stege, die die Ausschnitte überspannen, sollten harmonisch plaziert werden. Sie dienen einmal der Mustergestaltung, halten aber auch die Kanten größerer Ausschnittflächen in Form und verleihen der Arbeit Stabilität.

Material und Zubehör

Nadeln: Nähmaschinennadeln der Stärke 70 oder 80 eignen sich am besten für die Richelieu-Stickerei. Vor Arbeitsbeginn sollten die Nadeln auf einwandfreien Zustand überprüft werden, damit sie den feinen Stoff nicht beschädigen.

Garne: Die Vorstiche werden mit einem Allzweckgarn Stärke 50 oder 60 gearbeitet. Für die folgenden Zickzackstiche können Sie dasselbe Garn oder ein Maschinenstickgarn verwenden. Wichtig ist, daß die Garne mit der Stoffqualität harmonieren, deshalb am besten zur Probe einige Linien auf einem Musterläppchen des gewählten Stoffes sticken. Dabei lassen sich auch gleich Fadenspannung und Stichlänge prüfen. In der Regel stimmt die Farbe des Garns mit dem Stoff überein oder hat einen leicht dunkleren Ton. Interessante Effekte entstehen jedoch ebenso mit einem kontrastierenden Garn, das die Stickerei noch stärker in den Vordergrund stellt.

Stickrahmen: Um den Stoff beim Sticken straff zu halten, wird er in einen Stickrahmen aus Holz von etwa 18 cm Durchmesser gespannt. Der Rahmen muß möglichst flach sein, damit er problemlos unter das Nähfüßchen paßt. Außerdem sollte er mit einer Feststellschraube ausgestattet sein, damit die Spannung reguliert werden kann.

Stoffe: Am besten lassen sich feine, gleichmäßige Gewebe verarbeiten, da sie saubere Schnittkanten der Musterausschnitte gewährleisten. Ideal sind Stoffe aus Naturfasern, zum Beispiel Leinen für Sets und Tischdecken oder Baumwollgewebe für Kleidung und Bettwäsche. Ferner können Sie Baumwollmischgewebe verwenden, da diese meist ebenfalls fest gewebt sind.

Stickvlies: Den Ausschnittbereich verstärkt man mit Stickvlies, um den Stoff während des Stickens in Form zu halten. Es wird auf die Rückseite geheftet.

Schere: Eine kleine Stickschere mit langen, scharfen Spitzen ist zum Ausschneiden der Musterbereiche unentbehrlich.

So wird's gemacht

1 **Das Motiv spiegelbildlich** auf ein Stück Stickvlies, das etwas größer als der Stickrahmen ist, aufzeichnen. Das Stickvlies auf die Rückseite des Stoffes über den Bereich heften, der bestickt werden soll. Stoff so in den Stickrahmen spannen, daß die linke Seite nach oben weist und der innere Ring sichtbar ist.

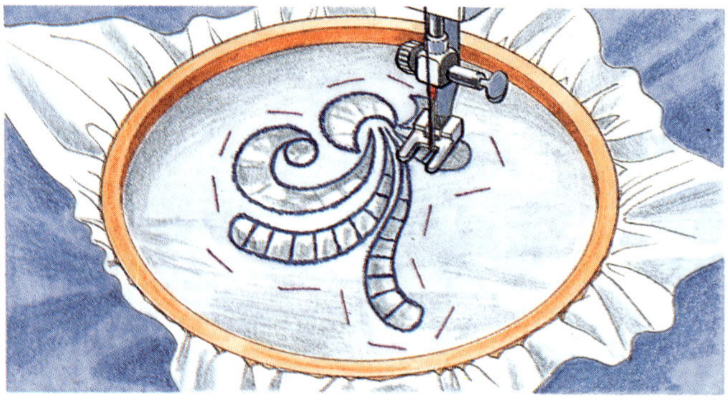

4 **Stoff wie zuvor in den Rahmen** spannen und drei verstärkende Geradstich-Reihen entlang den Markierungen für die Stege arbeiten. Geübte Näherinnen können bei der zweiten Reihe die Maschine auf Rückwärtsnähen einstellen, das erspart ein Drehen des Stoffs.

RUNDUNGEN

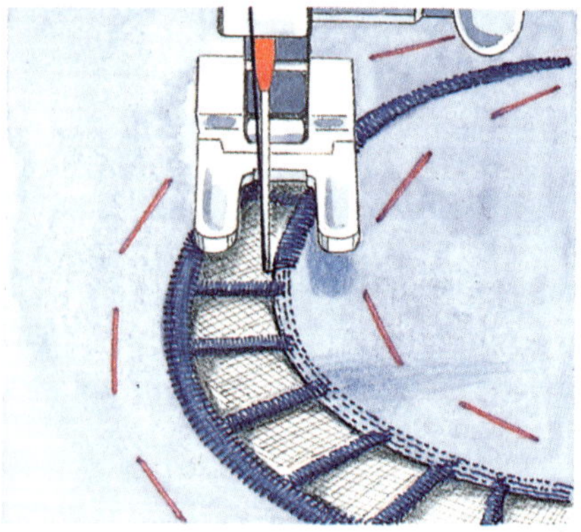

Beim Sticken enger Rundungen den Nähfuß immer wieder hochstellen – die Nadel bleibt jedoch unten, damit der Stoff nicht verrutscht – und den Stoff leicht drehen. Nähfuß herablassen und weiterarbeiten. Auf diese Weise die gerundete Kontur Stück für Stück ausarbeiten.

INNERE ECKEN

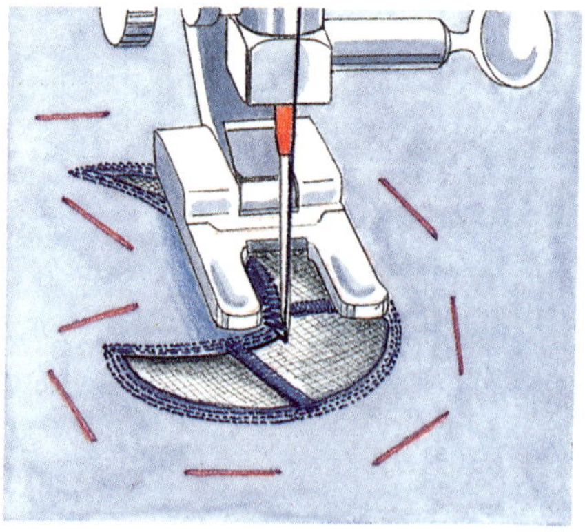

An innenliegenden Ecken einen Stich über die Ecke hinausnähen und mit der Nadel im Stickvlies an der Innenkante der Zickzacknaht anhalten. Nähfuß hochstellen, den Stoff drehen. Nähfuß absenken und die angrenzende Seite arbeiten, dabei an der Ecke die vorhergehenden Stiche übernähen.

ÄUSSERE ECKEN

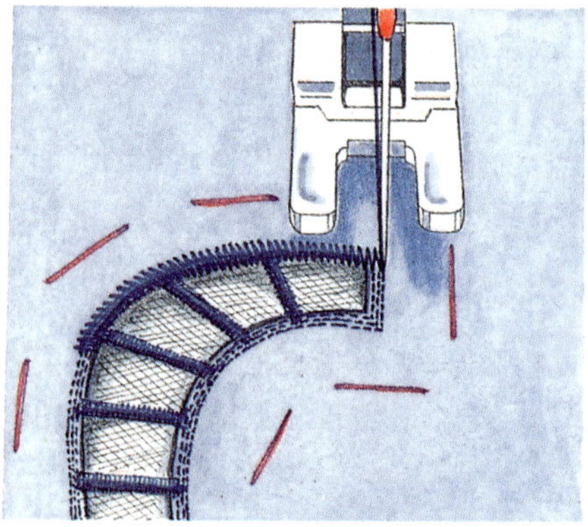

Bei außenliegenden Ecken eine Stichbreite über die Ecke hinausnähen und mit der Nadel im Stoff an der Innenkante dieser Naht anhalten. Nähfuß hochstellen, den Stoff drehen. Nähfuß senken, die nächste Kante übernähen, dabei schließen die Zickzackstiche an die vorangegangene Naht an.

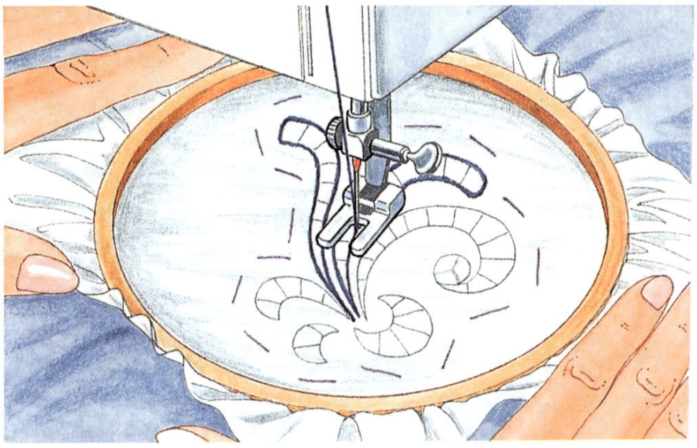

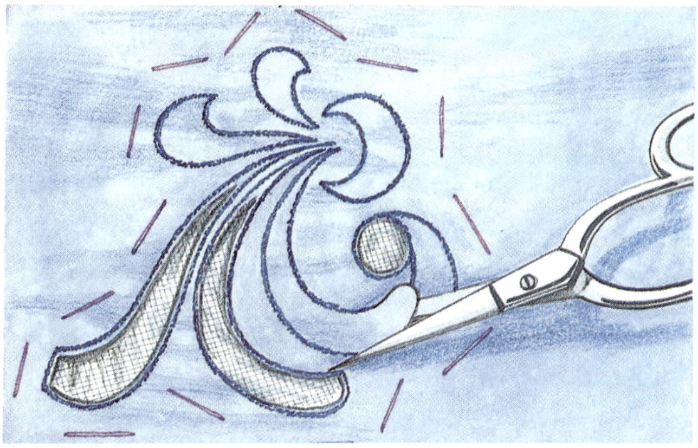

2 **Stickrahmen unter den Nähfuß schieben,** falls der Rahmen dafür zu hoch ist, den Nähfuß entfernen und wieder montieren. Einen Zickzacknähfuß verwenden und zur Verstärkung für die Stickerei entlang den Motivkonturen drei dicht beieinanderliegende Geradstich-Reihen arbeiten, dabei eine kurze Stichlänge einstellen.

3 **Stoff aus dem Rahmen nehmen.** Mit einer scharfen, spitzen Stickschere den Stoff an den Stellen, die als Ausschnitte gekennzeichnet sind, innerhalb der Motivkonturen bis dicht an der inneren Geradstich-Reihe ausschneiden, dabei jedoch das Stickvlies auf der Rückseite unberührt lassen.

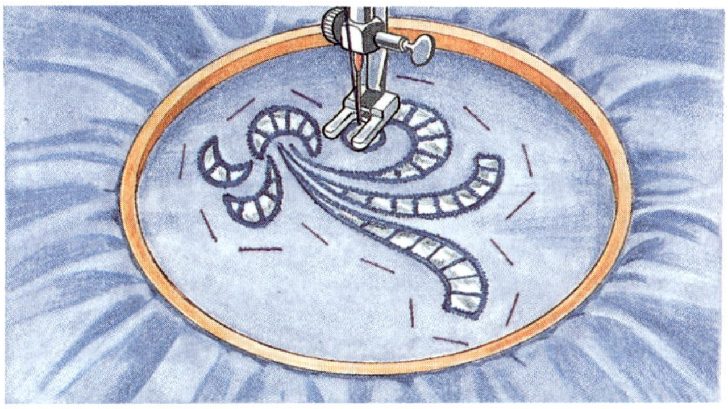

5 **Stoff nochmals aus dem Rahmen nehmen** und mit der rechten Seite nach oben erneut einspannen. Einen geschlossenen Zickzackstich einstellen, so breit, daß er die Geradstich-Reihen komplett abdeckt. Über die Stege nähen, dann an den Konturen entlang.

6 **Stickrahmen entfernen** und das Stickvlies auf der Rückseite der Arbeit vorsichtig an den Sticklinien entlang abziehen. Anschließend die Stickerei auf einer weichen Unterlage, mit der linken Seite nach oben, sorgfältig bügeln.

INNERE SPITZEN

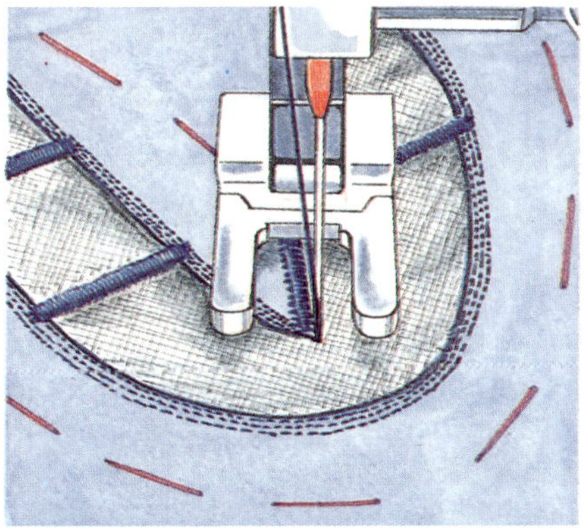

Einen Stich über die Spitze hinausnähen und die Nadel an der Innenkante der Naht stehenlassen. Nähfuß hochstellen und den Stoff um fast 90 Grad drehen. Nähfuß senken und einige Stiche über die letzten arbeiten. Nadel wieder an der Nahtinnenseite stehenlassen, Stoff drehen, weiternähen.

ÄUSSERE SPITZEN

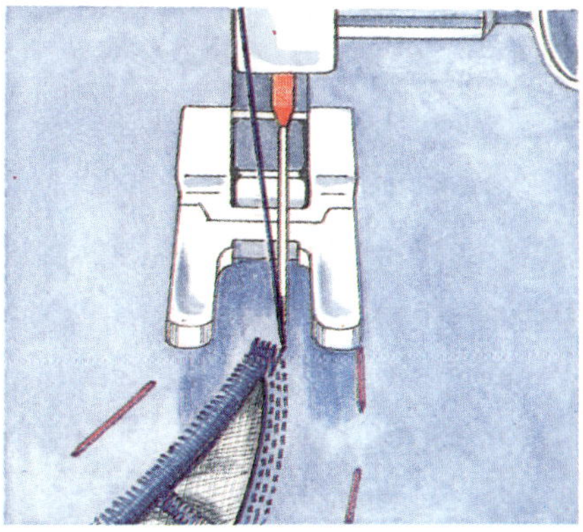

Eine Stichbreite über die Spitze hinausnähen und die Nadel in der Außenkante der Naht im Stoff stehenlassen. Nähfuß anheben und den Stoff um fast 90 Grad drehen. Nähfuß wieder absenken und mit einigen Stichen die zuletzt genähten Stiche abdecken. Mit der Nadel in der Nahtaußenseite anhalten, Nähfuß anheben, Stoff drehen, Füßchen senken und die anschließende Kante mit Zickzackstichen übernähen.

AUSLAUFENDE SPITZEN

Eine Stichbreite über die Spitze hinausnähen und die Nadel an der Innenkante der Naht stehenlassen. Nähfuß hochstellen und den Stoff ein wenig drehen. Nähfuß wieder absenken und weiternähen, dabei die Stichbreite langsam auf 0 reduzieren, und direkt unterhalb der Spitze anhalten. Nadel im Stoff lassen, Nähfuß heben und den Stoff in entgegengesetzte Richtung drehen. Über die vorhergehenden Stiche nähen, dabei die Stichbreite langsam bis zur ursprünglichen Einstellung erhöhen. Am Beginn des Stoffausschnitts anhalten, Nadel an der Innenkante der Naht stehenlassen, Nähfuß anheben und den Stoff leicht drehen. Nun die angrenzende Kante arbeiten.

Bettwäsche verzieren

Besonders wirkungsvoll kommt das einfache Motiv auf farbiger Bettwäsche zur Geltung. Und gerade für Anfänger ist der fest gewebte Bettuchstoff empfehlenswert, weil er sich relativ leicht verarbeiten läßt.

WAS SIE BRAUCHEN:

- Bettuchstoff, 230 cm breit, für ein Überschlaglaken und zwei Kopfkissenbezüge mit Rand
- Stickvlies für die Musterbereiche
- Nähgarn Stärke 50, farblich passend zum Stoff, und eventuell Maschinenstickgarn
- Nähmaschinennadel Stärke 80
- Stickrahmen und kleine, spitze Stickschere

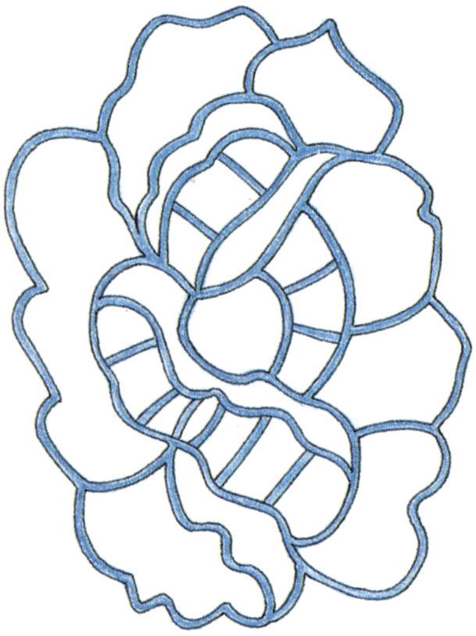

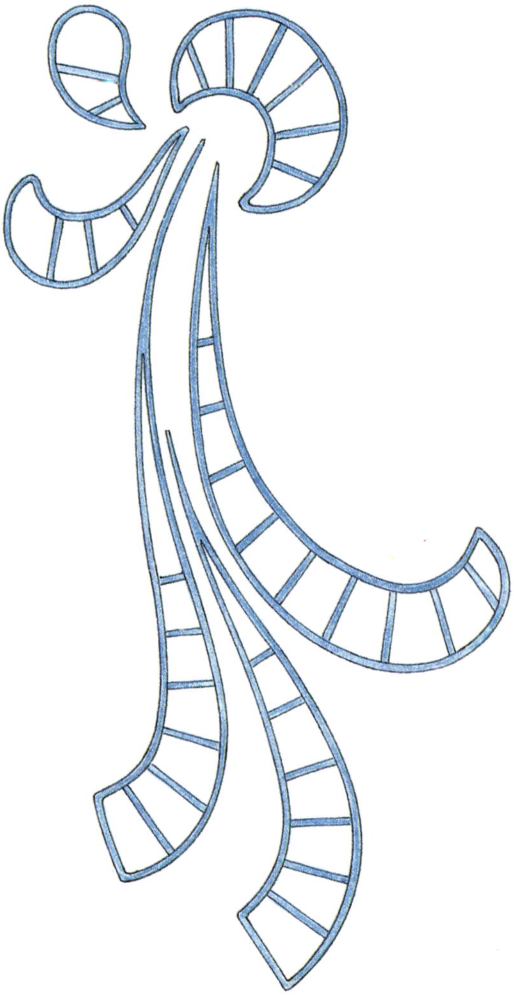

ÜBERSCHLAGLAKEN

1 **Den Stoff auf Lakenlänge** mit 5 cm Nahtzugabe für den unteren Saum zuschneiden. Die Unterkante 2,5 cm breit doppelt umschlagen, stecken und absteppen.

2 **Die Oberkante des Lakens** begradigen. Blüte und Blattmotiv spiegelbildlich auf Stickvlies zeichnen, dabei das Blattmotiv auf der anderen Seite der Blüte noch einmal gegengleich anfügen. Vlies auf die Rückseite des Lakens heften, so daß das Motiv 5 cm von der Oberkante entfernt liegt: Ein Laken für ein Einzelbett erhält ein Motiv in der Mitte, ein doppelt breites wird mit zwei mittig angeordneten Motiven verziert.

3 **Motive sticken und ausschneiden.** In gleicher Stichbreite wie die Zickzacknähte 1,5 cm unterhalb der Stikkerei eine gerade Zickzacknaht arbeiten. Dicht entlang der Außenkante ebenfalls eine gerade Zickzacknaht anlegen und die Schnittkante des Stoffes bis knapp an diese Stichreihe zurückschneiden.

KOPFKISSENBEZUG

1 **Das Vorderteil des Kissenbezugs** mit einem rundum 14 cm breiten Rand zum Besticken zuschneiden. In jeder Ecke ein Motiv aufsticken wie auf der Abbildung gezeigt. Außenkanten des Kissenrandes wie beim Laken mit Zickzackstichen umsticken und versäubern.

2 **Das Rückenteil des Bezuges** in den Maßen des Vorderteils, ohne Zierrand, aber mit 1,5 cm Nahtzugabe an beiden langen und einer kurzen Seite, zuschneiden. An der anderen kurzen Seite 5 cm für den doppelten Saum hinzurechnen, einschlagen und steppen.

3 **Die Nahtzugaben einschlagen,** das Rückenteil links auf links mittig auf das Vorderteil legen, stecken und im Geradstich an den langen und der kurzen Seite bis 3 cm vor der Saumkante knappkantig aufsteppen. Saumkante auf dem Vorderteil markieren, eine Nahtlinie arbeiten, ohne die gesäumte Kante zu erfassen.

4 **Bezug mit dem Vorderteil nach oben** hinlegen. Die Saumkante des Rückenteils zurückschlagen und entlang dieser kurzen Seite im geschlossenen Zickzackstich eine Linie über die Markierungsnaht arbeiten. Wieder umschlagen und alle übrigen Nahtlinien im Zickzackstich übersticken.

Gehäkelte Spitzenbordüren

Feine Umrandungen aus ein- oder zweifarbiger Häkelspitze verwandeln Servietten, Tischdecken und Taschentücher in stilvolle und elegante Accessoires.

Ein zarter, farblich harmonierender oder auch kontrastierender Spitzenbesatz ist ein schöner Schmuck für Servietten, Taschentücher, Tischläufer und vieles mehr. Das für diese Häkelborten verwendete feine Baumwollgarn gibt es außer in Weiß noch in etlichen anderen Farben. Falls die Stoffkante noch nicht versäubert ist, legt man einen 3 mm breiten Saum nach links um und näht ihn an. So entsteht ein fester Rand, der sich – wie bei einem bereits fertig gesäumten Teil – gut umhäkeln läßt.

Weiße Bogenbordüre

Bei den filigranen weißen Bögen des Deckchens mißt ein Musterrapport über 16 Maschen etwa 23 mm.

ABKÜRZUNGEN

Luftm = Luftmasche(n)
Kettm = Kettmasche
feste M = feste Masche(n)
Stb = Stäbchen
Doppstb = Doppelstäbchen
folg = folgend
wdh = wiederholen
Rd = Runde

WAS SIE BRAUCHEN:

- DMC Häkelgarn Nr. 80, 20 g in Weiß
- Garnhäkelnadel Nr. 0,60
- feines Leinen, 28 x 28 cm

Anleitung: Zunächst die Stoffkanten von rechts wie folgt umhäkeln: pro Seite 189 feste M und pro Ecke 1 feste M arbeiten (=760M); die Runde mit 1 Kettm in die 1. feste M schließen.

1. Rd: In die ersten 13 festen M der Umrandung (auch in die 1. M) jeweils 1 feste M arbeiten, *11mal (5 Luftm, die folg 3 festen M übergehen, 1 feste M in jede der folg 13 festen M), 5 Luftm, die folg feste M (Eckm) übergehen, 1 feste M in jede der folg 13 festen M, ab * noch 2mal wdh, 11mal (5 Luftm, die folg 3 festen M übergehen, 1 feste M in jede der folg 13 festen M), 2 Luftm, 1 Doppstb in die 1. feste M.

2. Rd: 6 Luftm, 47mal (die folg feste M übergehen, 1 feste M in jede der folg 11 festen M, 6 Luftm, 1 feste M in die Mitte des Luftm-Bogens, 6 Luftm), die folg feste M übergehen, 1 feste M in jede der folg 11 festen M, 3 Luftm, 1 Doppstb über dem Doppstb der Vorreihe.

3. Rd: 6 Luftm, 1 feste M in die Mitte des folg Luftm-Bogens, *6 Luftm, die folg feste M übergehen, 1 feste M in jede der folg 9 festen M, 2mal (6 Luftm, 1 feste M in den folg Luftm-Bogen), ab * noch 46mal wdh, 6 Luftm, die folg feste M übergehen, 1 feste M in jede der folg 9 festen M, 3 Luftm, 1 Doppstb über dem Doppstb der Vorreihe.

4. Rd: 2mal (6 Luftm, 1 feste M in die Mitte des folg Luftm-Bogens), *6 Luftm, die folg feste M übergehen, 1 feste M in jede der folg 7 festen M, 3mal (6 Luftm, 1 feste M in den folg Luftm-Bogen), ab * noch 46mal wdh, 6 Luftm, die folg feste M übergehen, 1feste M in jede der folg 7 festen M,

3 Luftm, 1 Doppstb über dem Doppstb der Vorreihe.
5. Rd: 3mal (6 Luftm, 1 feste M in die Mitte des folg Luftm-Bogens), *6 Luftm, die folg 2 festen M übergehen, 1 feste M in jede der folg 3 festen M, 4mal (6 Luftm, 1 feste M in den folg Luftm-Bogen), ab * noch 46mal wdh. 6 Luftm, die folg 2 festen M übergehen, 1 feste M in jede der folg 3 festen M, 6 Luftm, 1 Kettm in das Doppstb.

Weiß und Lila

Die erste und letzte Runde werden bei dieser durchbrochenen Spitze in einer Kontrastfarbe gehäkelt. Für eine einfarbige Arbeit würde ein 20-g-Knäuel genügen. Ein Musterrapport über 10 M mißt etwa 13 mm.

WAS SIE BRAUCHEN:
- DMC Häkelgarn Nr. 80, je 20 g in Lila (A) und in Weiß (B)
- Garnhäkelnadel Nr. 0,60
- feines Leinen, 28 x 28 cm

Anleitung: Zunächst die Stoffkanten von rechts mit Garn A wie folgt umhäkeln: pro Seite 191 feste M und pro Ecke 1 feste M arbeiten (=768 M); die Runde mit 1 Kettm in die 1. feste M schließen.
1. Rd: Mit Garn B in die 1. feste M nach der Eckm 1 Kettm und 1 feste M arbeiten, * 38mal (6 Luftm, die folg 4 festen M übergehen, 1 feste M in die folg feste M), 6 Luftm, die Eckm übergehen, 1 feste M in die folg feste M, ab * noch 2mal wdh, 38mal (6 Luftm, die folg 4 festen M übergehen, 1 feste M in die folg feste M), 6 Luftm, die Eckm übergehen, 1 Kettm in die darauffolg 1. feste M.
2. Rd: Je 1 Kettm in die ersten 2 Luftm des folg Bogens, 1 feste M in diesen Luftm-Bogen, 5 Luftm, 1 Doppstb in denselben Luftm-Bogen, * 18mal (1 Doppstb in den folg Luftm-Bogen, 5 Luftm, 1 feste M in denselben Luftm-Bogen, 3 Luftm, 1 feste M in den folg Luftm-Bogen, 5 Luftm, 1 Doppstb in denselben Luftm-Bogen), 1 Doppstb in den folg Luftm-Bogen, 5 Luftm, 1 feste M in denselben Luftm-Bogen, 3 Luftm, 1 feste M in den Eck-Bogen, 5 Luftm, 2 Doppstb in den Eck-Bogen, 5 Luftm, 1 feste M in den Eck-Bogen, 3 Luftm, 1 feste M in den folg Luftm-Bogen, 5 Luftm, 1 Doppstb in denselben Luftm-Bogen, ab * noch 2mal wdh, 18 mal (1 Doppstb in den folg Luftm-Bogen, 5 Luftm, 1 feste M in denselben Luftm-Bogen, 3 Luftm, 1 feste M in den folg Luftm-Bogen, 5 Luftm, 1 Doppstb in denselben Luftm-Bogen) 1 Doppstb in den folg Luftm-Bogen, 5 Luftm, 1 feste M in denselben Luftm-Bogen, 3 Luftm, 1 feste M in den Eck-Bogen, 5 Luftm, 2 Doppstb in den Eck-Bogen, 5 Luftm, 1 feste M in den Eck-Bogen, 3 Luftm, 1 Kettm in die 1. feste M.
3. Rd: Je 1 Kettm in die ersten 4 Luftm des folg Bogens, 1 feste M in die letzte Luftm dieses Bogens, 1 feste M in das folg Doppstb, 1 feste M zwischen die 2 Doppstb, 1 feste M in die erste Luftm des folg Bogens, 1 feste M in den folg Luftm-Bogen, 18mal (6 Luftm, 1 feste M in den folg Luftm-Bogen, 1 feste M in das folg Doppstb, 1 feste M zwischen die 2 Doppstb, 1 feste M in die 1. Luftm des folg Bogens, 1 feste M in denselben Bogen), 6 Luftm, 1 feste M in den folg Luftm-Bogen, 1 feste M in das folg Doppstb, 5 Luftm, 1 feste M in die 1. Luftm des folg Bogens, 1 feste M in den folg Luftm-Bogen, * 19mal (6 Luftm, 1 feste M in den folg Luftm-Bogen, 1 feste M in das folg Doppstb, 1 feste M zwischen die 2 Doppstb, 1 feste M in die 1. Luftm des folg Bogens, 1 feste M in denselben Bogen), 6 Luftm, 1 feste M in den folg Luftm-Bogen, 1 feste M in das folg Doppstb, 5 Luftm, 1 feste M in die 1. Luftm des folg Bogens, 1 feste M in den folg Luftm-Bogen, ab * noch 2mal wdh, 3 Luftm, 1 Doppstb in die 1. feste M.
4. Rd: 1 feste M in das Doppstb, 4 Luftm, 1 feste M über dasselbe Doppstb, * 19mal (5 Luftm, 1 Doppstb in die folg feste M, 2 feste M übergehen, 1 Doppstb in die folg feste M, 5 Luftm, 1 feste M in den folg Luftm-Bogen, 4 Luftm, 1 feste M in denselben Luftm-Bogen), 5 Luftm, 1 Doppstb in denselben Luftm-Bogen, in den Eck-Bogen (1 Doppstb, 5 Luftm, 1 feste M, 4 Luftm, 1 feste M, 5 Luftm, 1 Doppstb), 1 Doppstb in den folg Luftm-Bogen, 5 Luftm, 1 feste M in denselben Bogen, 4 Luftm, 1 feste M in denselben Bogen, ab * noch 2mal wdh, 19mal (5 Luftm, 1 Doppstb in die folg feste M, 2 feste M übergehen, 1 Doppstb in die folg feste M, 5 Luftm, 1 feste M in den folg Luftm-Bogen, 4 Luftm, 1 feste M in denselben Bogen), 5 Luftm, 1 Doppstb in denselben Luftm-Bogen, in den Eck-Bogen (1 Doppstb, 5 Luftm, 1 feste M, 4 Luftm, 1 feste M, 5 Luftm, 1 Doppstb), 1 Doppstb in den folg Luftm-Bogen, 5 Luftm, 1 Kettm in die 1. feste M. Den Faden abschneiden.
5. Rd: Mit Garn A in einem Eck-Bogen 1 Kettm und in denselben Bogen 1 feste M arbeiten, 83mal (5 Luftm, 1 feste M in das folg Doppstb, 3 Luftm, 1 Kettm in die 1. dieser 3 Luftm, so daß ein Picot entsteht, 1 feste M in das folg Doppstb, 5 Luftm, 1 feste M in den folg Luftm-Bogen), 5 Luftm, 1 feste M in das folg Doppstb, 3 Luftm, 1 Kettm in die 1. dieser 3 Luftm, so daß ein Picot entsteht, 1 feste M in das folg Doppstb, 5 Luftm, 1 Kettm in die 1. feste M. Den Faden abschneiden und vernähen.

Weiß und Rot

Die feste Spitzenumrandung wird in abwechselnden Farbreihen gearbeitet und erhält als Abschluß einen zierlichen Bogenrand. Für eine einfarbige Arbeit würde ein 20-g-Knäuel genügen. Ein Musterrapport über 3 M mißt etwa 4 mm.

WAS SIE BRAUCHEN:
- DMC-Häkelgarn Nr. 80, je 20 g in Rot (A) und in Weiß (B)
- Garnhäkelnadel Nr. 0,60
- feines Leinen, 28 x 28 cm

Anleitung: Zunächst die Stoffkanten von rechts mit Garn A wie folgt umhäkeln: pro Seite 194 feste M und pro Ecke 1 feste M arbeiten (=780M); die Runde mit 1 Kettm in die 1. feste M schließen.
Den Faden abschneiden.
1. Rd: Mit Garn B in die Eckm 1 Kettm und 1 feste M arbeiten, 6 Luftm, 1 Stb in die Eckm, * 64mal (3 Luftm, 2 feste M übergehen, 1 Stb in die folg feste M), 3 Luftm, 2 feste M übergehen, in die Eckm 1 Stb und dann 2mal 3 Luftm und 1 Stb arbeiten, ab * noch 2mal wdh, 64mal (3 Luftm, 2 feste M übergehen, 1 Stb in die folg feste M), 3 Luftm, 2 feste M übergehen, 1 Stb in die Eckm, 3 Luftm, 1 Kettm in die 3. Luftm.
2. Rd: 1 Luftm, 1 feste M in den aus 6 M bestehenden Luftm-Bogen, 4 Luftm, 1 feste M in den folg Luftm-Bogen, 64mal (4 Luftm, 1 feste M in denselben Luftm-Bogen, 1 feste M in den folg Luftm-Bogen), *4 Luftm, 1 feste M in denselben Luftm-Bogen, 2mal (4 Luftm, 1 feste M in den folg Luftm-Bogen), 65mal (4 Luftm, 1 feste M in denselben Luftm-Bogen, 1 feste M in den folg Luftm-Bogen), ab * noch 2mal wdh, 4 Luftm, 1 feste M in denselben Luftm-Bogen, 4 Luftm, 1 feste M in den folg Luftm-Bogen, 4 Luftm, 1 Kettm in die 1. feste M der Vorreihe. Den Faden abschneiden.
3. Rd: Mit Garn A 1 Kettm in den Anfang des 1. Luftm-Bogens nach dem Eck-Bogen und dann in diesen Bogen 5 feste M häkeln, *5 feste M in den folg Luftm-Bogen, ab * bis zum Ende der Rd wdh und mit 1 Kettm in die 1. feste M enden. Den Faden abschneiden.
4. Rd: Mit Garn B 1 Kettm in die 3. der 5 festen Eckm häkeln, 6 Luftm, 1 Stb in dieselbe feste M, 66mal (3 Luftm, 4 feste M übergehen, 1 Stb in die folg feste M), *3 Luftm, 4 feste M übergehen, in die feste Eckm 1 Stb und dann 2mal 3 Luftm und 1 Stb, 67mal (3 Luftm, 4 feste M übergehen, 1 Stb in die folg feste M), ab * noch 2mal wdh, 3 Luftm, 4 feste M übergehen, 3 Luftm, 1 Stb in die feste Eckm, 3 Luftm, 1 Kettm in die 3. Luftm des Bogens.
5. Rd: 1 Luftm, 1 feste M in den folg Luftm-Bogen (erster Bogen aus 3 Luftm nach dem Eck-Stb), 67mal (4 Luftm, 1 feste M in denselben Bogen, 1 feste M in den folg Bogen), *4 Luftm, 1 feste M in denselben Bogen, 2mal (4 Luftm, 1 feste M in den folg Bogen), 68mal (4 Luftm, 1 feste M in denselben Bogen, 1 feste M in den folg Bogen), ab * noch 2mal wdh, 4 Luftm, 1 feste M in denselben Bogen, 4 Luftm, 1 feste M in den folg Bogen, 4 Luftm, 1 Kettm in die 1. feste M. Den Faden abschneiden.
6. Rd: wie die 3. Rd.
Den Faden abschneiden und vernähen.

tip

Größer oder kleiner

Nach allen drei Anleitungen lassen sich ebenso kleinere oder größere runde wie rechteckige Stoffstücke umhäkeln. Wichtig ist nur, daß Rand beziehungsweise Seitenkanten ein Vielfaches eines Musterrapports messen.

Duftige Maschinenspitzen

Wer mit der Maschinenstickerei ein wenig vertraut ist, kann an nur einem Nachmittag diese dekorativen Blumenranken aus zarter Spitze anfertigen und sie auf schlichter Tischwäsche applizieren. Wasserlösliche Stoffe machen es möglich.

Neuartige Materialien geben Ihnen die Möglichkeit, mit freier Maschinenstickerei Muster zu arbeiten, die Sie dann später als Verzierung aufnähen. Sie brauchen hierbei keine Angst vor Fehlern zu haben, die nur schwer zu korrigieren wären, und erzielen sogar ganz ungewöhnliche, aparte Ergebnisse. In kürzester Zeit entstehen filigrane Stickereien, die Sie zu zauberhaften plastischen Applikationen für Tischwäsche und Kleidungsstücke zusammenstellen können. Wenn Sie die fertige Stickerei in Wasser legen, löst sich der transparente Unterstoff, und das Muster bleibt als zartes Fadennetz bestehen.

▼ *Zauberhafte Verzierung*

Diese mit der Nähmaschine schnell und einfach gestalteten, plastischen Blumenranken in Rot und Grün verwandeln ein schlichtes weißes Platzdeckchen mit passender Serviette und Serviettenring in eine reizvolle Tischdekoration.

Die Gestaltungsmöglichkeiten mit diesen „Wunderstoffen" sind schier unbegrenzt. Lassen Sie Ihrer Phantasie freien Lauf, und kombinieren Sie lockere, offene Spitze mit dichtem, festem Gewebe zu immer neuen Variationen. Sie können Wäschestücke wie Taschentücher, Servietten und Tischdecken oder auch Ihre Kleidung an Kragen oder Taschen verzieren und aus verschiedenen Garnen, Farben und Stichen originelle Motive gestalten. Darüber hinaus lassen sich auch schmückende Einsätze arbeiten oder sogar aus dichtem Gewebe ganze Stoffteile in der gewünschten Form fertigen.

Materialien

Garne: Unterschiedliche Garne ergeben auch unterschiedliche Effekte. Kombinieren Sie beispielsweise Metallstickgarn mit Seiden- oder mehrfarbigen Garnen, arbeiten Sie Bänder ein oder nähen Sie Perlen auf. Sie erzielen immer wieder neue Ergebnisse.

Wasserlösliche Stoffe: Es gibt zwei verschiedene Materialien. Das eine erinnert an hellblauen Organza, wird mit heißem Wasser aufgelöst und läßt sich im großen und ganzen recht einfach verarbeiten. Das andere ähnelt eher einer Plastikfolie, wird in kaltem Wasser gelöst und ist etwas schwieriger zu handhaben.

In heißem Wasser lösliches Material: Dieser Stoff läßt sich etwas einfacher besticken als der in kaltem Wasser lösliche. Spannen Sie ihn in einen Stickrahmen, dessen inneren Ring sie zuvor mit Band umwickelt haben. Der Rahmen sollte so flach sein, daß er sich problemlos unter dem Füßchen Ihrer Nähmaschine durchschieben läßt. Das Material ist transparent, so daß Sie das Muster von der Vorlage mit einem weichen Bleistift direkt übertragen können. Nach dem Besticken den Stoff aus dem Stickrahmen nehmen, in eine

Geranien-Motiv

Diese wunderschönen zarten Geranienblüten wurden auf wasserlöslichem Material gestickt. Die plastische Wirkung erzielen Sie, indem Sie jedes Teil einzeln arbeiten, dann die Motive zusammenfügen und kleine Perlen als Staubgefäße in die Mitte der Blüten nähen. Schattiertes Maschinenstickgarn, kombiniert mit Metallstickgarn, verleiht dem Motiv eine besonders leuchtende Farbintensität.

WAS SIE BRAUCHEN:

- In kaltem Wasser löslicher Stoff
- DMC Maschinenstickgarn in schattiertem Rot (106) und Grün (94)
- Metallstickgarn in Gold
- DMC Perlgarn in Grün
- kleine rosa Perlen und Perlnadel zum Annähen
- flacher Stickrahmen mit umwickeltem Innenring
- weicher Bleistift
- feine Maschinennadel, Stärke 70
- Styroporplatte

GERANIENBLÄTTER FERTIGEN

Die Blätter werden in schattiertem Grün als Oberfaden und Metallstickgarn als Unterfaden gearbeitet. Für rein grüne Blätter spulen Sie einen grünen Unterfaden auf. Jedes einzelne Motiv hat ein Blatt.

1 **Mit weichem Bleistift** das Blattmuster auf den wasserlöslichen Stoff übertragen. Das Kopieren ist leichter, wenn Sie den Stoff in einen Stickrahmen spannen.

2 **Nähfuß** an der Maschine entfernen und Transporteur versenken. Maschine auf „Stopfen" stellen und die entsprechenden Anweisungen für Ihre Maschine befolgen. Stickrahmen unter die Nadel schieben, Nähfußlüfter senken und Unterfaden heraufholen.

3 **Konturen** in freien Stichen nachsticken. Linien 2–3mal übernähen. Einige Linien kreuzen, um das Muster zusammenzubinden. Zur Überprüfung Arbeit gegen das Licht halten.

Schüssel legen und heißes Wasser darübergießen. Das Material schrumpft zusammen. Sie streichen die Stickerei wieder glatt und rubbeln dabei eventuelle Stoffreste ab. Die Spitze ist jetzt etwas steif. Sie wird weicher, wenn Sie sie kurz in warmes Wasser tauchen. Vorsichtig herausnehmen und auf Papiertüchern trocknen lassen oder mit rostfreien Nadeln auf ein Stück Styropor in Form stecken.

In kaltem Wasser lösliches Material: Dieser Stoff läßt sich etwas schwieriger besticken, ist dafür aber leichter auflösbar. Auch er ist durchsichtig, und das Motiv kann mit einem weichen Bleistift mühelos von der Vorlage kopiert oder aufgezeichnet werden. Beim Besticken mit der Maschine müssen Sie jegliches Zerren vermeiden, damit der Stoff sich nicht dehnt oder reißt. Arbeiten Sie – wie beim Stopfen – ohne Nähfuß, mit versenktem Transporteur (nicht vergessen, den Stoffdrückerhebel zu senken!) und feiner Nadel (70). Notfalls können Sie das Material auch doppelt verarbeiten. Schon ein kurzes Schwenken in kaltem Wasser löst den Stoff auf. Deshalb das Motiv bei offenen, zarten Mustern vor dem Eintauchen auf Styropor feststecken.

tip **Erst üben**

Es empfiehlt sich, das gewünschte Motiv zunächst probeweise zu sticken. So ist es zum Beispiel sehr wichtig, daß die einzelnen Sticklinien fest zusammenhängen. Auch bei einem möglichen Farbwechsel muß die bisherige Farbe mit der folgenden verbunden sein, da das Muster nach dem Auflösen des Unterstoffes sonst auseinanderfällt.

4 Überstehenden Stoff rund um das Muster zurückschneiden. Stickerei mit Nadeln auf einem Stück Styropor in Form stecken und in eine Schüssel mit kaltem Wasser tauchen, damit sich der Unterstoff auflöst. Sofort wieder herausnehmen und festgesteckt zum Trocknen legen.

GERANIENBLÜTEN FERTIGEN

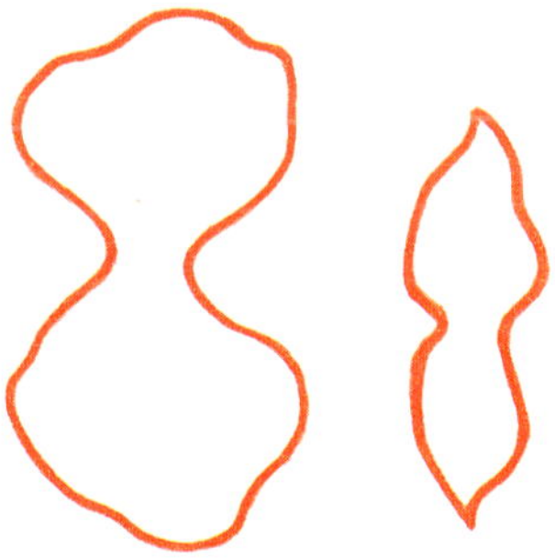

Die Blütenblätter werden immer paarweise gearbeitet. Die Doppelblätter anschließend quer übereinanderlegen und zuletzt festnähen. Jede Geranienblüte besteht aus zwei großen Doppelblättern und einem kleinen Doppelblatt.

1 Blütenform mit rot schattiertem Maschinenstickgarn sticken, wie bei den Blättern beschrieben. Dabei die Umrisse als Richtlinie nehmen, aber etwas nach innen abweichen, damit die Form interessanter wird.

2 Die getrockneten Blütenblätter kreuzförmig aufeinanderlegen und von Hand in der Mitte zusammennähen. Abschließend einige kleine Perlen als Staubgefäße aufnähen.

► Originelle Ohrringe

Die einzelnen filigranen Motive aus leuchtend roten Geranienblüten, metallic-grün schimmernden Blättern, zarten Knospen und Samenkapseln lassen sich auch zu besonders aparten Ohrringen verarbeiten. Fertigen Sie die nötigen Einzelmotive an, und befestigen Sie am oberen Rand des grün-goldenen Blattes einen goldenen Ohrstecker.

tip **Geeignete Stifte**

Verwenden Sie zum Übertragen des Musters auf keinen Fall einen wasserlöslichen Filzstift. Beim Auflösen des Stoffes würde die Farbe auslaufen und die fertige Stickerei verderben. Nehmen Sie statt dessen einen weichen Bleistift oder – noch besser – einen Phantomstift.

KNOSPEN UND SAMEN

Knospen und Samenkapseln müssen wesentlich dichter gearbeitet werden als Blüten und Blätter. Den inneren Bereich mit dichten, überlappenden Stichen füllen. Für die Samenkapseln Metallstickgarn und grün schattiertes Maschinenstickgarn als Ober- und Unterfaden verwenden. Die Knospen oben grün und unten rot sticken.

STENGEL FERTIGEN

Für die Stengel wird ein Perlgarnfaden doppelt genommen, auf den Stoff gelegt und mit kleinen Zickzackstichen in Gold zusammengenäht.

MOTIVE ERSTELLEN

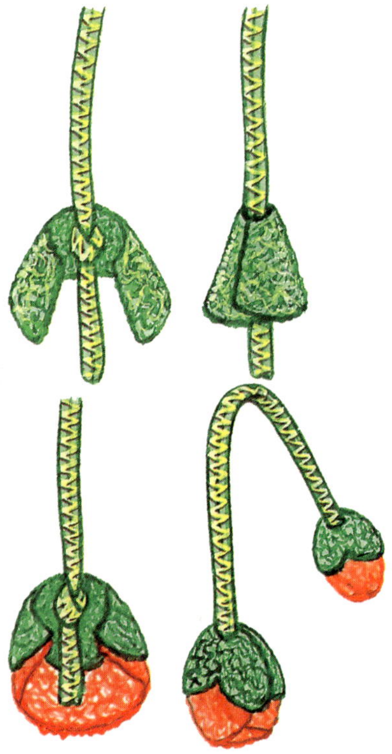

Kurze Stengelstücke zuschneiden, jeweils an den Enden verknoten und eine Knospe oder eine Samenkapsel um die Enden nähen. Die freien Stengelenden und ein Blatt zwischen zwei Blüten legen und alles in kleinen Stichen mit der Hand zusammennähen.

Bestickte Tafelwäsche

WAS SIE BRAUCHEN:

- Wasserlöslicher Stoff
- Leinen, 60 x 90 cm (für ein Set, Serviette und Serviettenring)
- einfacher Serviettenring
- Stickgarne und Stickrahmen wie oben angegeben
- Textilleim für den Serviettenring
- feine Maschinennadel, Stärke 70

PLATZDECKCHEN

1 **Aus dem Leinen** ein 51 x 35 cm großes Rechteck zuschneiden. Rundum 1 cm Saum einschlagen und absteppen. Die Ecken können entweder rechtwinklig (gerade Ecken) oder diagonal (Kuvertecken) gelegt werden.

2 **Auf der rechten Stoffseite** doppelten Perlgarnfaden rundum über die Saumnaht legen, so daß sie verdeckt ist, und mit engem Zickzackstich aufsteppen.

3 **Motive** entsprechend Mustervorlage (rechts) auf den wasserlöslichen Stoff übertragen und Blüten, Blätter, Stengel, Knospen und Samenkapseln wie oben beschrieben sticken.

4 **Stoff** in Wasser auflösen. Getrocknetes Geranienmotiv wie auf dem vorderen Foto dargestellt arrangieren und auf das Platzdeckchen nähen.

SERVIETTE

Aus dem Leinen ein 46 x 46 cm großes Quadrat schneiden. Rundum 1 cm Saum einschlagen. Mit Maschinenzierstich in grünem Garn säumen. Die einzelnen Motive entsprechend der Mustervorlage (rechts) auf den wasserlöslichen Stoff übertragen und aussticken.

SERVIETTENRING

Den Ring mit Leinen beziehen. Dazu linke Stoffseite mit Textilleim bestreichen und glatt andrücken. Zwei Blüten, ein Blatt, eine Knospe und drei Samenkapseln an Stengel sticken, auf dem Ring anordnen und aufnähen.

Feingestochene Muster

Das kunstvolle Perforieren von Papier ist eine simple, jedoch faszinierende Technik, mit der Sie zauberhafte nostalgische Deko- und Geschenkartikel im Nu gestalten können. Als Vorlage dienen alte Spitzen- und Stickmuster.

Nur mit der Nadel können Sie auf ein Stück Papier die schönsten Muster zaubern, die wie wertvolle Spitze oder feine Stickereien anmuten. Sie brauchen das Muster Ihrer Wahl nur zu kopieren und durchzupausen.

Stich für Stich

Feingestochene Lochmuster sind zauberhafte Verzierungen für viele dekorative Extras, ob Sie nun Ihr Briefpapier mit einem persönlichen Monogramm versehen, Gruß- oder Menükarten ausarbeiten oder Ihre Wohnung mit Bildmotiven in nostalgischer Papiermalerei schmücken wollen. Zum Perforieren brauchen Sie eine wattierte Unterlage. Gestochen wird mit einer Nadel oder Ahle in einer zu Papier- und Mustergröße passenden Stärke. Eine größere Plastizität erhält das Muster, wenn Sie abwechselnd Vorder- und Rückseite einstechen.

Materialien

Mustervorlagen: Wählen Sie Muster mit klaren Konturen, sie sind leichter nachzuarbeiten.
Papiere zum Durchstechen sollten wegen der dichten Lochreihen glatt und relativ fest sein, dünnes Papier reißt zu schnell ein. Gut geeignet ist Briefpapier, matt oder glänzend, ebenso jede Art von Zeichenpapier. Am besten fertigen Sie vorher ein Muster an und probieren daran aus, welches Dessin sich gut perforieren läßt.
Nadeln mit scharfer Spitze brauchen Sie, um das Papier sauber durchstechen zu können. Benutzen Sie verschieden starke Nähnadeln oder Ahlen passend zu Papier- und Mustergröße.
Polyestervlies oder dicken Filz benötigen Sie als Stechunterlage, darunter sollten Sie Pappkarton zum Schutz der Tischplatte legen. Wichtig ist eine gleichmäßig ebene Fläche, damit die Nadel immer gleich tief einsticht.
Weitere Hilfsmittel sind Bleistift, Radiergummi, schwarzer Fineliner und Transparentpapier; eine scharfe Schere, um die Umrandungen auszuschneiden, und Tesakrepp (schwach klebend), um die Papierteile zu fixieren.

▲ ***Persönliche Note***
Stich für Stich entsteht in der Technik des Perforierens kunstvoll verziertes Briefpapier.

▲ ***Gleichmäßige Bogenkante***

Einen regelmäßigen Bogenabschluß erhalten Sie, indem Sie ein fortlaufendes Muster abpausen und in gleichmäßigen Abständen auf das Stechpapier übertragen, einstechen und entlang der Bogenkontur zuschneiden.

Muster kopieren

Nehmen Sie das Muster mit Transparentpapier so sorgfältig wie möglich von Ihrer Vorlage ab, und übertragen Sie es mit einfachen, klaren Linien deutlich auf Ihr Stechpapier, so daß Sie den Bleistiftkonturen mit der Nadel mühelos folgen können. Dabei die Bleistiftstriche jedoch nicht allzu prägnant auftragen, damit Sie später eventuell sichtbare Linien vorsichtig ausradieren können.
Zum Übertragen halten Sie das Transparentpapier am besten vor eine Lichtquelle, beispielsweise vors Fenster, oder legen Sie es auf einen von unten beleuchteten Glastisch. Legen Sie das Stechpapier davor, und kopieren Sie deutlich die durchscheinenden Konturen der Mustervorlage ab.

1 Kopieren Sie das Originalmuster auf Transparentpapier, und ziehen Sie die Konturen mit schwarzem Fineliner nach. Kleben Sie zuerst diese Vorlage auf ein Fenster, und befestigen Sie darüber Ihr Stechpapier. Vorsichtig mit Klebeband fixieren und die Linien dünn nachzeichnen.

2 Sie können das Transparentpapier mit dem Stechpapier auch auf einen Glastisch legen, den Sie von unten mit einer Lampe (ohne Schirm) anstrahlen. Auch auf diese Weise ist das Muster auf dem Papier klar zu erkennen und kann problemlos abkopiert werden.

Muster stechen

Glatte und erhabene Löcher entstehen, wenn Sie auf Vorder- und Rückseite des Stechpapiers arbeiten. Dazu muß das Muster auf beiden Seiten übertragen werden. Einer Bogenkante geben Sie Struktur, wenn die Bogenform durch zwei parallel verlaufende Lochreihen hervorgehoben wird.

1 Legen Sie Ihr Stechpapier zuerst mit der Vorderseite auf die mit Polyestervlies oder dickem Filz vorbereitete Unterlage. Von dieser Seite aus eingestochene Löcher zeigen glatte Ränder. Entscheiden Sie bereits vor Arbeitsbeginn, welche Löcher auf der Schauseite glatt bleiben sollen, und perforieren Sie zunächst alle in Frage kommenden Konturen dieser Bereiche.

2 Stechen Sie die Löcher mit leichtem Druck und regelmäßigen Handbewegungen ein. Halten Sie gleichmäßige Abstände zwischen den einzelnen Einstichen von mindestens Lochgröße, damit das Papier nicht einreißt; zuvor eine Musterprobe anfertigen.

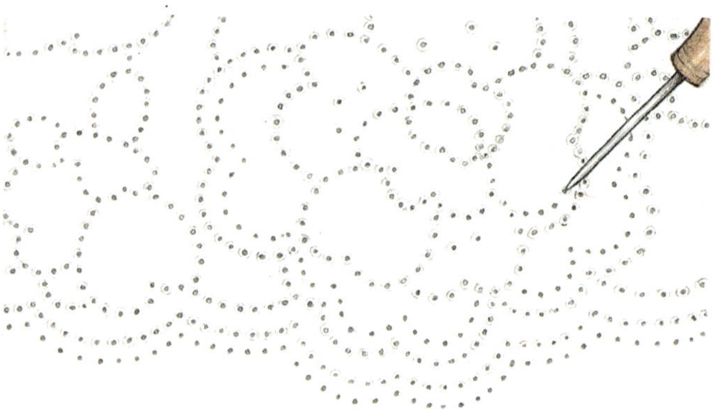

3 Löcher, die auf der Schauseite erhaben wirken sollen, werden von der Rückseite aus eingestochen. Dazu drehen Sie das Papier um. Nutzen Sie die bereits vorhandenen Löcher als Richtlinie für die weitere Perforierung der Konturlinien.

► ***Aus dem Handgelenk***

Ahle oder Nadel möglichst in konstanter Position halten. Unterschiedlich große Einstiche innerhalb eines Musters ergeben reizvolle Kontraste.

Stich-Variationen

Mit einer spitzen Nadel erzielen Sie ein sehr feines Lochmuster, ideal für ein kleineres, dezent wirkendes Dessin. Stärkere Nadeln oder Ahlen sollten Sie nur bei großzügigen Dessins einsetzen. Zu große Einstiche wirken plump und verfälschen den spitzenartigen Charakter.

▼ ***Gerahmte Initialen***

Dieses zarte Lochmuster-Bild in nostalgischem Rahmen läßt auf den ersten Blick eine kunstvolle Stickarbeit vermuten – Blütenkranz und Initialen sind jedoch gestochen.

tip

Ziersticche

Mit Ihrer Nähmaschine können Sie kleine, sich wiederholende Zierstichmuster gestalten. Versuchen Sie zunächst einfache Lochreihen in allen möglichen Stichvarianten auf Schreibmaschinenpapier, und probieren Sie gleichzeitig verschiedene Nadelstärken aus. Mit einer Zwillingsnadel können Sie zwei parallel verlaufende Musterreihen anlegen. Um Farbe in das Muster zu bringen, einfach buntes Maschinenstickgarn einfädeln.

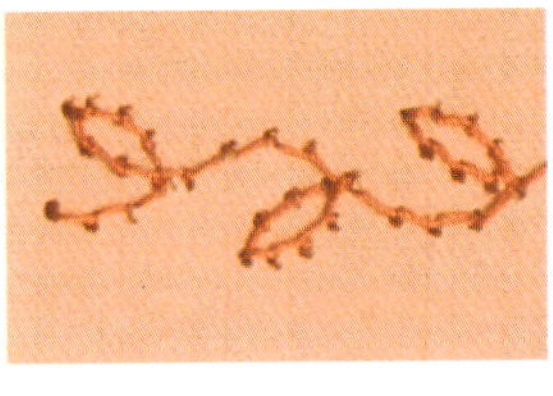

Design-Ideen

Spitzen-Streifen

Die Perforierung verleiht den Tapetenzierstreifen Spitzen-Look.

Geschenkte Schmuckstücke

Unter diesen dekorativen Ohrgehängen verbergen sich hölzerne Gardinenringe. Mit seidigen Bändern umwickelt und mit kleinen Perlen, glitzernden Pailletten oder farbigem Stickgarn verziert, avancieren die schlichten Holzringe zu extravagantem Ohrschmuck.

▼ Wie Sterne am Nachthimmel

Blaues Seidenband verhüllt das rohe Holz, winzige weiße Perlen, mit zwei Stichen angenäht, sorgen für festlichen Glanz: Diese hübschen Ohrgehänge erfordern wenig Zeitaufwand, sprechen jedoch für viel Phantasie und Schick der Trägerin.

Ohrringe anfertigen

Mit Bändern, Perlen und Pailletten werden Gardinenringe zu Ohrgehängen.

WAS SIE BRAUCHEN:

- Zwei Gardinenringe aus Holz mit Feststellschraube, 4 cm Ø
- zwei Ohrfedern
- zwei Dekorationsnadeln
- 2 m Band, 6 bis 12 mm breit
- Goldschmied- oder Kettelzange
- transparenter Klebstoff

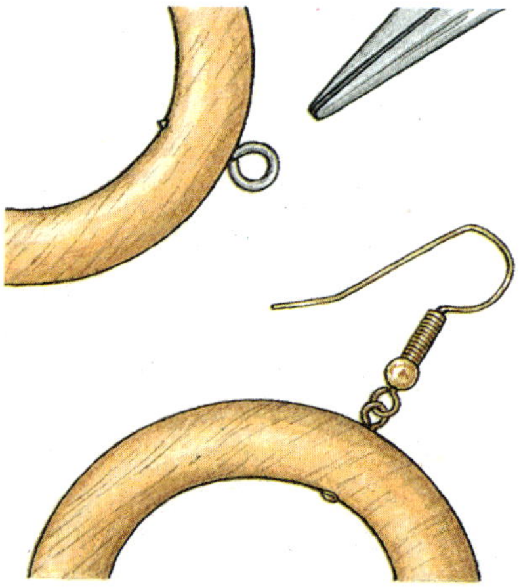

1 Ohrringe vorbereiten: Achten Sie schon beim Einkaufen darauf, daß die Dekorationsnadeln in Material und Farbton zu den Ohrfedern passen. Die Schraube aus dem Ring herausdrehen. Eine Dekorationsnadel von innen durch das Loch stecken, so daß der Kopf am Innenrand des Ringes liegt. Rutscht er durch, mit etwas Klebstoff fixieren. Das Nadelende muß auf der anderen Seite 12 mm herausragen, den Rest abzwicken. Mit der Zange eine Öse in das Nadelende biegen, in die Ohrfeder einhängen und nun die Öse ganz schließen.

2 Ohrringe verzieren: Das Band in zwei gleich lange Hälften schneiden. Einen Ring, beginnend an der Öse, fest mit einer Bandhälfte umwickeln. Den Bandanfang mit einbinden, festhalten und die Umwicklungen etwas überlappen lassen. An der Ausgangsposition angekommen, wird das Bandende flach unter die letzte Umwicklung geschoben, festgezogen und das überstehende Stück abgeschnitten. Das Ende mit einigen nicht sichtbaren Stichen sichern. Den zweiten Ring ebenso umwickeln.

ZWEIFARBIGE OHRRINGE

Um einen Holzring zweifarbig zu gestalten, wird er zunächst mit Band in einer der gewählten Farben umwickelt, wobei sich die Bandkanten jedoch nicht überlappen, sondern in gleichmäßigen Abständen zueinander liegen. Die Bandenden, wie in Schritt 2 beschrieben, fixieren. Anschließend das zweite, andersfarbige Band so um den Holzring wickeln, daß es die Abstände zwischen den ersten Umwicklungen abdeckt und gleichmäßige Streifen des ersten Bandes frei bleiben. Bandenden ebenso sichern.

OHRRINGE MIT PERLEN

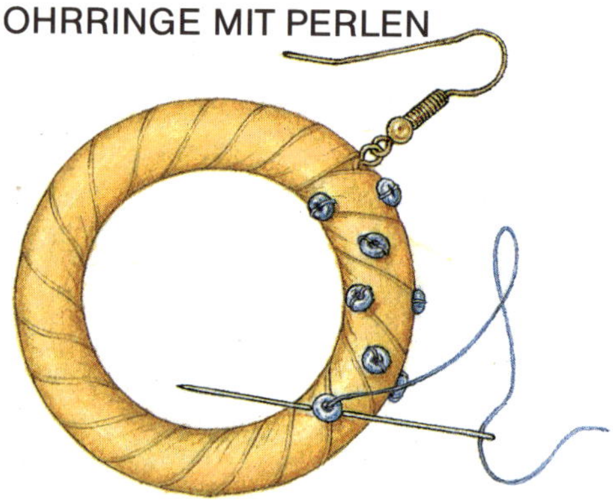

Auch für diese Variante werden die Ringe zunächst mit Band umwickelt. Anschließend die kleinen Perlen mit einer dünnen Perlennadel und farblich passendem Garn mit zwei Stichen annähen. Den Faden bis zur nächsten Perlenposition unsichtbar unter dem Band herführen.

PAILLETTEN-OHRRINGE

Diese Art der Verzierung wirkt besonders elegant und festlich. Sie benötigen dazu zwei Paillettenschnüre, je 1 m lang, und passende Lack- oder Plakafarbe. Die Holzringe, wie in Schritt 1 beschrieben, vorbereiten. Dann mit der Farbe anmalen. Wenn die Farbe völlig trocken ist, die Paillettenschnüre um die Ringe wickeln und die Enden einfach mit Klebstoff sichern.

Filigraner Drahtschmuck

Schmuckstücke zum Verschenken aus der eigenen Werkstatt: Mit Silber- oder Messingdraht und Perlen lassen sich attraktive Ohrringe, filigrane Broschen und ausgefallene Anhänger „zurechtbiegen".

▼ ***Schwungvolle Kreation***

Zu verschlungenen Formen gebogener Messingdraht, darin eingearbeitet feine, schimmernde Perlmuttperlen und als krönender Abschluß farbig leuchtende Glassteine.

Schmuck-Set aus Silberdraht

Die Mittel sind einfach, das Ergebnis besticht durch Zartheit und Eleganz. Silberdraht wird mit einer Rundzange in phantasievolle Formen gebogen, und hübsche Perlen, farblich passend ausgewählt zur Garderobe, vollenden das „kostbare" Schmuckdesign. Silberdraht erhalten Sie überall in Bastel- oder Perlengeschäften, er kostet nicht viel und ist leicht zu verarbeiten.

OHRRINGE

Die sanft geschwungenen Ohrgehänge enden in einer dekorativen Spirale. Zwischen den Biegungen des Silberdrahts sind die Glasperlen sicher fixiert und bleiben damit in der gewünschten Position.

WAS SIE BRAUCHEN:

- Silberdraht, zwei Stücke à 20 cm, 1 mm dick
- zwei silberne Ohrfedern
- zwei mittelgroße, blaue Glasperlen
- zwei kleine, grüne Glasperlen
- Rundzange oder Kettenzange mit Drahtabschneider

▶ ***Ton in Ton***

Zartblaue Perlen wurden hier passend zum Kleid in Ohrringe und Kettenanhänger eingearbeitet. Solch zauberhafter Schmuck aus dem eigenen „Studio" ist übrigens auch ein schönes Geschenk für die Freundin.

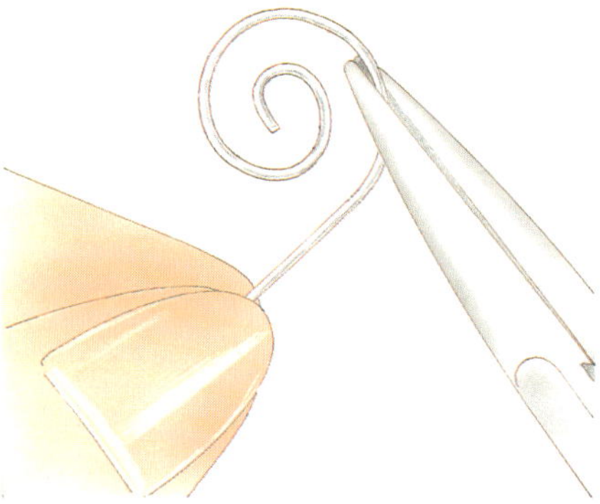

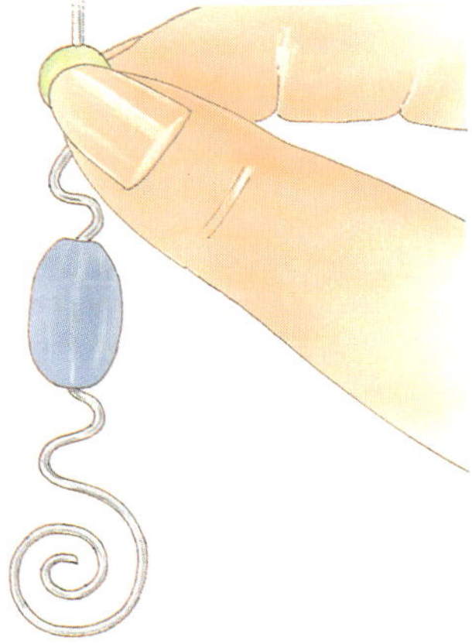

1 **Spirale formen:** Das Ende eines Silberdrahtstückes mit der Rundzange greifen und um die Zangenspitze herum zu einem engen Bogen biegen. Im folgenden die Zange am Draht entlangführen und diesen dabei nach und nach zu einer gleichmäßigen Spirale formen.

2 **Ohrring aufbauen:** Über der Spirale den Draht mit der Zange zweimal zu einem Halbkreis biegen. Den Rest des Drahtes begradigen und eine blaue Perle so auffädeln, daß sie direkt über dem zweiten Halbkreis liegt. Darüber zwei weitere Halbkreise biegen. Zum Schluß mit der Zange das letzte Stück Draht wieder geradebiegen und eine grüne Perle auffädeln.

3 **Ohrring fertigstellen:** Den Draht 3 mm über der grünen Perle zu einem kleinen Bogen biegen. Eine Ohrfeder einfädeln und den Bogen zu einer Öse schließen. Das Drahtende unter der Öse zweimal um den Draht wickeln. Überschüssigen Draht mit dem Drahtabschneider kürzen. Den zweiten Ohrring genauso anfertigen.

KETTENANHÄNGER

Ob dicht gewunden oder nur leicht gebogen, Silberdraht läßt sich in jede beliebige Form bringen. Der kunstvoll gedrehte Kettenanhänger wirkt zwar recht kompliziert, ist aber gar nicht so schwer nachzuarbeiten. Passend zu den Ohrringen werden in die Windungen des Drahtes kleine Perlen eingesteckt, eine große, tropfenförmige Glasperle in Blau prangt am Ende als wirkungsvoller Höhepunkt.

WAS SIE BRAUCHEN:

- 55 cm Silberdraht, 1 mm dick
- drei kleine Glasperlen, eine grüne, eine amberfarbene und eine weiße
- eine mittelgroße blaue Glasperle
- Rundzange mit Drahtabschneider
- 1 m schmales Band oder Seidenkordel

▼ ***Designerstücke***

Edel und filigran wirken diese zauberhaften Schmuckstücke, die zu duftigen Sommerkleidern eine besonders aparte Ergänzung bilden.

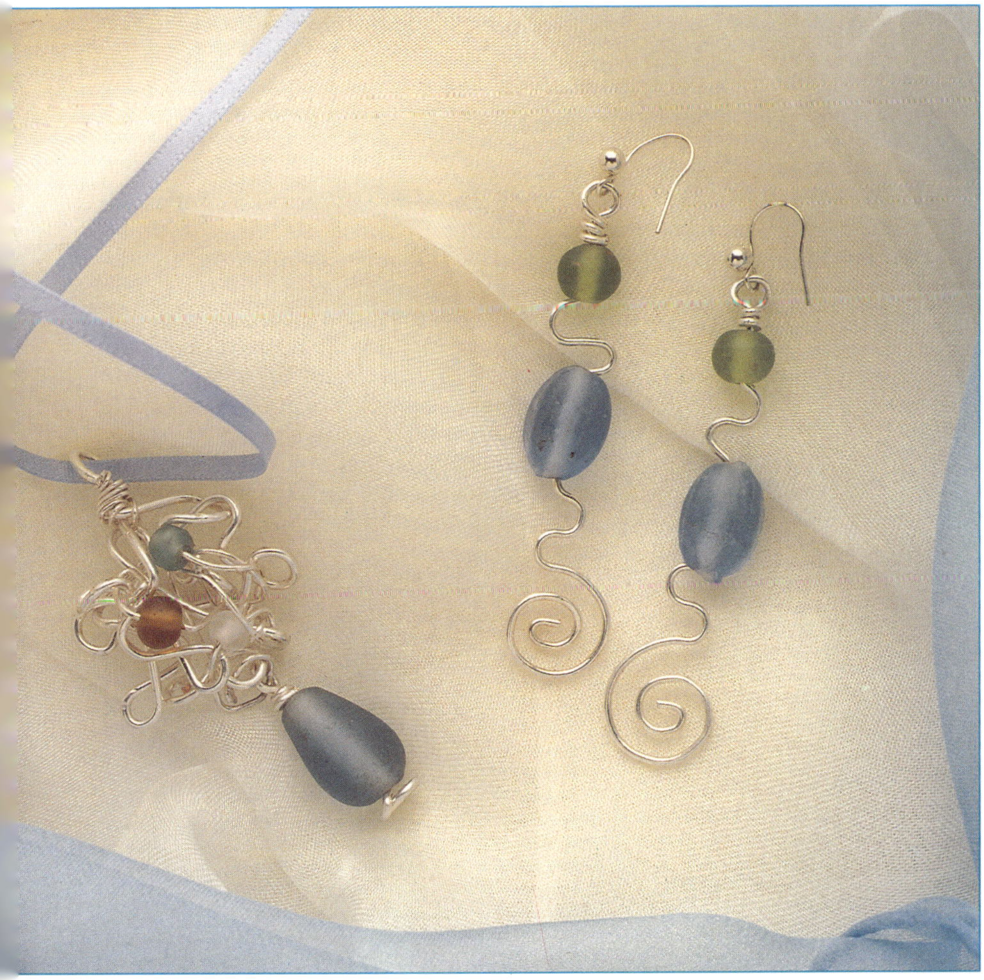

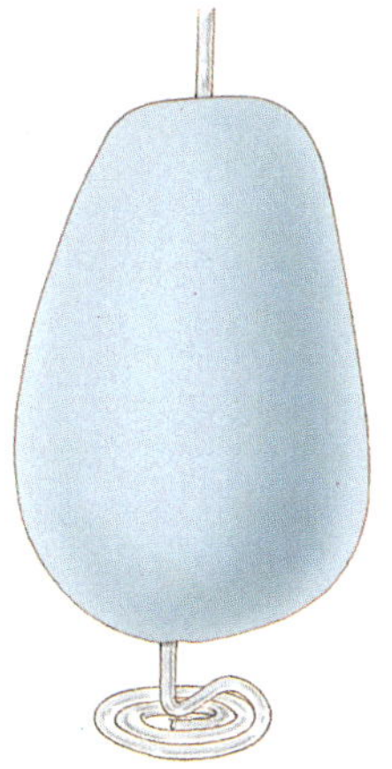

1 **Große Perle auffädeln:** Ein 15 cm langes Stück Draht abschneiden und ein Ende zu einer engen Schlinge biegen. Die Schlinge mit der Zange festhalten und mit der freien Hand den Draht zweimal dicht um die Zange wikkeln, so daß eine Spirale entsteht. Den Draht zur Mitte der Spirale umbiegen, dann im rechten Winkel gerade hochführen. Die blaue Perle auffädeln und den Draht darüber zu einer Öse formen. Das Ende zweimal um die Basis der Öse wickeln. Überschüssigen Draht zurückschneiden.

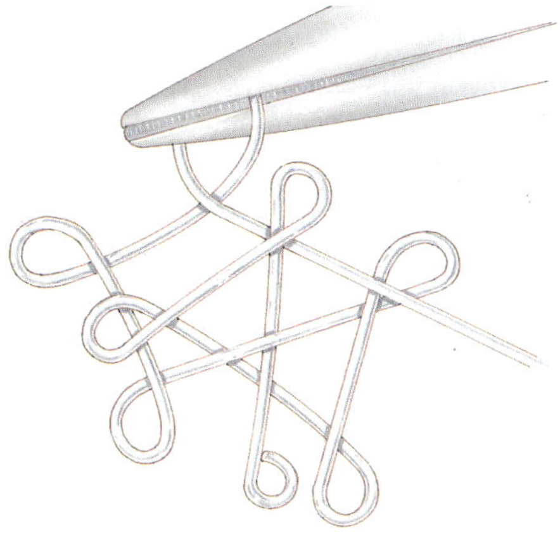

2 **Drahtwindungen formen:** Ein Ende des restlichen Drahtes mit der Zange ringförmig umbiegen. Die Zange 2 cm weiter wieder ansetzen und die nächste Schlinge formen. Auf diese Weise in regelmäßigen Abständen große und kleine Schlingen legen, dabei den Draht vor- und zurückführen und abwechselnd über und unter schon vorhandene Schlingen ziehen, um die Biegungen zu sichern.

3 **Perlen einarbeiten:** Sobald der Anhänger die gewünschte Grundform hat, am unteren Ende eine Schlinge biegen und die blaue Perle einhängen. Danach weitere Biegungen arbeiten, bis der Anhänger nahezu vollendet ist. Nun den Draht in der Mitte nach außen führen und eine kleine Perle auffädeln. Draht hinter einige Schlingen biegen, erneut nach vorne führen und die zweite Perle auffädeln. Vorgang wiederholen und die dritte Perle einarbeiten. Zuletzt den Draht am oberen Ende hinausführen.

4 **Anhänger fertigstellen:** Den Draht zu einer Öse formen und das Ende mehrmals um die Ösenbasis winden, dann zurückschneiden. Bändchen oder Seidenkordel durch die Öse ziehen und die Enden verknoten.

Messingohrringe

Verschlungene Wege gehen diese individuellen Ohrgehänge aus gedrehtem Messingdraht. Sie können hierbei selbst dünne Messingdrähte verzwirnen oder bereits fertig gedrehten Draht in Bastel- oder Perlengeschäften kaufen. In die beliebigen Windungen, die die dekorative Grundform bilden, arbeiten Sie kleine, schimmernde Perlen ein. Als Farbtupfer bilden zwei bunte Glasperlen den Abschluß.

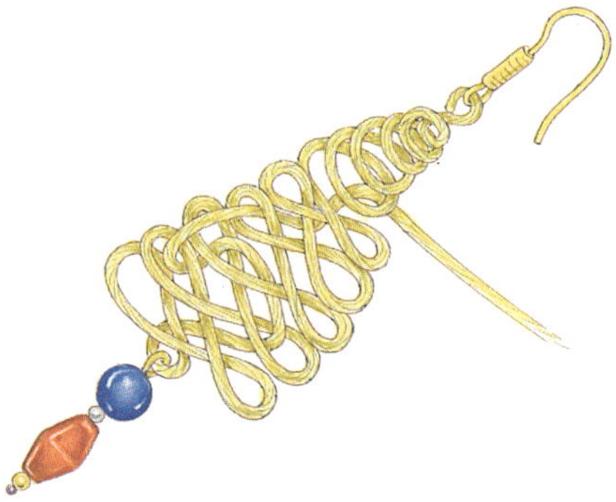

WAS SIE BRAUCHEN:

- 2 m mittelstarker, gedrehter Messingdraht
- zwei goldene Ohrfedern
- zwei kurze, goldene Nietstifte
- zehn kleine Perlmuttperlen
- zwei kleine, goldene Perlen
- zwei mittelgroße, runde Glasperlen in Blau
- zwei längliche Glasperlen in Rot
- Rundzange mit Drahtabschneider

1 **Perlen auf die Nietstifte fädeln:** Auf jeden Stift eine goldene, eine rote, eine perlmuttfarbene und eine blaue Perle auffädeln. Mit der Zange die Spitze der Nietstifte zu einer Öse biegen und eventuell kürzen.

2 **Ohrring aufbauen:** Zwei 70 cm lange Drahtstücke schneiden. Bei einem Stück ein Ende zu einer kleinen Schlinge biegen. Eine Ohrfeder einhängen und die Schlinge zur Öse schließen. Den Draht in langsam größer werdenden Windungen drei- bis viermal um die Ösenbasis wickeln.

3 **Ohrring formen:** Mit der Rundzange den Draht in mehrere Achten legen, die nach unten zunehmend größer werden. Bei einer Ohrringlänge von etwa 5 cm enden. Den Draht zur unteren Mitte führen, eine kleine Schlinge bilden und einen Nietstift mit Perlen einhängen. Den Draht durch den Ohrring nach oben führen, dabei vor und zurück durch die Schlingen ziehen, um die Form zu sichern. Zum Schluß das Drahtende in der Ohrringmitte verankern und eventuell überschüssigen Draht zurückschneiden.

4 **Perlen einarbeiten:** Das restliche, 60 cm lange Drahtstück in Einzeldrähte teilen. Ein Drahtende oben am Ohrring um die Ösenbasis wickeln. Anschließend den Draht durch die Schlingen hindurch nach unten führen, dabei in beliebigen Abständen die perlmuttarbenen Perlen auffädeln. Zuletzt den Draht an der untersten Schlaufe befestigen und das Ende mit dem Drahtschneider zurückschneiden. Den zweiten Ohrring ebenso arbeiten.

Blütenbroschen

Filigrane Blüten aus Messingdraht mit einer glänzenden Perle in der Mitte bilden einen hübschen Blickfang am Revers einer leichten Jacke oder einer eleganten Bluse. Gleich mehrere Blüten als „Strauß“ angesteckt, wirken besonders effektvoll.

WAS SIE BRAUCHEN:

- Mittelstarker Messingdraht, zwei Stücke à 40 cm
- eine mittelgroße Perlmuttperle
- goldfarbene Broschennadel
- Rundzange mit Drahtabschneider

1 **Blüte formen:** Das Ende eines Drahtes mit der Zange zu einer kleinen Schlinge biegen. Dann den Draht zu einem etwa 2 cm langen Blütenblatt formen. Das Drahtende durch die Anfangsschlinge ziehen und ein zweites Blatt bilden. Auf diese Weise sechs Blütenblätter biegen. Zuletzt den Draht zur Unterseite der Blüte führen.

2 **Blüte fertigstellen:** Das zweite Drahtstück mit dem Ende des ersten zusammendrehen und durch die mittlere Schlinge nach oben führen. Nacheinander um die Blütenblätter winden, dabei nach jedem Blatt wieder durch die Mittelschlinge ziehen. Zum Schluß das Drahtende in der Mitte der Blüte nach oben führen.

3 **Perle einarbeiten:** Die Perle auf das Drahtende fädeln, den Draht auf die Unterseite der Blüte führen und um die Verbindung der beiden Drahtstücke schlingen. Die Blätter am Ansatz zur Perle hin hochdrücken. Das letzte Drahtende auf der Unterseite zu einer kleinen Öse umbiegen und zweimal um die Ösenbasis wickeln. Überschüssigen Draht abschneiden. Die Broschennadel zum Anstecken durch diese Öse führen.

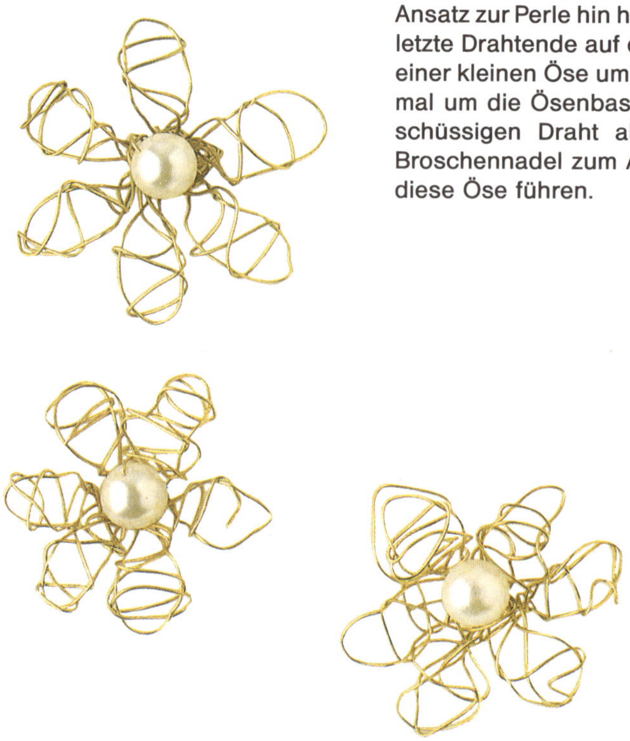

Bastschmuck-Set

Sommerliches Schmuck-Set für die Freundin: Umwickeln Sie ein paar banale Armreifen mit buntem Bast. Toll dazu die Teller-Ohrringe und eine Haarspange.

In Bastelgeschäften wird Bast in einer riesigen, fröhlich-bunten Farbpalette angeboten. Er kostet nicht viel und ist kinderleicht zu verarbeiten. Schon ein Bündel von nur zehn Gramm reicht aus, um mehrere Teile komplett zu umwickeln, so daß Sie beispielsweise Ihrer lieben Freundin zum Geburtstag eine besondere Freude bereiten können. Bei all diesen originellen „Juwelen" wird eine Grundform, wie etwa ein einfacher Kunststoff-Armreif oder ein Kreis aus festem Karton, gleichmäßig und dicht mit Bast umwickelt. Nun brauchen Sie nur noch entsprechendes Zubehör, das Sie ebenfalls im Bastelgeschäft erhalten, und die schicken Ohrclips oder die witzige Haarspange sind komplett. Wählen Sie knallige, freche Farbtöne in mutigen Kombinationen.

▲ ***Farbtupfer mit Pfiff***

Ergänzen Sie Ihre Sommergarderobe mit pfiffigen Accessoires in leuchtenden Farben. Diese modischen Ohrringe, Armreifen und die Haarspange aus Bast stellen Sie blitzschnell und fast zum Nulltarif her.

Teller-Ohrringe

Große, kreisförmige Ohrringe, mit leuchtend buntem Bast umwickelt, sind ein echter Sommer-Hit und runden Ihre Garderobe schick ab. Die wirkungsvollen Accessoires werden mit Ohrhaken versehen oder auf eine flache Clipvorrichtung geklebt.

WAS SIE BRAUCHEN:

- Bast
- fester Karton, mindestens 9 x 9 cm
- Zirkel, scharfe Schere
- Stopf- oder Sticknadel
- zwei Ohrhaken oder -clips
- Schmuckzange

▼ ***Toller Blickfang***

Perfekt passen die leuchtend blauen Ohrringe zum gleichfarbigen Rock.

1 Kreise aus Karton anfertigen: Mit dem Zirkel zwei Kreise von 4 cm Durchmesser auf den Karton zeichnen und ausschneiden. Bei beiden Kreisen das beim Vorzeichnen schon leicht markierte Loch in der Mitte mit der Zirkelspitze durchstechen und mit einem Bleistift etwas erweitern.

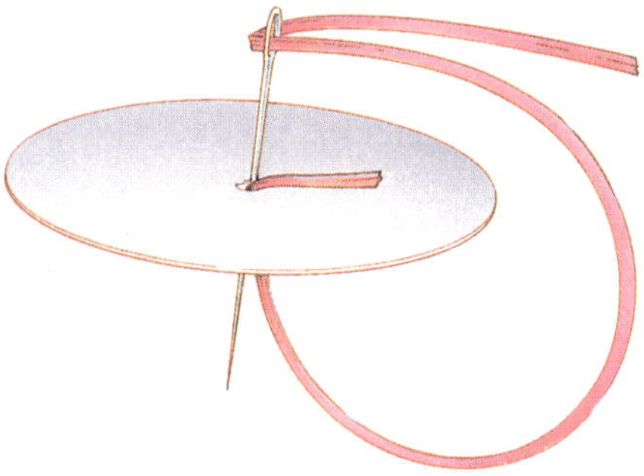

2 Bastfaden sichern: Einen Bastfaden in die Nadel einfädeln und durch das Loch in der Kreismitte ziehen. Das Fadenende mit einem Finger auf der Kreisfläche festhalten. Den Bastfaden über die Außenkante der Scheibe herum und wieder durch das Loch führen. Bastfaden strammziehen, so daß das lose Ende auf der Rückseite gesichert ist.

3 Mit Bast umwickeln: Den Bast immer wieder um die Kreisscheibe wickeln, bis sie mit einer gleichmäßig dichten Schicht völlig abgedeckt ist. Sollte die Fadenlänge nicht ausreichen, einen neuen Faden einfädeln, sichern und fortfahren. Zuletzt das Fadenende ein Stück unter die Wickelschicht ziehen und abschneiden.

4 Ohrhaken anbringen: Sollen die Ohrringe locker herabbaumeln, mit der Zirkelspitze dicht am Außenrand der Scheibe ein kleines Loch einstechen. Mit Hilfe der Schmuckzange einen Zwischenring einschieben, zukneifen und den Ohrhaken einhängen. Öse zusammendrücken. Sie können die Scheiben auch mit Alleskleber auf flache Ohrclips aufkleben.

▲ ***Passende Haarspange***

Für die Anfertigung der länglichen Haarspange benötigen Sie nichts weiter als ein Stück Karton, eine flache Spange und Alleskleber. Aus dem Karton einen Streifen von 8 x 3 cm schneiden. Zuerst längs, dann quer mit Bast umwickeln und wie beschrieben alle Fadenenden sichern. Zuletzt den Streifen auf die Spange kleben.

▼ ***Armreifen wie Regenbogen***

Passende Armreifen machen das sommerliche Schmuck-Set komplett. Umwickeln Sie preiswerte Holz- oder Kunststoffreifen fest mit farbigem Bast. Witzig sehen sie mit mehreren leuchtenden Farben aus.

Aparte Arm- und Haarreifen

Mit dekorativen Stoffstreifen umwickelt und mit glitzernden Pailletten oder Perlen verziert, erhalten schlichte Arm- und Haarreifen modischen Schick.

Hübscher individueller Modeschmuck läßt sich preiswert und in vielfältigsten Variationen passend zu jeder Garderobe gestalten. Erweitern Sie Ihre Schmuck-Kreationen mit aparten Arm- und Haarreifen, die mit dezenten Bändern umwickelt und anschließend mit Kordeln oder Perlen verziert sind.
Für den textilen Untergrund können Sie sowohl in Streifen geschnittene Stoffstücke als auch fertige Bänder verwenden. Die Oberfläche des Gewebes sollte nicht zu glatt sein. Am besten wählen Sie für diesen Zweck Stoffe und Bänder aus Leinen, Baumwolle oder Seide.

Was sich eignet

Mit schönen Kordeln, Bordüren, Litzen, Perlen, Pailletten, sogar mit Münzen kann man die Reifen sehr dekorativ gestalten. Besonders apart wirkt der Kontrast zwischen samtigen Kordeln, schmalen Bändern und zierlicher Perlenstickerei oder zwischen matten Litzen und glänzenden Gold- und Silberborten. Auch sanft schimmernde Schaumperlen ergeben mit leicht glänzenden Schnüren auf pastelligem Grund sehr elegante Effekte.
Kramen Sie einfach mal in Ihrer Restekiste und in alten Schmuckschatullen. Aussortierte, aus der Mode gekommene Kleinigkeiten erweisen sich oft als echter Fundus für hübsche, aktuelle Accessoires.

Wickeltechniken

Experimentieren Sie mit unterschiedlichen Stoffbreiten, und wickeln Sie mal gerade, mal schräg. Lassen Sie den Stoffstreifen bauschig überlappen, oder dehnen Sie ihn leicht, wenn er straff sein soll. Die Enden mit kleinen Stichen sichern.

Materialien und Zubehör

Außer Arm- und Stirnreifen, Stoffen und Dekorationsmaterial brauchen Sie Näh- und Stecknadeln, passendes Nähgarn und eine Schere. Schneiden Sie den Stoff zu Schrägstreifen oder im Fadenlauf. Legen Sie den Streifen links auf links, schlagen Sie ihn auf die erforderliche Breite ein, und streichen oder bügeln Sie ihn glatt, ehe Sie beginnen.

▲ ***Perlen auf Seide***

Ton in Ton auf die Kleidung abgestimmt, wurden verschieden breite Reifen, mal locker, mal fester mit rosa Seide umwickelt und mit weißen Perlen und Schnüren verziert.

ARMREIFEN DEKORIEREN

Armreifen können gerade oder schräg umwickelt werden. Die Stoffenden sichern Sie mit kleinen Stichen auf der Innenseite. Zierlitzen oder -schnüre sowie Perlen werden aufgenäht.

1 Armreif umwickeln: Ein Stoffende auf der Innenseite des Reifens festhalten, den Streifen fest darüberwickeln und dann straff und gleichmäßig um den Reifen winden. Die Ränder sollten sich dabei leicht überlappen, damit der Untergrund des Reifens nicht durchscheint.

2 Ende vernähen: Wenn der Reifen ganz umwickelt ist, schneiden Sie den überschüssigen Stoffstreifen auf der Reifeninnenseite ab. Das Ende mit der Scherenspitze sorgfältig unter die letzte Stoffstreifenlage schieben und mit ein paar Stichen festnähen.

3 Fertigstellen: Beim Dekorieren mit Schnüren und Litzen den Anfang auf der Innenseite unter eine Stofflage schieben, mit einigen Stichen sichern. Mit der Litze ein Muster formen und auf der Außenseite aufnähen. Bandende wie den Anfang versäubern und Perlen oder Pailletten aufnähen.

Schleife anfertigen

Krönender Abschluß für Ihren Haarreifen ist eine Schleife aus gleichem Stoff, verziert mit einer glänzenden Goldschnur.

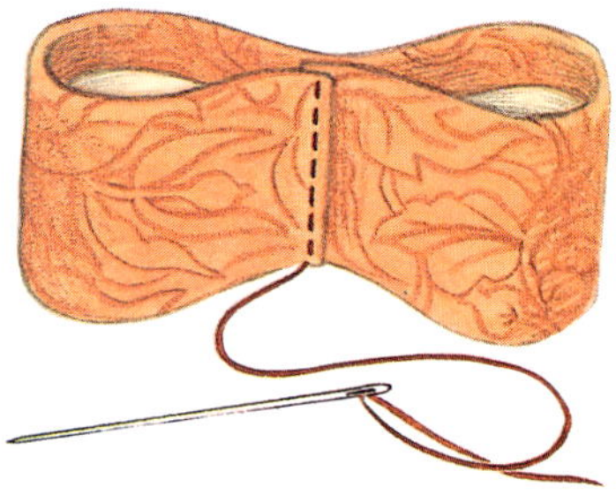

Schneiden Sie einen Stoffstreifen auf die gewünschte Länge (richtet sich nach der Größe der Schleife). Beide Stoffenden zur Mitte hin einschlagen, überlappen lassen und mit kurzen Heftstichen zusammenhalten. Den Faden anziehen und die Kräuselung absichern. Wickeln Sie nun die Goldschnur drei- oder viermal um die Schleifenmitte. Überstand abschneiden und die Schnur an der Rückseite mit ein paar Stichen sichern. Die Schleife auf den bereits umwickelten Haarreifen nähen.

HAARREIFEN UMWICKELN

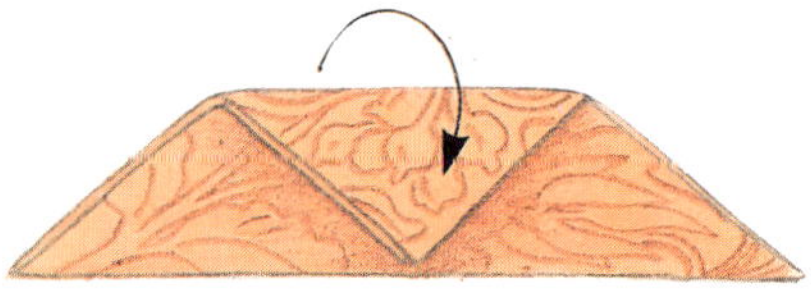

1 Stoff vorbereiten: Ein quadratisches Stück Stoff falten Sie, wie oben abgebildet, diagonal zu einem etwa 7 cm breiten Streifen, bei einem Rechteck schlagen Sie die Längsseiten auf die gewünschte Breite ein.

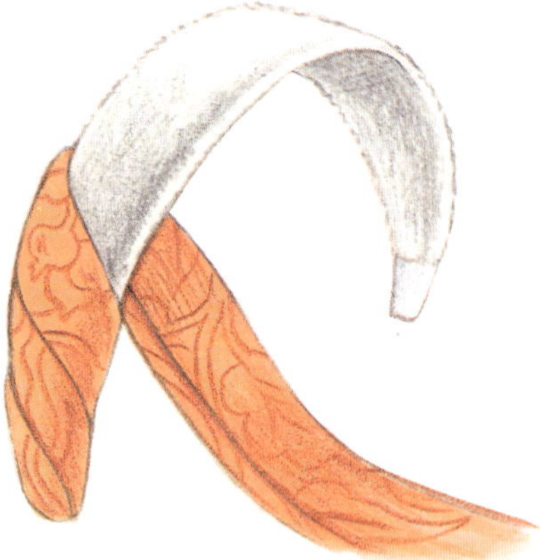

2 Haarreifen umwickeln: Den Haarreifen quer über den Stoffstreifen legen und das Stoffende darüberschlagen. Wickeln Sie den Stoff ein paarmal schräg um den Reifen, so daß das Stoffende verdeckt ist. Bei sehr glattem Gewebe oder sperrigem Stoff die Lagen am besten mit einigen verdeckten Stichen sichern. Den Reifen gleichmäßig bis zum Ende umwickeln.

3 Ende versäubern: Das Stoffende auf die Innenseite des Reifens umschlagen, unter eine Lage schieben und vorsichtshalber noch mit einigen Stichen sichern, damit der Stoff nicht verrutschen kann.

Papiermaché-Modeschmuck

Superleichtes Papiermaché ist ein ideales Material für die Herstellung von originellem Modeschmuck in den schönsten Farben und Formen.

Das außerordentlich vielseitige und dazu noch umweltschonende Papiermaché ist nicht nur für Bastelarbeiten aller Art sehr beliebt. Preiswert und einfach in der Herstellung, läßt sich mit der aus Altpapier und Kleister bestehenden Modelliermasse auch sehr reizvoller Modeschmuck zum Verschenken gestalten. Im Handumdrehen können Sie für die nächste Party großformatige, dekorative Schmuckstücke anfertigen, wie beispielsweise diese fröhlich bunte Kette mit den passenden Armreifen.

Preiswerte Kreationen

Für das Set benötigen Sie außer Papier und Kleister fertige Plastikarmreifen als Modellierform und für die Perlen der Kette einfache Preßpapierkugeln. Die lustigen Anhänger werden aus Papiermachémasse geformt. Natürlich brauchen Sie noch Farben und Pinsel, um den Schmuck dekorativ zu verzieren.

▼ ***Sonne und Meer***

Die leuchtenden Farben von Sonne und Meer sind in diesem originellen Papiermaché-Schmuck eingefangen.

So wird's gemacht

Einfache Formen und leuchtende Farben wirken bei Schmuck aus Papiermaché am schönsten. Passen Sie die Bemalung den leichten Unebenheiten des Materials an. Farbstreifen, -tupfer und -sprenkel mit schnellen Pinselstrichen aufgetragen, verleihen dem Muster den Reiz kreativer Spontanität. Haben Sie erst einmal begonnen, mit diesem Material zu arbeiten, werden Sie schnell neue Gestaltungsideen entwickeln.

PAPIERMACHÉ-BREI

Der Brei wird aus fein zerrissenem Papier hergestellt. Weil eingeweichtes Papier erheblich weniger Masse ergibt, ist ein größerer Papiervorrat notwendig. Die Papierfetzen kocht man mit Wasser zu einem Brei auf, streicht ihn durch ein Sieb und vermischt ihn mit Kleister. Danach wird der Brei über eine Form modelliert.

WAS SIE BRAUCHEN:

- Zeitungs- oder Küchenpapier und jede Art von Altpapier
- Großer Kochtopf zum Aufkochen des Breis
- Eimer und Kochlöffel oder Holzstab zum Durchrühren des Papiermaché-Breis
- Mixer zum Zerkleinern der Papierschnitzel
- großes Sieb zum Passieren der Breimasse
- Tapetenkleister, Bastelkleister oder ein PVA-Klebstoff wie Ponal
- Gips als Zusatz zum Brei, er beschleunigt den Härtungsprozeß (nur sehr wenig beimischen)
- feines Sandpapier zum Glätten der Oberfläche
- Farben wie Plaka oder Bastellackfarben
- Klarlack bei Verwendung matt auftrocknender Farben als wasserfeste Schutzschicht
- Wasserfarbpinsel in feiner und mittlerer Stärke zum Aufmalen des Dekors
- Malerpinsel in mittlerer Stärke zum Auftragen von Kleister und Klarlack

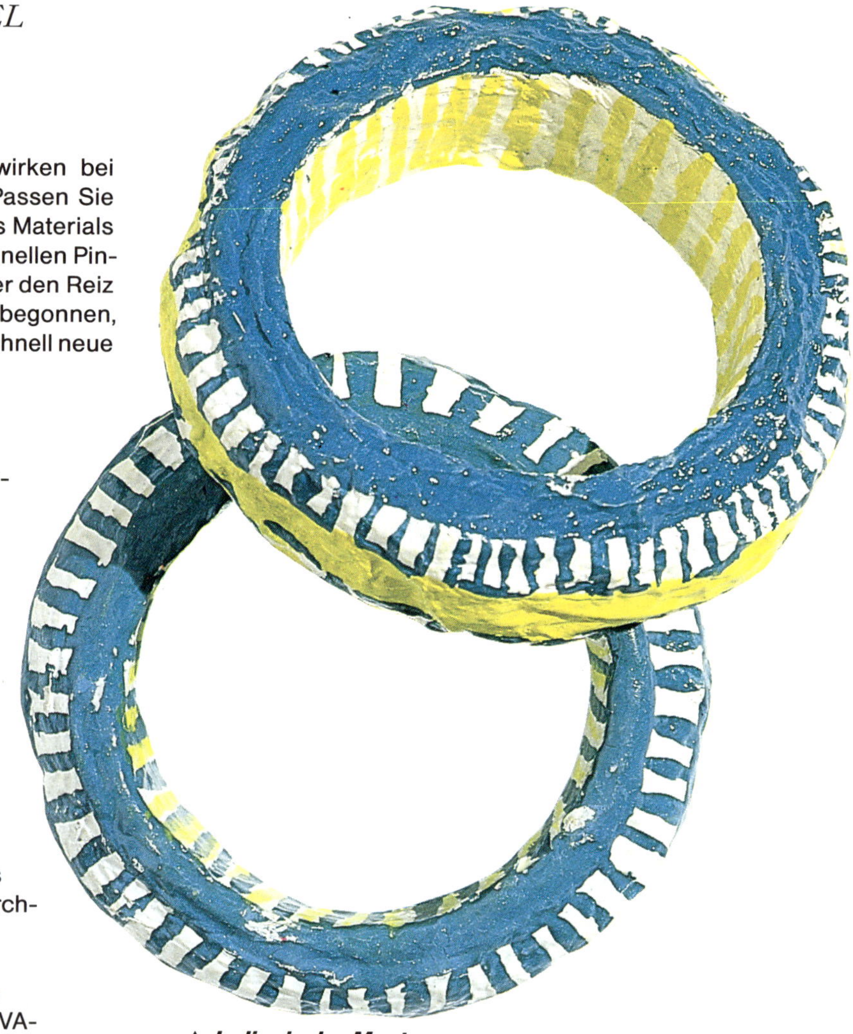

▲ ***Indianische Muster***
Geometrische Muster erinnern an alten Indianerschmuck.

1 **Zerreißen Sie das Papier** in sehr kleine Fetzen. Geben Sie das Material in einen Kochtopf, bis dieser zu Dreiviertel gefüllt ist. Dann soviel Wasser zugeben, bis die Schnipsel gerade bedeckt sind, das Ganze auf dem Herd erhitzen. Die Kochzeit beträgt ca. 15 Minuten.

2 **Die Masse in dem Eimer** zu einem glatten Brei rühren oder, wenn Sie sich die Arbeit erleichtern wollen, in kleinen Portionen in einen Mixer geben. Anschließend den Brei durch ein Sieb passieren und möglichst viel Wasser herausdrücken. Ist die Papiermasse zu naß, verrutscht sie auf der Modellierform.

3 **Den Tapetenkleister** nach der Gebrauchsanweisung anrühren und nach und nach mit der ausgedrückten Papiermasse vermengen. Die Mischung sollte so geschmeidig sein, daß sie sich gut verarbeiten läßt. Ist die Masse zu weich, geben Sie etwas Gips dazu.

Armreifen

Ungemein attraktiv und ganz leicht sind Armreifen aus massivem Pappmaché. Kopieren Sie das reizvolle Muster, oder lassen Sie einfach Ihre Phantasie spielen.

WAS SIE BRAUCHEN:
- Papiermaché-Brei
- zwei einfache Plastikarmreifen
- Plaka – oder Bastellackfarben
- Klarlack
- Pinsel

1 **Die Oberfläche der Reifen** innen und außen mit Sandpapier aufrauhen, damit das Papiermaché besser haftet, und den Brei in kleinen Portionen gleichmäßig um die Reifen modellieren. Wichtig ist, daß Sie den Reifen dann noch über ihre Hand streifen können.

2 **Lassen Sie die Armreifen** an einem warmen, luftigen Ort völlig durchtrocknen. Dieser Prozeß dauert unter Umständen sehr lange und stellt ihre Geduld möglicherweise auf die Probe. Anschließend kann die Oberfläche mit Sandpapier geglättet werden.

3 **Zum Bemalen halten Sie den Reifen** zwischen Zeigefinger und Daumen. Zunächst mit weißer Farbe grundieren und zuerst nur eine Reifenhälfte bemalen. Nach ausreichender Trocknungszeit wird die andere Hälfte dekoriert. Die Farbe vollständig trocknen lassen und eventuell innen und außen Klarlack auftragen.

Anhänger

Die hübschen flachen Anhänger entstehen aus übereinandergelegten und mit Kleister bestrichenen Papierfetzen.

WAS SIE BRAUCHEN:
- Papier für die Schichtmasse und einen Malerpinsel zum Auftragen des Kleisters
- Vaseline – die Arbeitsfläche dünn damit einreiben, damit das Papier nicht anklebt
- Cutter oder Skalpell, um die Formen auszustanzen
- Stopfnadel oder Schusterahle, um Löcher zu stechen

1 **Reißen Sie zunächst das Papier** in ungefähr 15 cm große Quadrate. Anschließend die Papierstückchen überlappend auf die eingefettete Arbeitsfläche legen und die Quadrate gut mit Kleister bestreichen. Legen Sie danach eine zweite Schicht auf, und streichen Sie mit dem Pinsel eventuell vorhandene Luftblasen heraus. Diesen Vorgang solange wiederholen, bis die Schicht eine Stärke von ungefähr 5 mm erreicht hat.

2 **Legen Sie die Papiermaché-Platte** auf eine saubere, unempfindliche Arbeitsplatte, und zeichnen Sie die gewünschten Formen auf. Die Umrisse der Anhänger vorsichtig mit einem Cutter ausschneiden. Die Ränder der ausgeschnittenen Formen mit Sandpapier glätten und Löcher zum Auffädeln stechen.

Modische Halskette

▲ ***Farben- und Formenspiel***

Die Aufsicht zeigt, wie reizvoll die unterschiedlich gestalteten Perlen und Anhänger zusammen wirken.

WAS SIE BRAUCHEN:

- Papiermaché-Anhänger
- 24 Preßpapierkugeln mit 20 mm Durchmesser
- Gummifaden oder Hutgummi (Gummifaden doppelt nehmen)
- Stopfnadel oder Schusterahle
- Stricknadeln
- Farben, Pinsel, Lack und Cutter

1 **Fertigen Sie auf die beschriebene Weise** sieben Anhänger an, und grundieren Sie diese mit weißer Farbe. Sobald die Farbe trocken ist, können Sie sich ans Verzieren machen. Blau und Gelb passen sehr gut zum „maritimen Look" der Kette.

2 **Die Preßpapierkugeln durchstechen** und auf Stricknadeln aufreihen. So fixiert, sind die Kugeln leicht zu bemalen und können zum Trocknen in ein Glas gestellt werden. Nach der Grundierung die Kugeln in blauen und gelben Farbtönen nach Belieben verzieren.

3 **Zum Auffädeln der Kette** benötigen Sie einen Gummifaden oder Hutgummi. Nehmen Sie den Gummi doppelt, und ziehen Sie ihn abwechselnd durch drei oder vier Kugeln und einen Anhänger. Nach jedem Anhänger wird das Gummiband verknotet. Es bleibt Ihnen überlassen, wie Sie die Reihenfolge gestalten. Hat die Halskette die gewünschte Länge, wird der Gummi am Ende verknotet. Die Fadenenden zur Sicherheit noch einmal durch drei bis vier Perlen ziehen.

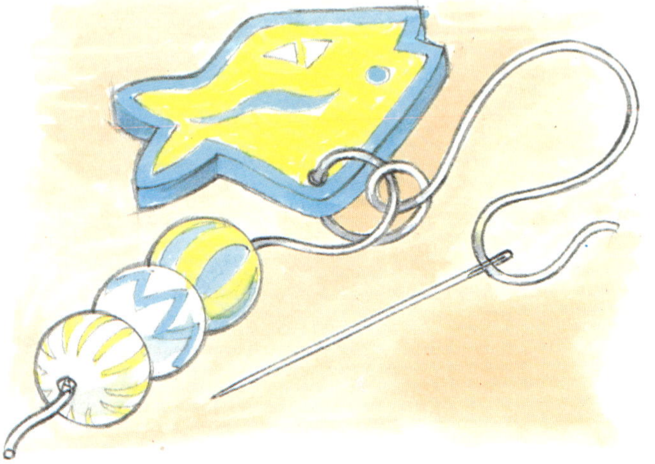

Phantasievolle Papierperlen

Aus dem unkomplizierten Werkstoff Papier lassen sich schmuckvolle Perlen in vielfältigen Formen und Farben für ausgefallene Ketten und Armbänder herstellen.

Papier wird häufig als typisches Bastelmaterial für Kinder betrachtet, das vermeintlich kaum kreative gestalterische Möglichkeiten bietet. Dabei lassen sich schon aus einfachstem Papier kunstvolle Objekte wie beispielsweise Modeschmuck herstellen. Nur aus ein paar kleinen gerollten Papierstreifen können Sie extravagante Ketten, Armbänder und Accessoires preiswert in vielfältigen Variationen gestalten und verschenken. Versuchen Sie es einfach, die Mühe lohnt sich.

▼ ***Federleichte Perlenketten***

Federleicht und dennoch erstaunlich stabil sind die aus unterschiedlich breiten und langen Papierstreifen gedrehten Perlen dieser drei zauberhaften Halsketten.

Mit Papier gestalten

Geschnittene oder gerissene Papierstreifen sind das Ausgangsmaterial für schicke Perlen. Man arbeitet entweder mit Einzelblättern oder verleimten Papierschichten. Anstelle von stärkerem Papier empfehlen sich die robusteren und weit geschmeidigeren verleimten Streifen. Denken Sie daran, daß sich Papier beim Verleimen unterschiedlich stark ausdehnt bzw. zusammenzieht und dabei leicht wellig wird. Diesen Effekt sollten Sie stets einkalkulieren. Außerdem hängt die Schönheit der Papierperlen auch von der Art und Weise ab, in der die Streifen geschnitten bzw. gerissen werden. Probieren Sie unbedingt vor dem eigentlichen Arbeitsbeginn aus, wie sich die einzelnen Papiersorten verarbeiten lassen.

Farbeffekte und Muster

Sie können die Papierstreifen oder die fertigen Perlen zunächst mit einer Grundfarbe kolorieren und in kontrastierenden Tönen Farbkleckse auftragen. Sehr effektvoll wirken auch die phantasievollen Muster ineinanderfließender Farben oder ein fein getupfter, gesprenkelter beziehungsweise gesprühter Auftrag. Schillernde Effekte können Sie mit leuchtenden Metallic-Farben erzielen, die auf dunklem Untergrund am schönsten zur Geltung kommen. Wählen Sie für sehr zarte Töne dagegen einen schlichten weißen Untergrund und für Pastell- und Naturfarben elegante Ton-in-Ton-Kombinationen. Gestalten Sie die Muster nach eigenen Ideen.

So wird's gemacht

Mit verleimten Papierstreifen, die Sie fest um ein Hölzchen oder eine Stricknadel wickeln, können Sie die unterschiedlichsten Perlen für Halsketten, Armbänder, Ohrringe und Haarschmuck formen. Aus sehr langen Streifen entstehen große, voluminöse Perlen, die sich zu auffälligem Schmuck oder aber auch zu einem originellen Vorhang aus Perlenschnüren verarbeiten lassen.
Vor dem Auffädeln auf Baumwoll-, Seiden-, Leder- oder Wollschnüre sollte man die Perlen zum Schutz mit Klarlack oder transparentem Nagellack überziehen.

WAS SIE BRAUCHEN:

- Papier
- Stricknadeln in unterschiedlichen Stärken, Schaschlik- oder Cocktailspießchen
- Schere oder Cutter; Metallschiene oder -lineal Vaseline
- Tapetenkleister oder Papierklebestift
- Künstlerpinsel
- Farbe (nach Belieben)
- Klarlack (nach Belieben)
- Karton

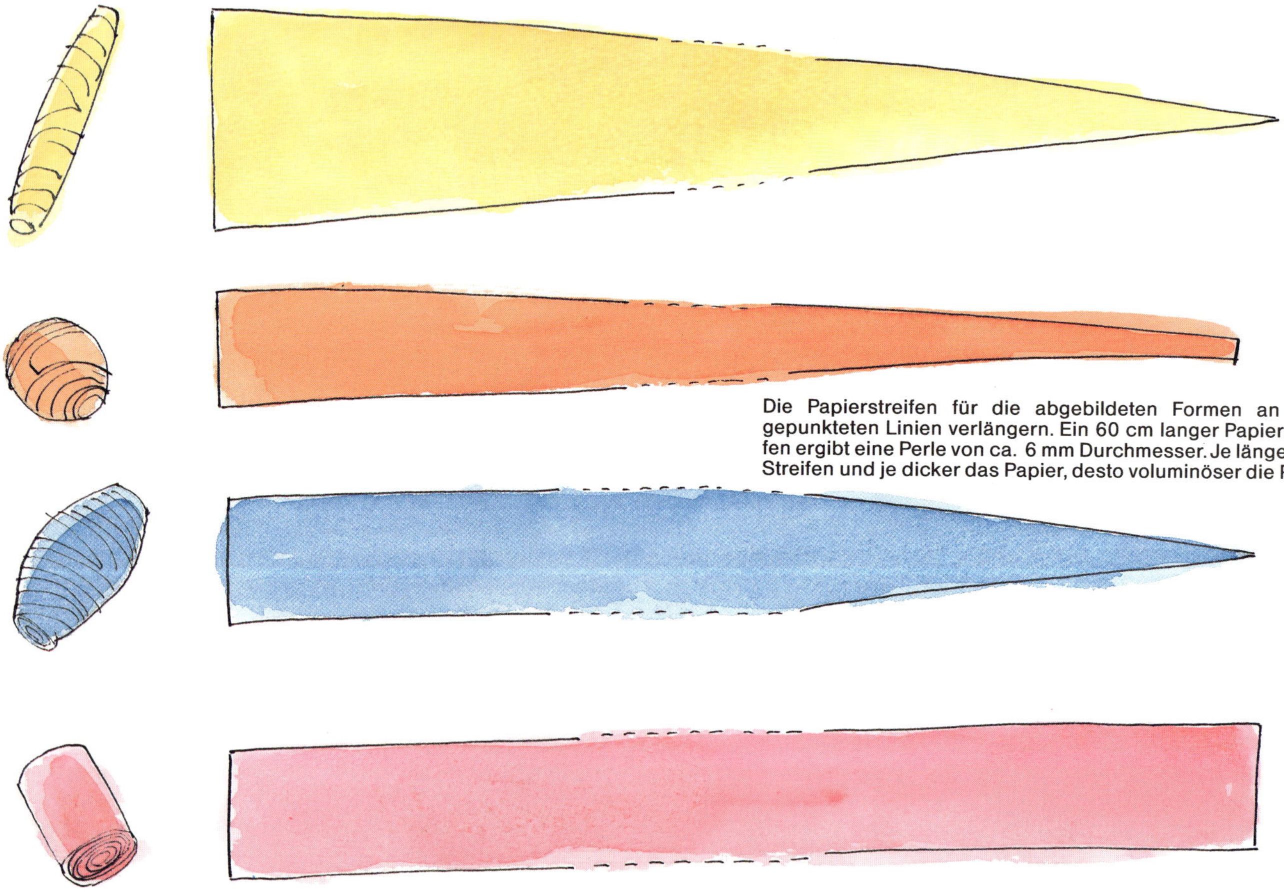

Die Papierstreifen für die abgebildeten Formen an den gepunkteten Linien verlängern. Ein 60 cm langer Papierstreifen ergibt eine Perle von ca. 6 mm Durchmesser. Je länger der Streifen und je dicker das Papier, desto voluminöser die Perle.

1 Die einzelnen Streifen mit Bleistift und Lineal vorzeichnen. Je akkurater Sie arbeiten, desto gleichmäßiger werden die Perlen. Orientieren Sie sich an den hier gezeigten Formen, probieren Sie aus, welche Streifenlängen und -breiten Sie für die gewünschte Perlengröße brauchen. Die Papierkeile einzeln ausschneiden.

Papier-Variationen

Bei farbigem oder gemustertem Papier ersparen Sie sich das Bemalen. Probieren Sie Wachs- oder Metallpapier aus, zur Abwechslung auch einmal Geschenkpapier. Besonders preiswerte Schmuckstücke mit originellen Überraschungseffekten entstehen bei Verwendung von Hochglanzpapier aus Zeitschriften und Magazinen. Wenn Sie zwei keilförmige, unterschiedlich breite und verschiedenfarbige Papierstreifen ausschneiden und aufeinanderkleben, ergibt sich beim Zusammenrollen ein reizvolles Streifenmuster. Achten Sie beim Aufwickeln darauf, daß der schmalere Streifen außen liegt, nur so entsteht Zweifarbigkeit (siehe Abb. ganz unten, Mitte).

Perlen in Reiß-Technik

Perlen mit flammenartigem Muster lassen sich aus verschiedenfarbigem Tonpapier herstellen. Reißen Sie einen ca. 9 cm langen und 6,5 cm breiten Streifen in der Grundfarbe ab, dann einen zweiten, andersfarbigen und etwas schmaleren Streifen in gleicher Länge. Ein dritter Streifen – wiederum in einem anderen Ton – sollte etwas schmaler und kürzer ausfallen als der zweite. Bestreichen Sie alle drei Streifen auf einer Seite mit Tapetenkleister, dann übereinanderlegen und – mit dem schmalsten Streifen nach außen – über einer dicken Stricknadel zusammenrollen. Das Papierröllchen mit einem Gummiband zusammenhalten, bis der Leim getrocknet ist, und die fertige Perle abschließend dünn mit Klarlack überziehen.

2 Eine Stricknadel bzw. einen Schaschlik- oder Cocktailspieß mit Vaseline bestreichen und den Papierstreifen auf der späteren Innenseite dünn mit Tapetenkleister oder Klebstoff einstreichen.

3 Den Streifen vom breiten Ende her straff und gleichmäßig um die Stricknadel wickeln und das obere Ende fest andrücken. Die Perle mit Gummiband zusammenhalten, von der Nadel schieben und trocknen lassen.

Klebe-Techniken

1fach verklebt

2fach verklebt

3fach verklebt

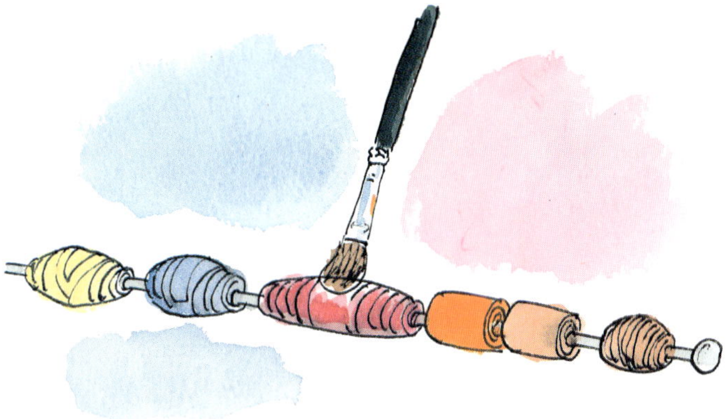

4 Mehrere Perlen auf Stricknadeln aufreihen. Offenen Schuhkarton an zwei gegenüberliegenden Seiten mehrfach einkerben. Nadeln waagerecht fest in die Kerben drücken, sie sollen nicht mehr verrutschen können. Die Perlen bemalen und/oder lackieren und trocknen lassen.

tip

Dekoratives Armband

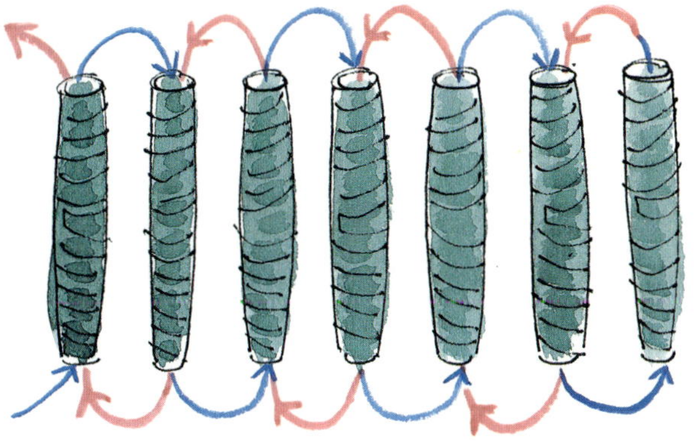

Für ein Armband aus zylindrischen Papierperlen reihen Sie eine ausreichende Anzahl von Perlen auf Kräusel- oder Hutgummi auf; das Gummiband nicht abschneiden. Die Perlen nebeneinander ausrichten und das Gummi in entgegengesetzter Richtung nochmals durch die Perlen führen. Die beiden letzten Perlen miteinander verbinden, Gummiband dehnen, die Enden verknoten und den Knoten in eine der Perlen schieben.

Bunte Vielfalt

Ob fröhlich und bunt, ob folkloristisch oder von schlichter Eleganz – aus einfachen Papieren läßt sich Modeschmuck in schönsten Variationen gestalten.

Schmucke Beerenauslese

Eine so hübsche Brosche besitzt nicht jeder. Mit künstlichen Beeren, seidenem Blattlaub und einer einfachen Revers- oder Hutnadel können Ihre schönsten Ideen modische Früchte tragen.

▼ *Hübsche Früchtchen*

Hier hält ein fruchtiger Anstecker einen Seidenschal zusammen. Vor einfarbigem Hintergrund wirkt das Schmuckstück besonders dekorativ.

Die „Zutaten" für einen dekorativen Beeren-Cocktail finden Sie in den meisten Kaufhäusern, auf manchen Wochenmärkten und in Bastelläden: kunstvoll imitierte Früchte und Beeren, Seidenblumen mit passendem Blattwerk sowie Schmucknadeln und Draht. Besonders attraktiv sehen matt schimmernde Weintrauben, Johannis- oder Phantasiebeeren aus, die wie von Rauhreif überzogen scheinen. Vor sattgrünen Seidenblättern oder rötlich geflammtem Weinlaub kommen die Früchte intensiv zur Geltung. Beeren- und Blattstiele wikkeln Sie fest mit Kreppband um eine Hut- oder Reversnadel. Das Kreppwickelband in Grün oder Braun erhalten Sie beim Floristen oder im Hobbybedarf. Die Schmucknadeln gibt es gold- oder silberfarben in Längen zwischen 7 und 17 cm.
Ob üppig bestückt, oder dezent zusammengestellt: Beeren-Trauben-Blätter-Schmuck verschönt Sommer- wie Wintergarderobe gleichermaßen. Auch auf schlichten Hüten sieht er witzig aus, und er kann wallende Locken bändigen.

So wird's gemacht:

Die Brosche entsteht aus Beeren, Blättern und einer Drahtranke. Die Farbnuancen können Sie genau auf Ihr Lieblings-Kleidungsstück abstimmen, jedoch sieht ein solcher Anstecker auf fast jedem unifarbenen Grund sehr attraktiv aus.

WAS SIE BRAUCHEN:

- Künstliche Beeren an Drahtstielen
- Seidenblätter
- Kreppwickelband
- dünner Blumendraht
- Schmucknadeln (Hut- oder Reversnadeln)
- Schere

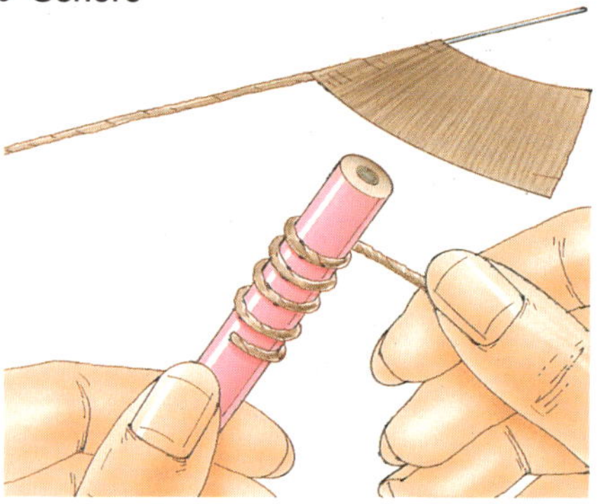

1 **Kleine Ranke anfertigen:** Blumendraht auf ungefähr 15 cm Länge kürzen. Etwa 20 cm Kreppwickelband abschneiden und an einem Ende abschrägen. Ein Drahtende auf das schräg geschnittene, kleberbeschichtete Bandende legen, das Band straff um den Draht wickeln, bis er bedeckt ist. Überstehendes Band abschneiden. Das umwickelte Drahtstück so um einen Bleistift wickeln, daß eine Spirale entsteht, und vorsichtig abziehen.

2 **Beeren arrangieren:** 5–6 Beeren zu einer ausgewogenen Traubenform zusammenfügen. Stiele mit Kreppwickelband fixieren. Von hinten 2–3 Seidenblätter anordnen und mit einem Stück Band an den Beerenstielen befestigen. Ein Rankenende etwas öffnen und von oben in die Beerenstiele schieben.

3 **Brosche fixieren:** Eventuell müssen die Stiele gekürzt werden; sie sollten nicht länger als 6 cm sein, von der untersten Beere bemessen. Vom Kreppwickelband ein etwa 20 cm langes Stück abschneiden und, knapp unterhalb der untersten Beere beginnend, alle Stiele zum unteren Ende hin fest umwickeln. Den Rest abschneiden. Die Verschlußkappe von der Nadel abnehmen, und die Nadel längs hinter die umwickelten Stiele schieben.

▶ ***Anmut mit Trauben***

Ausgesprochen apart sehen die Trauben als Haarschmuck aus. Zwei farblich in subtil abgestuften, warmen Tönen gehaltene Anstecker halten eine aufgesteckte Frisur zusammen.

Schillernder Federschmuck

Aus bunten Federn und glitzernden Glassteinen lassen sich schnell und ohne große Kosten modische Steckkämme und Haarspangen, extravagante Schmuckkreationen und phantasievolle Accessoires herstellen.

Federn spielten in der Mode immer eine besondere Rolle. Jahrhundertelang schmückten die Damen von Stand Hüte und Haar mit kostbaren, kunstvoll eingefärbten Federn. Auch die Herren konnten dem Reiz schöner Federn nicht widerstehen und trugen sie eitel auf ihren Baretten zur Schau. Heutzutage ist großartiger Federschmuck passé. Elegante Federn sind wegen des Artenschutzes zu Recht kaum noch zu sehen. Statt dessen bieten Kaufhäuser und Bastelgeschäfte kleine bunt eingefärbte Federn und Daunen für reizvolles Zubehör an.

▼ ***Kleine Kunstwerke***

Eine Kollektion ausgefallener Schmuckstücke: Ohrringe, Brosche, Haarkamm und Schuhclips sind mit exotisch gefärbten Federn, farbigen Glascabochons, glitzernden Straßsteinchen und Perlen reich verziert.

Schmuck und Accessoires

Bei Federn steht eine große Farbpalette zur Verfügung, vom Naturton bis zu den kunstvollsten Einfärbungen. Das macht es so einfach, Federn als schmückendes Beiwerk zu verwenden. Schon ein einziges „Sträußchen" aus diesen Leichtgewichten, farbig interessant abgesetzt und hübsch angeordnet, kann unscheinbare Hüte, Gürtel und Taschen modisch aufwerten.
Als aparter Haarschmuck, als Ohrgehänge, Broschen und Schuhclips entwickeln Federn einen ganz besonderen Reiz, wenn man sie mit glänzenden Edelsteinimitaten kombiniert. Dabei können Sie Ihre Phantasie spielen lassen und immer wieder neue Arrangements ausprobieren. Und noch ein paar Vorschläge: Wie wäre es zum Beispiel mit einem kunterbunten Kopfputz für die nächste Party oder mit einem Naturfederschmuck für die Jeans? Fixieren Sie alle Teile mit Hilfe von Pinzette und Kleber. Danach lassen Sie Ihr Schmuckstück gut trocknen.

WAS SIE BRAUCHEN:

- Federn
- Steckkamm
- Haarspange
- Clips für Ohrringe und Schuhspangen
- Feinkörniges Sandpapier
- Alleskleber
- Edelsteinimitate
- Pailletten oder Perlen
- Pinzette

OHRRINGE UND SCHUHCLIPS VERZIEREN:

Geben Sie etwas Klebstoff auf die Vorderseite des Clips, und fixieren Sie zunächst die größeren Federn. Bei sehr kleinen Clips klebt man einfach ein kreisrundes Stückchen Pappe (Durchmesser 2,5 cm) auf und vergrößert damit die Auflagefläche. Geben Sie auf die Federn noch etwas Klebstoff, und fixieren Sie nun die kleineren Federn und den Schmuckstein. Als Abschluß legen Sie einen Pailletten- oder Perlenkranz um den Stein. Bevor Sie das neue Schmuckstück tragen, muß der Klebstoff aushärten.

HAARKAMM VERZIEREN

1 Rauhen Sie mit dem feinkörnigen Sandpapier die Stelle auf, an der Sie Federn und Glassteinchen aufkleben wollen. Nur so ist gewährleistet, daß der Klebstoff zuverlässig haftet.

2 Geben Sie etwas Klebstoff auf die aufgeraute Stelle, und fixieren Sie mit Hilfe einer Pinzette zunächst die größeren Federn. Verwenden Sie den Klebstoff sparsam, damit die Federn nicht leiden.

3 Erneut Klebstoff in die Mitte geben und die kleineren Federn, den Schmuckstein und die Pailletten bzw. Perlen fixieren. Dabei darauf achten, daß die Klebestellen verdeckt werden. Das Schmuckstück ruhen lassen, bis der Klebstoff gut ausgehärtet ist.

Ein wenig Glamour am Hut

Schick für mutige Hutträgerinnen: aparte Hutnadeln mit Perlen und Pailletten. Der Schmuck kann elegant, nostalgisch und auch ein bißchen romantisch wirken. Ob Pillbox, Samtkappe oder Wagenrad: Eine Ziernadel am Hut bringt das gewisse Etwas!

▼ *Wie im Hollywood-Film*

Dekorative Hutnadeln aus eigener Werkstatt geben der Kopfbedeckung modischen Pfiff. Mit einer kleinen Auswahl solch hübscher Accessoires paßt sich Ihr Lieblingshut stets Ihrem Outfit an.

Zu kompliziert zum Selbermachen? Weit gefehlt! Alles, was Sie brauchen, sind ein paar Perlen oder Paillettenbänder sowie Hutnadel-Rohlinge aus dem Bastelgeschäft. In Ihrem Nähkästchen oder der Kurzwarenabteilung im Kaufhaus finden Sie sicher noch jede Menge Material zum Verzieren, beispielsweise in glänzendem Metall oder glitzerndem Glas. Achten Sie darauf, daß sich die Nadel noch durchs Auffädelloch schieben läßt.

Perlen

Aus Perlen in verschiedenen Formen entstehen im Nu die schönsten Hutnadeln.

WAS SIE BRAUCHEN:

- Hutnadel
- Perlen in verschiedenen Größen
- transparenter Kraftkleber

NADEL VERZIEREN

Die Perlen zur Probe auf die Hutnadel stecken. Oben am besten mit ein oder zwei kleinen Perlen beginnen, mindestens eine auffällige, große Perle als Blickfang einfügen und darunter aus optischen Gründen mit kleineren Perlen enden. Gefällt Ihnen das Arrangement, nehmen Sie die Perlen wieder von der Nadel. Oben an der Nadel etwas Klebstoff aufbringen und die erste Perle aufstecken. Die anderen Perlen ebenfalls leicht ankleben – vor allem die letzte Perle muß sicher fixiert sein.

Pailletten-Hutnadeln

Die extravagant wirkenden Stücke werden aus glanzvollem Paillettenband gearbeitet, das man einfach um eine Form aus Schwammtuch klebt.

WAS SIE BRAUCHEN:

- Hutnadeln
- Schwammtuch, 1 cm dick
- 1 m Paillettenband
- transparenter Kraftkleber
- Filzstift
- Schere

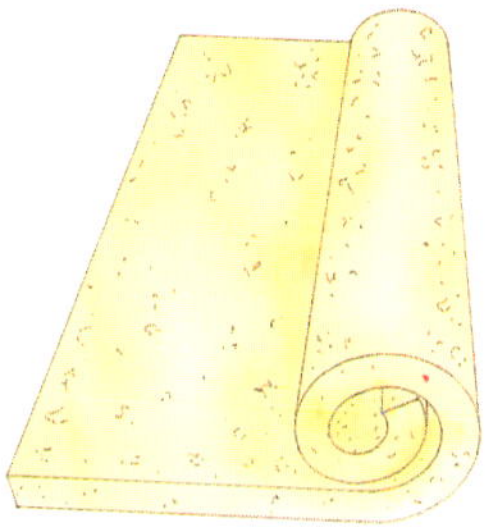

1 **Grundform anfertigen:** Für eine runde Form aus dem Schwammtuch einen Kreis mit etwa 4,5 cm Durchmesser zuschneiden. Für eine Kegelform ein Rechteck von 11 x 9 cm ausschneiden und die kurzen Enden leicht abschrägen. Eine Seite mit Klebstoff bestreichen und das Schwammtuch zusammenrollen, oben und unten glatt abschneiden. Etwas Klebstoff auf das obere Ende der Hutnadel auftragen, die Nadel durch die Mitte der Schwammform stechen.

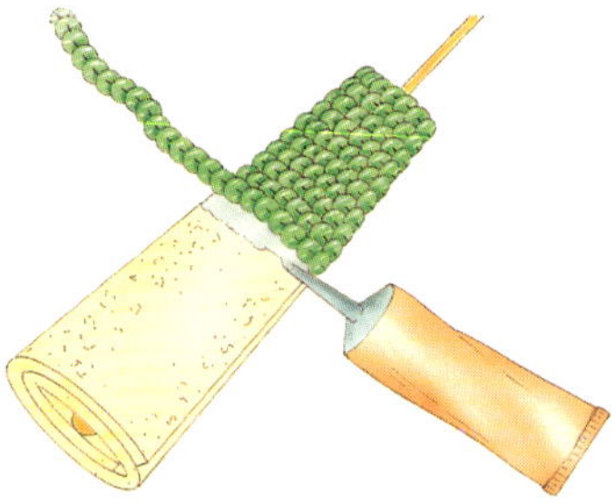

2 **Form verzieren:** Beim Kegel unten, beim Kreis in der Mitte beginnend, gleichmäßig Klebstoff auftragen und das Paillettenband in sich knapp überlappenden Runden aufdrücken. Oben am Kegel bzw. außen am Kreis angelangt, das Paillettenband abschneiden und unter die letzte Runde schieben. Die flache Oberseite des Kegels bzw. die Kreisrückseite ebenso mit Paillettenband bekleben. Das untere Ende des Kegels mit einzelnen Pailletten bedecken.

▲ ***Zauberhafte Kollektion***

Hut ab vor diesen phantasievoll gestalteten Nadeln. Für das untere Exemplar werden zwei runde Straßsteine mit flacher Rückseite auf der Nadel gegeneinandergeklebt, die Lücke schließt dekorativer Golddraht. Für die Spiralen des nächsten Stücks „vergolden“ Sie einfach eine Kugelschreiberfeder mit Spray.

Buschige Schleifen

Ein hübsch verpacktes Geschenk auszuwickeln, erhöht die Vorfreude des glücklichen Empfängers. Besonders toll sehen üppige Schleifen auf dem Päckchen aus, die fertig gekauft allerdings ihren Preis haben. Weitaus günstiger und spannender ist es, solche Schleifen selbst zu machen. Du brauchst dafür Geschenkband in mehreren schönen Farben.

GESCHENKE HÜBSCH VERPACKEN

Deine Schleifen können farblich und auch in der Form immer wieder anders ausfallen. Ob Du sie knallbunt, in zwei Farbtönen oder einfarbig gestaltest, hängt ein bißchen vom Geschenkpapier ab, denn damit sollen die Schleifen schließlich harmonieren oder einen wirkungsvollen Kontrast dazu bilden. Lange Streifen aus breitem Band ergeben große Schleifen, kurze Stücke eines schmalen Bandes kleine Tuffs. Schneidest Du die Bögen der Schleifen oben etwas ein, wirken sie wie ein duftiger Federbusch. Wohin Du die Schleife setzt, entscheidest Du selbst. Sie sieht in der Mitte des Päckchens genauso gut aus wie an einer Ecke.

KLEINE SCHLEIFE

WAS DU BRAUCHST:

- Schmales Geschenkband in zwei Farben
- doppelseitiges Klebeband
- Schere und Lineal

1 Von einem Band schneidest Du zwei 28 cm lange Stücke ab. Die Stücke zu einem Kreuz legen und in der Mitte mit Klebeband zusammenkleben. Das gleiche machst Du mit dem anderen Band. Beide Kreuze zu einem Stern zusammenkleben.

2 Die äußeren Bandenden nimmst Du hoch und klebst sie alle zusammen, so daß eine Art Ball entsteht.

3 An der unteren Kreuzungsstelle bringst Du von innen Klebeband an. Mit einem Finger auf die obere Mitte drücken, um 90 Grad verdrehen und unten auf dem Klebeband festkleben.

4 Ein 5 cm langes Bandstück klebst Du zu einem Ring zusammen und befestigst ihn auf der Mitte der Schleife, um den Kreuzungspunkt der einzelnen Bänder zu verdecken.

GROSSE SCHLEIFE

WAS DU BRAUCHST:

- Breites Geschenkband in zwei Farben
- doppelseitiges Klebeband
- Schere und Lineal

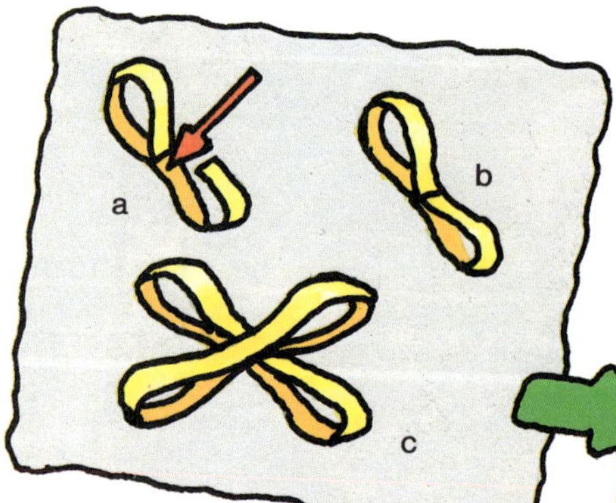

1 Von der einen Farbe schneidest Du acht, von der anderen Farbe vier Bandstücke ab, alle 40 cm lang. Die Enden eines Stückes in der Mitte festkleben (a), so daß zwei Schlaufen entstehen (b). Ein zweites Band und dann alle übrigen genauso arbeiten und nacheinander überkreuz auf das vorhergehende kleben (c).

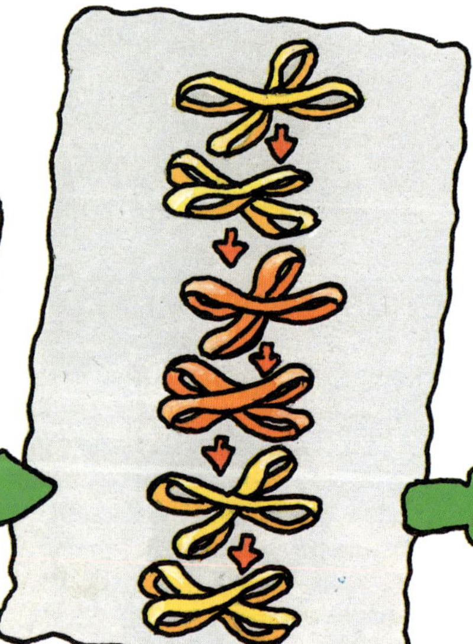

2 Diese sechs kreuzförmigen Schleifen klebst Du in der oben abgebildeten Farbfolge aufeinander – jede diagonal versetzt zu der darunterliegenden Schleife.

3 Vom ersten Band schneidest Du ein 20 cm langes Stück ab und klebst es zu einem Ring zusammen. Diesen fixierst Du mit Klebeband in der Mitte des oberen Schleifenteils – fertig ist Deine Riesenschleife!

Ein Hund namens Nickl

Dieser Hund braucht weder Futter noch Auslauf. Sein einziger Wunsch: Ein Stupser auf den Kopf, damit er das Nicken nicht vergißt. Nickl besteht aus zwei Bögen Papier, die nach einer bestimmten Methode gefaltet werden. Die Technik nennt man Origami, und sie ist bei Japanern besonders beliebt. Damit die Kniffe schön scharf bleiben, verwendest Du am besten Zeichen- oder Fotokopierpapier. Und wenn's Dir nicht gleich gelingt, probierst Du's halt noch einmal.

So wird's gemacht

Schau Dir die Schritt-für-Schritt-Anleitung genau an, und falte Deine Papierbögen so exakt wie möglich, damit der nickende Kopf des Hundes die Balance behält.

WAS DU DAZU BRAUCHST:

- Zwei Papierquadrate
- Malkreide oder Filzreste

1 **Für den Kopf** faltest Du ein Papierquadrat zur Hälfte um und klappst es wieder auf. Anschließend die oberen Ecken zur Mitte und danach, wie die Abbildung zeigt, ein Stückchen nach oben falten.

2 **Das untere Papierstück** so weit nach oben falten, daß Du die kleinen Spitzen gerade noch siehst. Das sind die Augen, das Rechteck wird zu Ohren. Die Spitze oben knickst Du als Nase um.

3 **Nun faltest Du** das ganze Papier entlang der mittleren Faltlinie so zur Hälfte um, daß sich die Ohren und die Augen des kleinen Hündchens rechts und links an der Außenseite befinden.

4 **Für den Körper** faltest Du das zweite Quadrat zur Hälfte um und klappst es wieder auf. Alle Ecken zur Mitte hin falten, es entsteht ein kleines Quadrat.

5 **Das „Körperquadrat"** wird jetzt entlang der Faltlinie zu einem Dreieck gefaltet. Die Spitze an der Standfläche faltest Du, wie das Bild zeigt, ein Stückchen zur Seite um. Dann sieht sie wie ein Schwanz aus.

6 **Jetzt Kopf und Körper bemalen** oder mit kleinen Filzstückchen bekleben. Nun kannst Du den Kopf auf den Körper setzen – schon ist Dein Hündchen fertig. Stups den Kopf mal von hinten leicht an!

Jux aus der Box

Eine ganz harmlos aussehende Schachtel kann eine juxige Überraschung in sich bergen: den kleinen Springteufel. Verblüffe Deine Freunde mit so einem selbstgebasteltem Kobold. Wer ahnungslos die Schachtel öffnet, bekommt zunächst einen Schreck, denn völlig unerwartet schnellt ihm der Springteufel entgegen. Ist der erste Schreck vorbei, brechen alle Beteiligten meist in ein großes Gelächter aus. Und der Überraschungstrick ist Dir gelungen.

DAS PAPIER MUSS STIMMEN

Der „Antrieb" für einen Springteufel aus dem Spielwarenladen ist eine Sprungfeder aus Draht. Bei geschlossenem Deckel wird die Feder auf den Boden der Schachtel gepreßt, und beim Öffnen dehnt sie sich dann blitzschnell aus, der Springteufel schießt hervor. Unser Kobold funktioniert nach dem gleichen Prinzip. Die Sprungfeder besteht allerdings aus einer zweifarbigen Papiertreppe, die sich entfaltet, sobald Du die Schachtel öffnest. Damit das auch richtig gut klappt, mußt Du festes Papier verwenden. Je fester es ist, um so schneller springt Dein Kobold heraus. Schachteln mit Klappdeckel gibt es in Geschenkartikel-Geschäften. Achte darauf, daß der Deckel wirklich gut schließt.

Springteufel

WAS DU BRAUCHST:

- Festes Papier (z.B. Photokarton oder Tonpapier) in zwei Farben
- kleine Dose oder Schachtel mit Klappdeckel
- Bleistift und Lineal
- Schere
- doppelseitiges Klebeband
- Klebstoff
- Filzstifte

1 Miß zuerst die kürzere Seite des Schachtelbodens aus. Schneide dann zwei sehr lange Papierstreifen aus, die 5 mm schmaler als die ausgemessene Seite sind.

2 Gib einen Tropfen Kleber auf das eine Ende des Papierstreifens, und drücke ein Ende des anderen Streifens so darauf fest, daß die beiden einen rechten Winkel bilden.

3 Falte nun den unteren Streifen über den oberen. Der Falz muß genau über der Kante des unteren Streifens liegen. Drücke anschließend den Falz zwischen Fingern und Daumen fest zusammen.

4 Jetzt wird der zweite Streifen über den ersten gefaltet und so weiter. Wenn die Schachtel sich gerade eben zudrücken läßt, ist es richtig. Ansonsten mußt Du noch weitere Streifen ankleben.

5 Die Arme werden genauso wie die Sprungfeder aus Papier hergestellt. Die Papierstreifen dürfen allerdings nur halb so breit sein. Mit etwas Kleber die vorbereiteten Arme unterhalb einer Falte oben an den Körper kleben.

6 Male mit Filzstiften ein lustiges Gesicht und eine tolle Frisur auf ein Stück Papier. Schneide das Gesicht aus und klebe es ganz oben auf den Springteufel. Um den Clown in der Schachtel zu befestigen, drückst Du ein doppelseitiges Klebeband in der Mitte der Schachtel fest. Folie abziehen und den Clown dagegenpressen.

Super-Combo

Mit diesen poppigen Musikinstrumenten läßt sich ein Höllenlärm veranstalten. Das „Trichter-Horn" gibt lautes Tuten von sich, auf den lustigen Blechtrommeln kannst Du ganz heiße Rhythmen schlagen. Aus Konservendosen und Luftballons fertigst Du die kleinen Bongotrommeln an. Für die ellenlange Trompete brauchst Du einen Trichter und ein Stück Plastikschlauch.

LUSTIGE MUSIKANTEN

Kater Tatzenfix wartet schon gespannt darauf, daß alle in seinem Orchester mitspielen. Mit diesen Instrumenten können kleine Leute wirklich große Töne von sich geben. Übrigens: Mit unterschiedlichen Blechbüchsen oder verschieden langen Plastikschläuchen erzeugst Du immer wieder andere Töne. Du wirst sicher staunen.

So wird's gemacht

Großer Spaß beim Hauskonzert mit selbstgemachten Pauken und Trompeten: Kater Tatzenfix weiß, wie's geht und garantiert Dir einen Riesenerfolg.

WAS DU BRAUCHST:

- Plastiktrichter
- Plastikschlauch, 90–120 cm lang, zum Einstecken etwas dünner als der Trichterstutzen, zum Draufstekken etwas dicker
- runde, leere Konservendose
- Luftballon
- Schere, Klebstoff
- starkes Nähgarn
- buntes Klebeband, Klebefolie oder gummiertes Glanzpapier

1 Trichterstutzen kürzen. Dabei kann Dir ein Erwachsener helfen. Stutzen außen mit Klebstoff bestreichen und den Schlauch überschieben. Wird der Schlauch eingeschoben, das Ende mit Klebstoff versehen.

2 Damit der Schlauch nicht abrutscht, die Verbindung der Teile mehrmals fest mit Klebeband umwickeln.

3 Für die Ballontrommel eine Blechdose mit Boden, aber ohne Deckel verwenden. Dose spülen und gründlich trockenreiben. Scharfe Blechkanten vorsichtig nach innen drücken. Das Ballonende abschneiden.

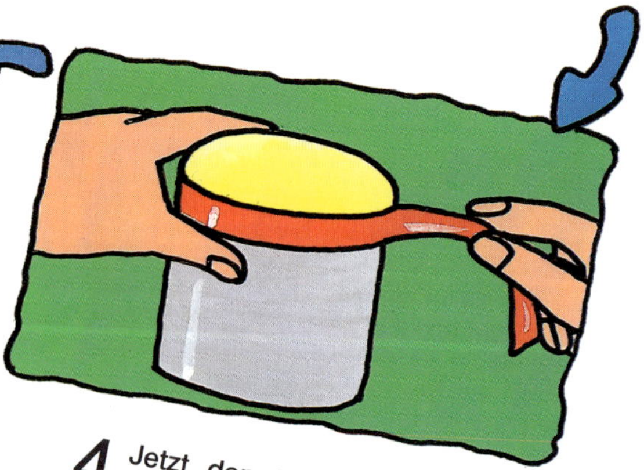

4 Jetzt den Ballon glatt über die Dosenöffnung ziehen. Die Schnittkante des Ballons am Dosenrand mit Klebeband umwickeln, damit die Bespannung fest sitzt.

5 Gummibespannung in der Mitte hochziehen und zusammendrehen, bis sie wirklich stramm gespannt ist. Den zusammengedrehten Teil des Gummis mehrmals mit Nähgarn umwickeln und sorgfältig verknoten.

6 Jetzt fehlt noch die Dekoration. Jedes Instrument schön bunt mit einfachen geometrischen Formen aus Klebeband, Folien oder Glanzpapier nach Lust und Laune bekleben

Eine Windmühle aus Papier

Mit einer Windmühle macht ein Spaziergang noch mal soviel Spaß. Je stärker der Wind weht, desto schneller wirbelt sie um ihre eigene Achse. Auch an ruhigen Tagen gibt es Möglichkeiten, sie ins Laufen zu bringen.

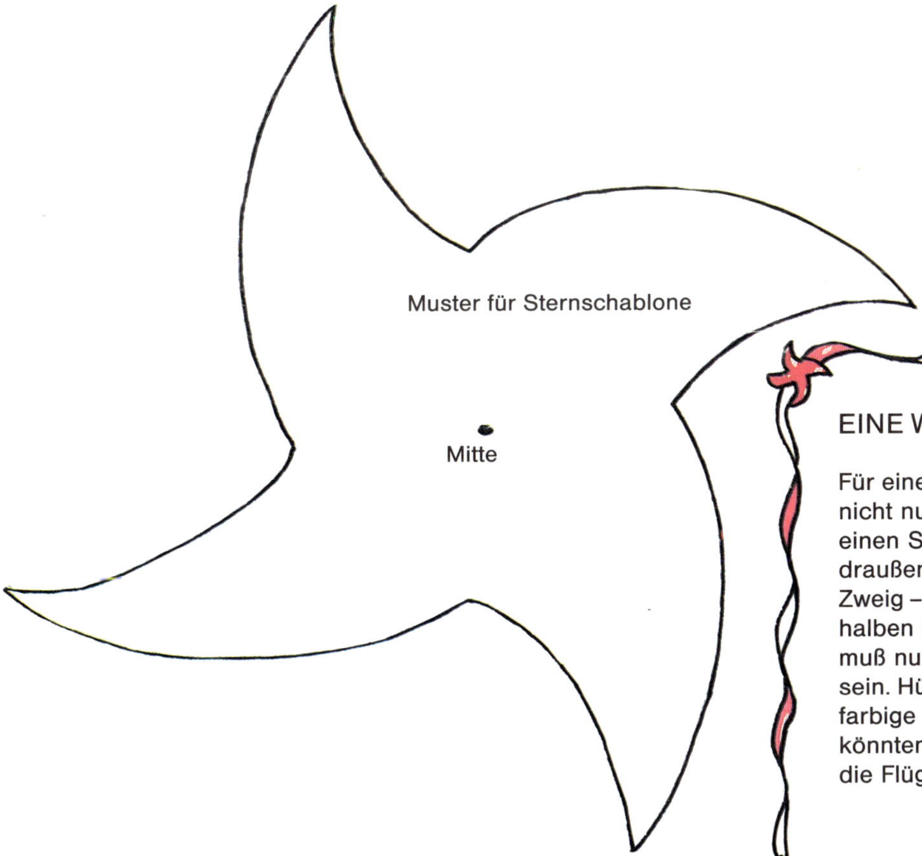

EINE WINDMÜHLE BASTELN

Für eine Windmühle benötigst Du nicht nur Pappe, sondern auch einen Stock. Den kannst Du Dir draußen suchen. Jeder Ast oder Zweig – etwa bleistiftdick und einen halben Meter lang – ist geeignet, er muß nur schön gerade gewachsen sein. Hübsch sieht auch eine zweifarbige Mühle aus. Zum Beispiel könnten der Stern aus gelber und die Flügel aus roter Pappe sein.

So wird's gemacht

Ein hilfreicher Tip von Kater Tatzenfix: Das Befestigungsloch am Rundholz oder am Zweig bereits vor dem Anbringen der Windmühle mit Nagel und Hammer leicht vorschlagen.

WAS DU BRAUCHST:

- dünne Pappe (Tonkarton) oder kräftiges Papier
- Bleistift, Lineal und Schere
- gerader Zweig oder Rundholz, mindestens 50 cm lang
- 1 Perle (Durchmesser ca. 5 mm)
- 4 cm langer Nagel und Hammer

SICHER IST SICHER

Einen Nagel in einen womöglich harten und runden Stock zu schlagen, ist nicht so einfach. Damit alles gut klappt und die Windmühle sicher befestigt ist, lasse Dir dabei lieber von einem Erwachsenen helfen.

1 Sternschablone von der Vorderseite abpausen, auf die Pappe legen und die Ränder nachmalen. Ein Quadrat von exakt 23 cm Seitenlänge zeichnen. Beide Formen ausschneiden.

2 Mit Bleistift und Lineal auf dem Quadrat von Ecke zu Ecke zwei Linien ziehen. Ihr Schnittpunkt ist die Mitte. Auf jeder Linie 6 cm von der Mitte ausgehend einen Punkt aufmalen.

3 Schneide das Quadrat entlang den Linien genau bis zu den eingezeichneten Punkten ein. Versuche dabei, möglichst gerade zu schneiden, damit die Windmühle eine gleichmäßige Form erhält.

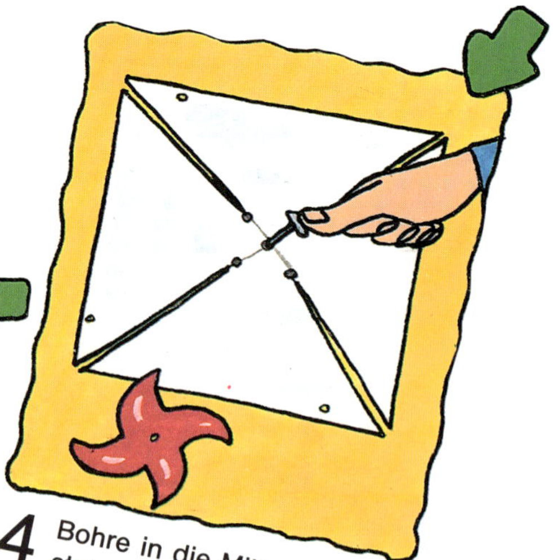

4 Bohre in die Mitte des Papiersterns ein Loch. Dazu kannst Du wunderbar den Nagel verwenden. Dann mußt Du noch in jede rechte Ecke eines Windmühlenflügels etwa 2,5 cm von der Spitze entfernt ein Loch bohren, so wie es die Zeichnung zeigt. Zuletzt erhält auch das Quadrat genau in der Mitte ein Loch.

5 Schiebe den Stern auf den Nagel. Biege dann nacheinander die gelochten Spitzen des Quadrats zur Mitte um, lege die Löcher übereinander und schiebe den Nagel durch. Danach den Nagel durch das Mittelloch führen und von der anderen Seite her eine Perle aufsetzen.

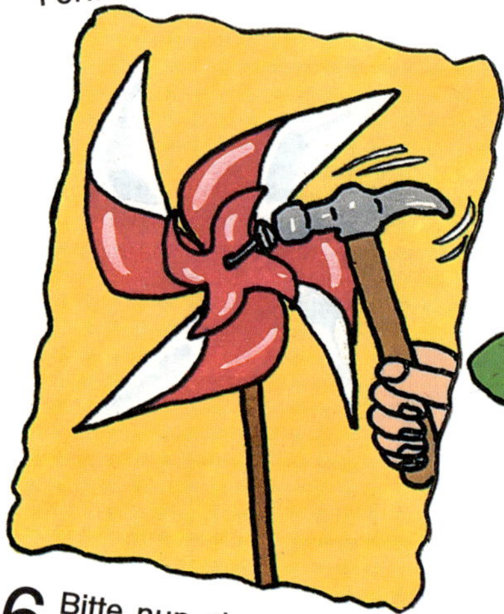

6 Bitte nun einen Erwachsenen, Dir beim Einschlagen des Nagels zu helfen. Wenn das Befestigungsloch leicht vorgeschlagen wird, geht es viel einfacher. Der Nagel sitzt ungefähr 2,5 cm vom Stockende entfernt. Nicht zu tief einschlagen, damit sich der Stock nicht spaltet.

Schrille Brillen

Mit einer so witzigen Papp-Brille auf der Nase kannst du deinem Lieblings-Star glatt die Schau stehlen und kommst bei deinen Freunden sicher gut an. Die Brillen sind leicht zu machen und kosten fast nichts.

▼ ***Da schau her!***

Kater Tatzenfix lädt zu einer poppigen Brillen-Party ein. Seine „Modelle" zeigen sich dabei blumig und tierisch. Sie sind aus einfacher Pappe und bunten Farben im Nu gemacht.

So wird's gemacht

Die hier gezeigten bunten Brillen sind nur als Anregung für dich gedacht. Natürlich kannst du die Form des Rahmens und die Farben und Motive nach deinen Vorstellungen verändern. Wie wär's mit einem abenteuerlichen Tigermuster, mit hübschen Herzen, Kobold-Augen oder mit Marienkäfer-Pünktchen?

WAS DU BRAUCHST:

- Pauspapier
- weichen Bleistift
- Farbstift
- Pappe oder Karton
- Schere
- Klebstoff
- Malfarben oder Filzstifte

1 Mit dem Farbstift eine Brille und zwei Bügel aufs Pauspapier abpausen. Die Rückseite mit einem sehr weichen Bleistift schraffieren, und das Papier mit dieser Seite auf den Karton legen. Brillenform nachzeichnen, und dabei schön fest aufdrücken.

2 Nun das Pauspapier abnehmen und den Brillenrahmen sowie die beiden Bügel sorgfältig mit einer scharfen Schere ausschneiden. Mit einem Bleistift die Knickstellen (gestrichelte Linien) an den Bügelenden markieren.

3 Mit Malfarben oder bunten Filzstiften lustige Muster und Verzierungen aufmalen, entweder nach Kater Tatzenfix' Vorschlägen oder einfach nach eigenen Ideen. Bügelenden dabei nicht bemalen.

4 Die Enden der Bügel wie vorgezeichnet umknikken und seitlich bündig innen gegen den Brillenrahmen kleben, so wie du es auf der Abbildung siehst. Denke daran: Das andere Bügelende muß nach unten zeigen, damit die Brille auch wirklich sitzt.

5 Kater Tatzenfix präsentiert stolz seine Krokodilbrille und andere pfiffige Modelle. Zusätzliche Rahmen-Verzierungen, wie Ohren, Fühler oder Schnörkel, kannst du gleich mit zuschneiden oder später ankleben. Sicher werden dir bald eigene Ideen für deine Brillen kommen.

Fetzige Ketten

Supergroße Schmuck-Sets, federleicht und weich, sehen toll aus und sind genau richtig für den Sommer. Moosgummi heißt der „Edelstein". Du bekommst es in großen und kleinen Platten sowie in vielen Farben im Bastelgeschäft. Einfach witzige Formen ausschneiden und auffädeln. Übrigens: Schwammtücher aus dem Supermarkt kannst Du hierfür auch verwenden.

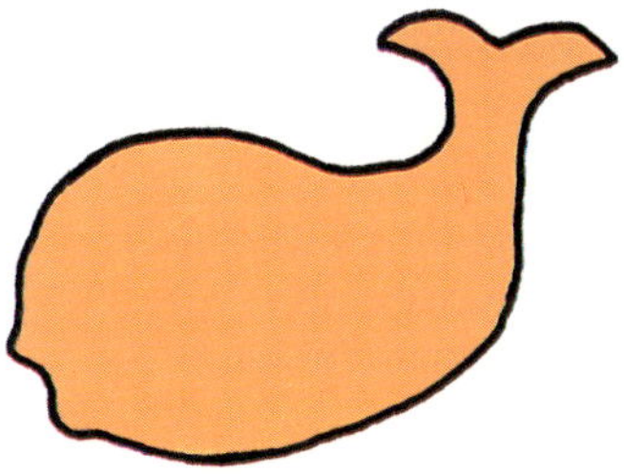

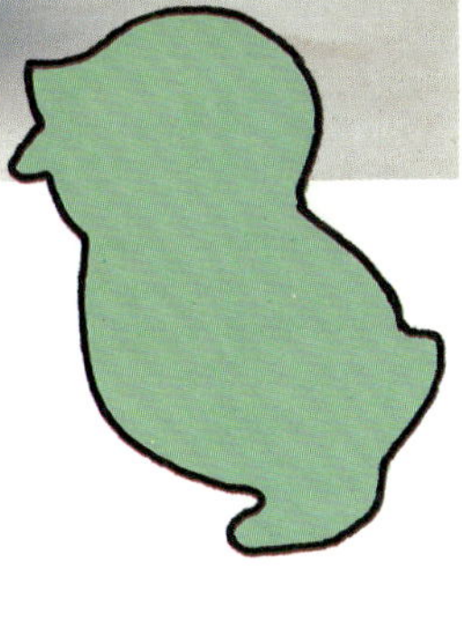

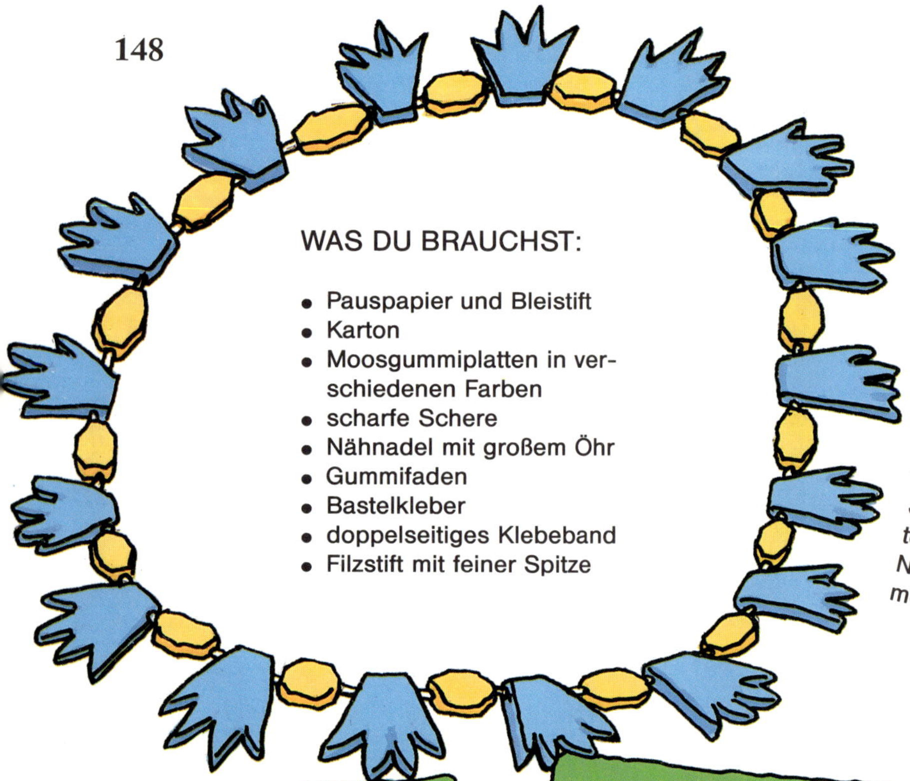

WAS DU BRAUCHST:

- Pauspapier und Bleistift
- Karton
- Moosgummiplatten in verschiedenen Farben
- scharfe Schere
- Nähnadel mit großem Öhr
- Gummifaden
- Bastelkleber
- doppelseitiges Klebeband
- Filzstift mit feiner Spitze

1 **Schablonen ausschneiden:** Die Konturen der Figuren von der vorigen Seite mit Pauspapier und Bleistift auf Karton übertragen und sauber ausschneiden. Natürlich kannst Du Dir auch eigene Formen für Deinen Schmuck ausdenken.

2 **Motive übertragen:** Schablonen auf den Moosgummi legen und Außenkanten mit feinem Filzstift vorsichtig nachzeichnen. Dann mit einer scharfen Schere die Figuren ausschneiden.

3 **Brosche:** Ein Quadrat mit etwa 5 cm Seitenlänge aus Moosgummi zuschneiden und darauf eines der Motive in einer anderen, kontrastierenden Farbe kleben. Auf die Rückseite kommt ein Stück doppelseitiges Klebeband. Dann kannst Du die Brosche ganz einfach am T-Shirt befestigen.

4 **Halskette vorbereiten:** Mehrere unterschiedliche Formen aus Moosgummi ausschneiden, zum Beispiel Sterne, Kreise, oder Vierecke. Die einzelnen Teile kreisförmig auf der Arbeitsfläche anordnen.

5 **Halskette fertigstellen:** Einen etwa 50-80 cm langen Gummifaden in die Nadel einfädeln und die Moosgummiformen in der gewünschten Reihenfolge auffädeln. Den Faden nach dem Einstechen der Nadel ganz vorsichtig durchziehen, damit die Formen nicht einreißen. Faden verknoten und Enden abschneiden.

6 **Armband:** Es entsteht auf die gleiche Art wie die Kette, doch mit weniger Moosgummiformen und mit einem kürzeren Gummifaden (etwa 25 cm lang).

Poppig-bunter Schmuck

Aus phantasievoll bemalten Papiermaché-Kugeln setzt sich die dekorative Kette zusammen, für Armband, Brosche und Ringe werden Kugeln halbiert.

▼ **Farbenfröhliches Set**

Keine „Perle" gleicht der anderen, jede zeigt ein individuelles Muster in Farben, die an Mexiko erinnern.

Halskette

Die Kettenkugeln erfordern keine aufwendige Ausrüstung – sie werden aus Zeitungspapier und Kleister geformt und mit Plakafarben poppig angemalt. Besondere Effekte lassen sich mit speziellen Relieffarben in Gold- oder Silber-Tönen erzielen, die auf die fertig bemalten Kugeln aufgetragen werden. Sie sind in Bastel- oder Farben- und Schreibwarengeschäften erhältlich.

WAS SIE BRAUCHEN:

Für die Kettenkugeln:
- Zeitungspapier und Tapetenkleister
- weiße Dispersionsfarbe
- Hochglanz-Klarlack
- drei Stricknadeln oder Bratspieße
- Kuchengitter
- Pinsel
- Plakafarben in verschiedenen kräftigen Tönen
- Glitzer- oder Relieffarbe in Gold, Silber oder Platin

Zum Zusammenfügen der Kette:
- 18 Holzperlen in verschiedenen Farben und Formen
- 70 cm Nylonfaden
- ein Federverschluß
- ein Spaltring

KETTE ANFERTIGEN

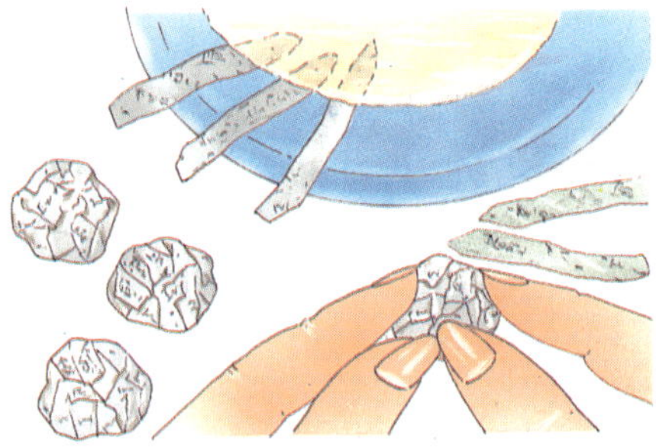

1 **Kugeln formen:** Etwas Tapetenkleister nach Gebrauchsanweisung anrühren und quellen lassen. In der Zwischenzeit Zeitungspapier in 6 x 6 cm große Stücke zerreißen und diese zu 15 kleinen Bällchen mit etwa 2 cm Durchmesser fest zusammenknüllen. Dann aus Zeitungspapier etwa 5 x 2 cm große Streifen reißen und einzeln in den Kleister eintauchen. Jedes Bällchen mit ein paar Streifen umkleben und dann mit den Fingern zu einer möglichst runden Kugel formen. Auf dem Kuchengitter trocknen lassen – dies dauert allerdings etwa zwei bis drei Tage.

2 **Kugeln bemalen:** Auf jede Stricknadel oder jeden Bratspieß fünf Kugeln schieben, kleine Abstände zwischen den einzelnen Kugeln lassen. Als Grundierung weiße Dispersionsfarbe auftragen und trocknen lassen. Anschließend mit Plakafarbe bunte Muster aus Streifen, Kreisen, Punkten oder anderen phantasievollen Formen aufmalen. Nach dem Trocknen der Farben die Kugeln mit Hochglanz-Klarlack überziehen und ebenfalls gut trocknen lassen.

3 **Kugeln auffädeln:** Den Federverschluß an einem Ende des Nylonfadens festknoten. Zwei Holzperlen auffädeln und danach abwechselnd eine Papiermaché-Kugel und eine Holzperle. Mit zwei Holzperlen abschließen und zum Schluß den Ring am anderen Fadenende festknoten.

Armband

Das Armband besteht aus Papiermaché-Halbkugeln, die mit einer Öse zum Auffädeln versehen werden. Kombiniert mit großen Kunststoff-Perlen, zum Beispiel ausgesuchten Modeschmuckperlen oder ganz beliebigen aus der eigenen Restekiste, entsteht ein witziges Modeschmuckstück. Alle Teile werden auf Rundgummi aufgereiht, damit sich das Armband leicht über das Handgelenk streifen läßt.

WAS SIE BRAUCHEN:

Zusätzlich zu den für die Herstellung der Kettenkugeln angegebenen Materialien benötigen Sie:

- Rundgummiband, etwa 20 cm
- 10 große Kunststoffperlen mit etwa 2 cm Durchmesser
- 15 cm Blumendraht
- scharfes Küchenmesser
- Alleskleber
- Steckmasse, zum Beispiel Schaumstoffblock für Trockenblumen (statt Stricknadeln)

1 **Kugeln anfertigen:** Ein etwa 3 cm großes Bällchen und zwei kleinere Kugeln mit 2 cm Durchmesser aus Papiermaché formen, wie bei der Halskette in Schritt 1 beschrieben. Die Kugeln auf dem Kuchengitter zwei bis drei Tage trocknen lassen.

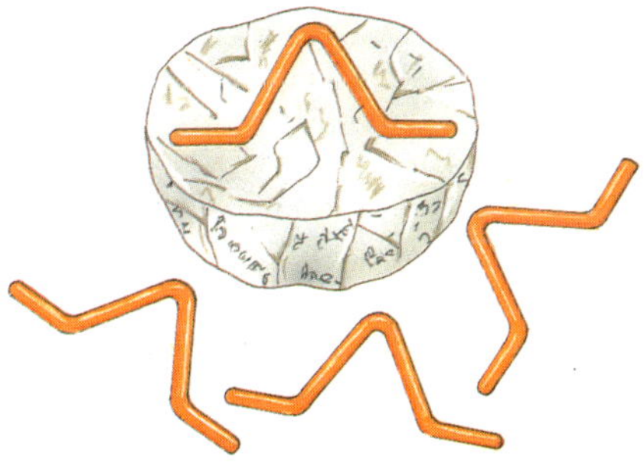

2 **Öse anbringen:** Jede Kugel mit dem Küchenmesser möglichst genau halbieren – für das Armband werden zwei große und drei kleine Halbkugeln benötigt. Den Blumendraht in fünf Stücke von 3 cm Länge schneiden und jedes V-förmig zurechtbiegen. Die Enden so nach außen biegen, daß sie eine Linie bilden. Jede Öse auf die flache Seite einer Kugel stellen und die abgewinkelten Enden mit Alleskleber darauf festkleben, so daß die Öse senkrecht auf der Halbkugel steht.

3 **Ösenenden kaschieren:** Aus Zeitungspapier 5 x 2 cm große Streifen reißen und in den Tapetenkleister eintauchen. Wenn der Kleber an den Ösen trocken ist, die Streifen so über die flache Kugelseite legen, daß die Ösenenden komplett abgedeckt werden. Die überstehenden Streifen rundum mit den Fingern der Halbkugel anpassen, gut andrücken und glattstreichen. Trockenzeit: etwa ein bis zwei Tage.

4 **Halbkugeln bemalen:** Die Armband-Halbkugeln grundieren, bemalen und lackieren, wie in Schritt 2 für die Halskette beschrieben, dafür die Kugeln mit der Öse in die Steckmasse hineindrücken.

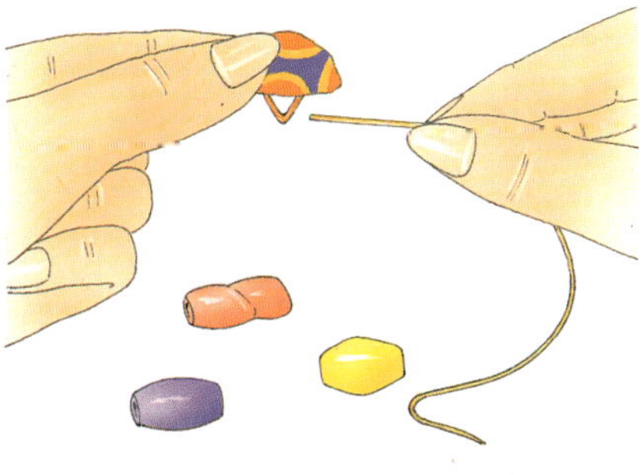

5 **Armband fertigstellen:** Abwechselnd eine bunte Papiermaché-Halbkugel und zwei Kunststoffperlen auf das Gummiband auffädeln und die Enden miteinander verknoten. Knoten in einer Kunststoffperle verbergen.

Fingerring

Eine Papiermaché-Kugel wird in zwei Hälften geteilt und eine Hälfte auf einen Metallring geklebt. Solche Ringe mit Metallplättchen zum Aufbringen des „Schmucksteins", die sogar größenverstellbar sind, gibt es in Bastelgeschäften oder Perlenläden. Die übrigbleibende Halbkugel können Sie zum Beispiel auch auf einen Ohrclip kleben.

WAS SIE BRAUCHEN:

Zusätzlich zu den für die Herstellung der Kettenkugeln angegebenen Materialien benötigen Sie:

- Ein Ring für Modeschmuck
- Alleskleber
- scharfes Küchenmesser
- Steckmasse (statt Stricknadeln)

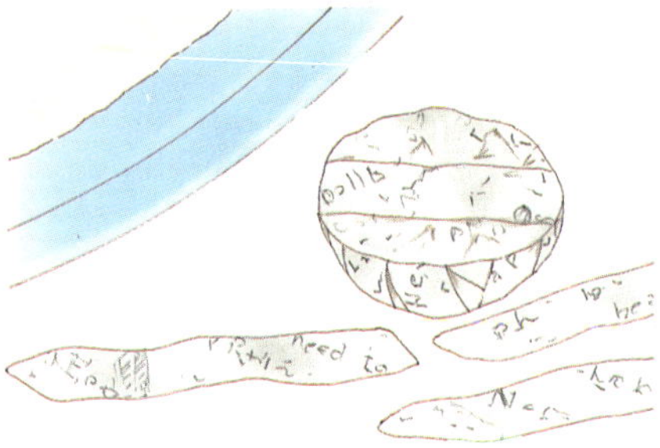

1 **Halbkugel anfertigen:** Eine Papiermaché-Kugel mit etwa 3 cm Durchmesser formen und trocknen lassen, wie in Schritt 1 für die Halskette beschrieben. Diese Kugel mit dem Küchenmesser halbieren. Zwei bis drei Zeitungspapierstreifen in den Tapetenkleister tauchen und über die flache Seite legen. Die überstehenden Enden der Kugelform rundum anpassen, festdrücken und glattstreichen.

2 **Ring zusammenfügen:** Die flache Seite der Papiermaché-Halbkugel mit Alleskleber mitten auf das Metallplättchen des Ringes kleben.

3 **Halbkugel bemalen:** Um den gewölbten „Schmuckstein" leichter bemalen zu können, den Ring in die Steckmasse hineindrücken, so daß er nicht wegrollen kann. Die Halbkugel mit weißer Dispersionsfarbe grundieren. Dann eine farbige Kreisfläche in die Mitte malen und rundum Ringe in unterschiedlichen Farbtönen hinzufügen, bis die Oberfläche der Halbkugel komplett bemalt ist. Mit ein paar goldenen Kringeln oder Farbtupfern ergänzen, trocknen lassen und lackieren. Nochmals gut trocknen lassen.

Brosche

Aus einer großen Papiermaché-Kugel können gleich zwei originelle Broschen angefertigt werden: Die Kugel halbieren und beide Hälften mit unterschiedlicher Bemalung versehen. Auf die Rückseite wird einfach eine Anstecknadel, erhältlich im Bastelgeschäft, geklebt.

WAS SIE BRAUCHEN:

Zusätzlich zu den für die Herstellung der Kettenkugeln angegebenen Materialien benötigen Sie:

- Eine Broschennadel
- Alleskleber
- scharfes Küchenmesser
- etwas Knetgummi zum Festhalten der Halbkugel während des Malens

1 **Broschenform anfertigen:** Aus Papiermaché eine etwa 5 cm große Kugel herstellen, wie in Schritt 1 für die Halskette beschrieben. Die Kugel in zwei Hälften schneiden. Mehrere Zeitungspapierstreifen von 5 x 2 cm in Tapetenkleister tauchen und über die Schnittfläche legen. Die überstehenden Enden um die Form herum glattstreichen. Ein bis zwei Tage trocknen lassen.

2 **Brosche bemalen:** Die Halbkugel wie den Ring mit bunten Kreisen und Farbtupfern bemalen (siehe Schritt 3, Fingerring).

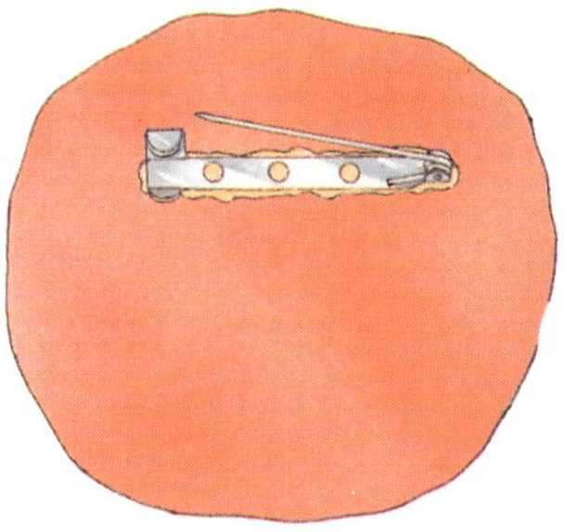

3 **Broschennadel befestigen:** Reichlich Klebstoff auf die Metallplatte auftragen und oberhalb der Mitte auf der Rückseite der Brosche andrücken.

Papierfiligran-Mobile

Wer die Technik des Papierfiligrans schon ein bißchen beherrscht, kann aus den kunstvoll aufgerollten, zierlichen Papierspiralen hübsche Blumen und Vögel für ein faszinierendes Mobile anfertigen.

▼ ***Schwebende Formen***

Schon der leiseste Luftzug setzt die federleichten Papierfiligrane an den dünnen Nylonfäden in Bewegung, was nicht nur kleine Kinder immer wieder fasziniert.

Free Quilling

Als Free Quilling bezeichnet man Filigranarbeiten aus Papier, deren Motive aus verschiedenen Spiralen zusammengefügt sind, die ohne stützenden Hintergrund zusammenhalten.
Die Spiralen entstehen, wenn man schmale Papierstreifen über eine spezielle Nadel (oder ein Holzstäbchen) aufrollt. Größe und Form der Spirale hängen zum einen von der Länge des Papierstreifens, zum anderen von der Art des Aufrollens ab. Man unterscheidet zwischen „offenen" oder „losen" und „geschlossenen" Spiralen. Bei letzteren verhindert ein Tropfen Leim das Zurückrollen in ihre natürliche Form.

Material und Zubehör

Außer einer Quilling-Nadel, schmalen Papierstreifen in verschiedenen Farben, Klebstoff, Klarlackspray und Schere benötigen Sie eine Arbeitsplatte zur Anordnung der Quilling-Motive und dünne Nylon-Fäden, um die Figuren zu einem Mobile zusammenzufügen.

Papierfiligran-Formen

DREISPIRALIGE FORM

Dreispiralige Formen sind außergewöhnlich anpassungsfähig. Sie eignen sich hervorragend zum Füllen von Lücken und zur Verbindung anderer Spiralen. Gefertigt werden sie ganz einfach aus einem ungekürzten Papierstreifen, der vorher auf die Hälfte gefaltet wurde.

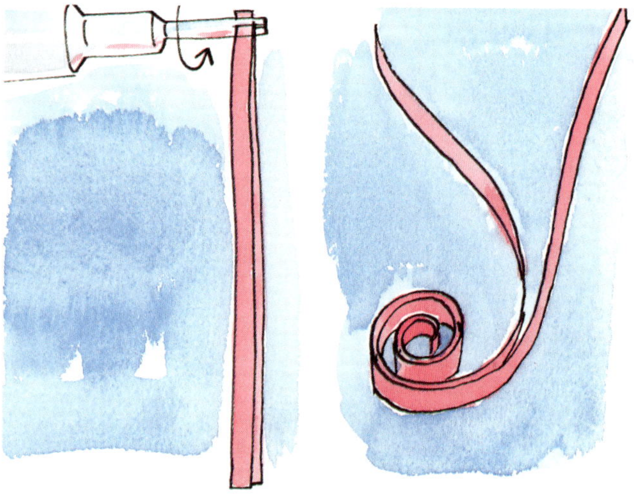

1 **Einen ganzen Papierstreifen** über die gesamte Länge auf die Hälfte falten, und das fest zusammengefaltete Ende in den Spalt Ihrer Quillingnadel stecken. Rollen Sie nun das Ende zur Mitte hin auf, und lassen Sie es anschließend ganz locker fallen.

2 **Drehen Sie jetzt** den Streifen, der der fertigen Spirale am nächsten ist, ebenfalls zur Mitte, so daß die beiden Spiralen dicht nebeneinander liegen. Den letzten Papierstreifen in die entgegengesetzte Richtung rollen.

PFLOCKSPIRALE

Die Pflockspirale ist eine Abwandlung der bereits bekannten festen Spirale. Sie hat ein kleines Loch in der Mitte, das durch die Quillingnadel entstanden ist. Pflockspiralen können aus ganzen, halben oder viertel Papierstreifen hergestellt werden.

1 **Einen Papierstreifen** fest um die Quillingnadel drehen. Kleben Sie das Ende des Streifens mit einem Tropfen Klebstoff an, den Sie am besten mit einem Streichholz auftragen. Gut festdrücken und trocknen lassen.

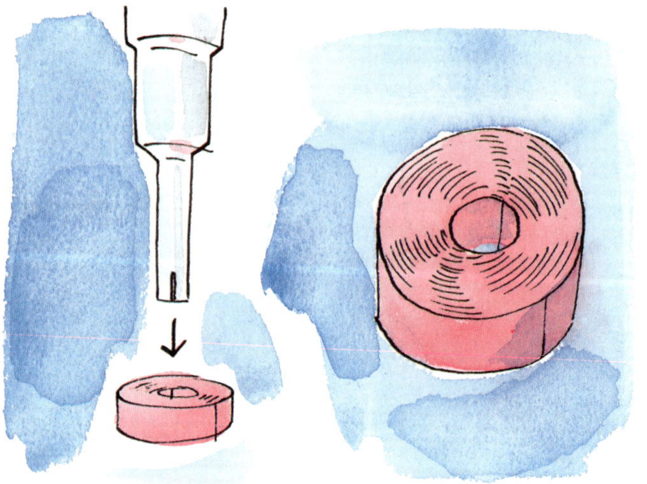

2 **Sobald der Klebstoff getrocknet ist** und der Streifen hält, lassen Sie die Spirale von der Nadel gleiten. Keinesfalls zu kräftig mithelfen, da ansonsten die Form darunter leiden könnte.

Mobile mit Vögeln und Blumen

Dieses reizende Mobile eignet sich als originelles Geschenk ebenso fürs Kinderzimmer wie als Fensterschmuck. Sie können die Motive auch einzeln als Ohrringe oder zum Verzieren von Grußkarten bzw. Geschenkschachteln verwenden. Greifen Sie die Farbvorschläge auf, oder fertigen Sie den Zimmerschmuck in Ihren Lieblingsfarben.

WAS SIE BRAUCHEN:

- Papierstreifen in den folgenden Farben: Weiß für die Wolken; Türkis, Beige, Orange und Schwarz für die Vögel; Grün, Pink, Gelb, Lila und Orange für die großen und kleinen Blumen.
- Quillingnadel
- Arbeitsbrett
- transparenter Alleskleber
- Nylonfaden
- nach Wunsch: Klarlackspray

MOBILE FERTIGEN

Legen Sie das Musterdiagramm unter Klarsichtfolie oder Pauspapier auf Ihre Arbeitsplatte, und stellen Sie die Motive zusammen. Die Farben entnehmen Sie der Vorlage auf der folgenden Seite. Die Anleitung zum Zusammenfügen der einzelnen Teile finden Sie im ersten Kapitel über Papierfiligran.

MOTIVE VERKNÜPFEN

Die fertigen Motive werden durch Nylonfäden miteinander verknüpft. Ziehen Sie die Fäden durch bestimmte Spiralen, und verknoten Sie sie. Die Fadenlänge bleibt Ihnen überlassen, Sie sollten jedoch darauf achten, daß die äußeren Gehänge in etwa gleich lang sind, dabei aber etwas kürzer als das innere. Zuletzt das Mobile ausbalancieren und an der Wolke einen Faden zum Aufhängen befestigen.

1 **Einen doppelten Nylonfaden** als Aufhänger an die mittlere große Spirale der Wolken binden. Dann einen Faden an der tiefsten Pflockspirale auf der linken Seite der Wolken befestigen, und den Faden anschließend mit dem Kopf eines Vogels verbinden. Verfahren Sie ebenso auf der rechten Wolkenseite. Der Vogel wird hier allerdings am Flügel befestigt, damit er in einer etwas anderen Stellung hängt. Einen weiteren Faden an der untersten Pflockspirale befestigen, und mit der blattförmigen Spirale einer kleinen Blume verbinden.

2 **Hängen Sie nun** die restlichen kleinen Blumen mit einer der blattförmigen Spiralen an den Körper der beiden Vögel. Befestigen Sie einen Faden an einem der beiden Blätter der zentralen Blume, und verbinden Sie sie anschließend mit dem Kopf des stehenden Vogels in der Mitte.

3 **Befestigen Sie** einen Faden an einem der unteren Blätter der beiden kleinen Blumen. Verbinden Sie dann die Fadenenden mit einer großen Blume, entweder am Blütenblatt oder an einem der grünen Blätter. Die zuletzt noch übrig gebliebene große Blume wird am Fuß des Vogels angehängt.

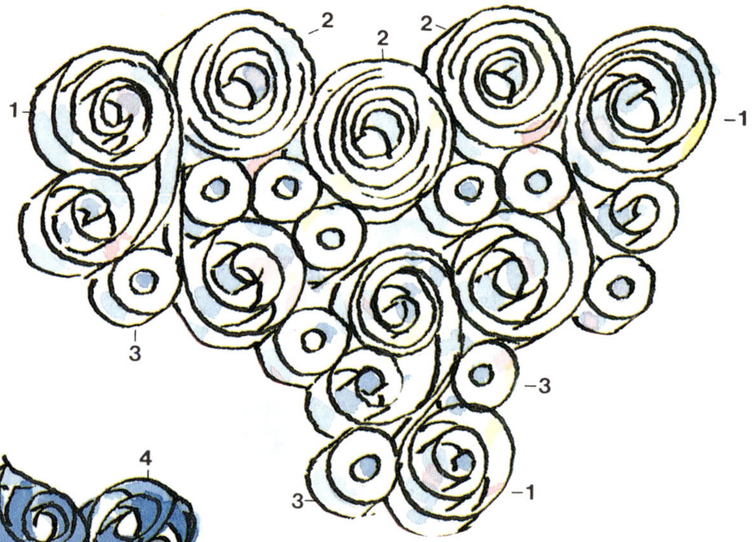

VORLAGEN-SCHLÜSSEL

Jede benutzte Form trägt eine Ziffer, unter der Sie genaue Angaben zu Form, Anzahl und Länge der Papierstreifen finden.

1 Dreispiralige Formen aus je einem ganzen Papierstreifen (3x)

2 Mosaikspiralen aus je einem ganzen Papierstreifen (3x)

3 Pflockspiralen aus je einem ganzen Papierstreifen (10x)

4 Mosaikspiralen aus je einem halben Papierstreifen (3x)

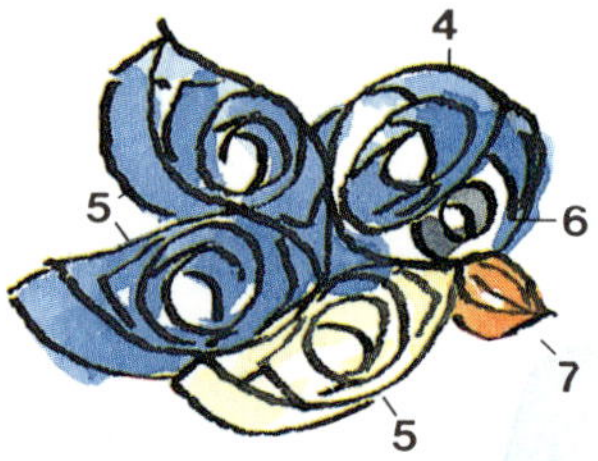

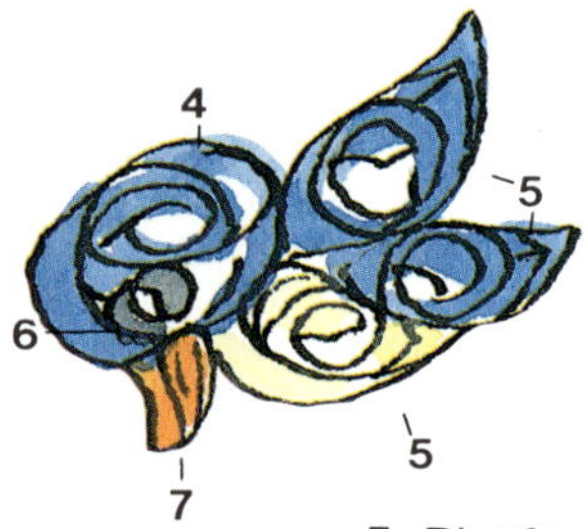

5 Blattförmige Spiralen aus je einem halben Papierstreifen (12x)

6 Pflockspiralen aus je einem viertel Papierstreifen (3x)

7 Pfauenaugenförmige Spiralen aus je einem viertel Papierstreifen (4x)

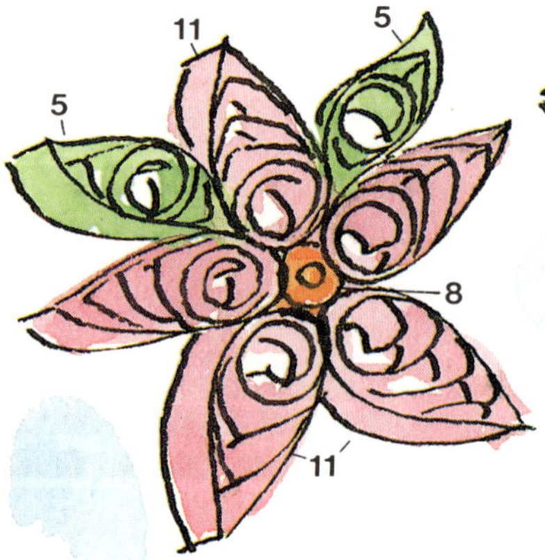

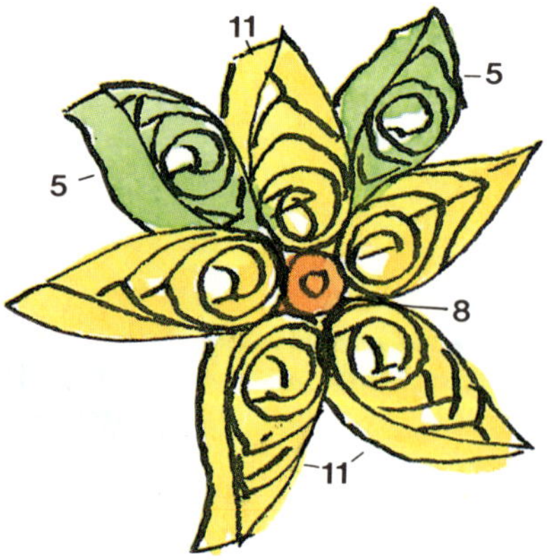

8 Pflockspiralen aus je einem halben Papierstreifen (18x)

9 Blattförmige Spiralen aus je einem viertel Papierstreifen (9x)

10 Tränenförmige Spiralen aus je einem halben Papierstreifen (2x)

11 Pfauenaugenförmige Spiralen aus je einem halben Papierstreifen (15x)

Originelle Reliefbilder

Plastik oder Bild – das ist hier die Frage. Auf jeden Fall sind diese kleinen Kunstwerke aus Karton und bemalter Modelliermasse witzige Dekorationsobjekte.

Man muß nur einige einfache Basteltechniken beherrschen, um diese farbenfrohen Bilder mit dem flachen Reliefeffekt herstellen zu können. Der Bildhintergrund besteht aus festem Karton, der bemalt oder mit buntem Papier beklebt wird. Als Rahmen kann zum Beispiel dickerer Karton verwendet werden, den man exakt zuschneidet, nach Belieben passend zum Thema des Bildes gestaltet und aufklebt. Aus Fimo, Backton oder einem anderen plastischen Werkstoff (gibt's im Hobbybedarf) werden Formen ausgeschnitten, modelliert, bemalt und schließlich aufgeklebt. Daß sie sich vom Untergrund plastisch abheben, macht den besonderen Reiz dieser Bilder aus, bei denen die Phantasie unbegrenzt spielen kann.

▼ ***Bunte Collage***

Mit Modelliermasse und Farben entstehen auf kräftig getöntem Untergrund reizvolle Reliefbilder.

Säulenbild mit Amphore

Griechisches Blau und leuchtendes Rot beherrschen das Bild, vor einem von Säulen flankierten Bogenfenster prangt eine Amphore mit Tulpen. Nur 23 cm x 24 cm groß ist dieses hübsche Bild, ein ideales Geschenk für Freunde oder originelle Dekoration für ein Mädchenzimmer.

WAS SIE BRAUCHEN:

- Kartonrahmen, mindestens 23 x 24 cm (L x H), oder Passepartout, Ausschnitt etwa 17 x 18 cm (L x H), in Weiß (gibt's im Künstler- oder Hobbybedarf)
- 3 mm starker dunkelblauer Modellkarton 23 x 24 cm
- 4 Bögen Tonkarton in Hellblau, Dunkelblau, Grün und Weiß
- Cutter, Lineal
- weiße Modelliermasse (im Backofen aushärtend)
- Plakafarben oder wasserverdünnbarer Bastellack in Weiß, Blau, Gelb, Grün und Erika
- Backpapier
- Nudelholz
- Alleskleber

Amphore

Vorlagen in Originalgröße

Säule

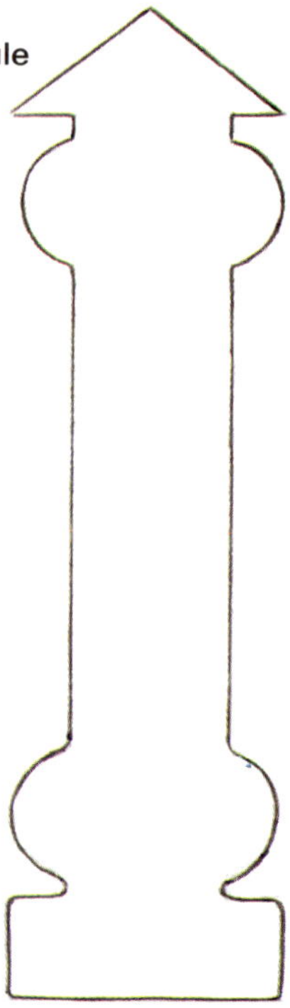

Einzelteile der Uhr

Tulpe

Zifferblatt

Fensterbank

Fensterbogen

Fensterrahmen mit Sprossen

1 **Hintergrund herstellen:** Den starken, dunkelblauen Modellkarton und den dünnen, hellblauen Tonkarton mit Cutter und Lineal auf 23 x 24 cm zuschneiden. Das hellblaue Rechteck auf den starken Karton kleben.

2 **Fenster übertragen:** Die Sprossenkonturen von der Vorlage abpausen und auf dunkelblauen Tonkarton übertragen.

3 **Fenster:** Mit Lineal und Cutter die einzelnen Felder zwischen den Sprossen sauber ausschneiden. Den dunkelblauen Tonkarton mit Klebstoff bestreichen und kantengleich auf die hellblaue Kartonfläche kleben.

4 **Fensterbogen:** Fensterbogenvorlage auf weißen Tonkarton übertragen, ausschneiden, der Fensterrundung anpassen und aufkleben. Tulpenstengel und -blätter aus grünem Karton ausschneiden.

5 **Schablonen für die plastischen Formen herstellen:** Die Vorlagen für die Säulen, die Amphore, die Fensterbank, die Uhr und die Blüten auf Karton übertragen und mit einem scharfen Cutter ausschneiden.

6 **Plastische Formen ausschneiden:** Die Arbeitsfläche mit Backpapier auslegen und die Modelliermasse mit dem Nudelholz gleichmäßig 3 mm dick ausrollen. Die Teile mit Hilfe der Schablonen und dem Cutter nacheinander ausschneiden: zwei Säulen, fünf Tulpen, zwei Uhrsäulen, alle übrigen Teile je einmal.

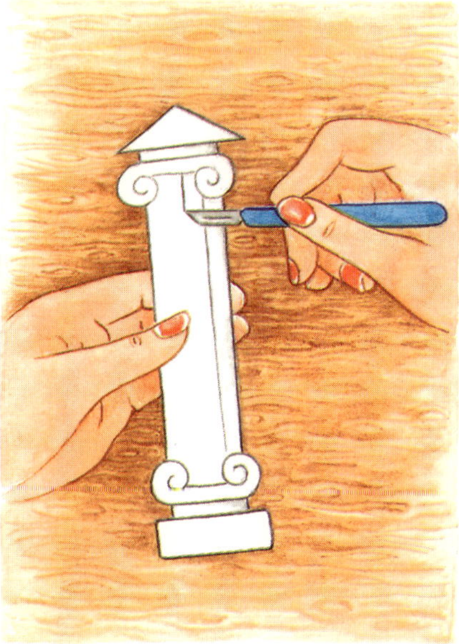

7 **Details modellieren:** Mit dem Rükken der Cutterklinge Schnörkel und Rillen in Vase und Säulen drücken.

8 **Teile im Backofen härten:** Die aus Modelliermasse gefertigten Teile nach Anweisung des Herstellers aushärten. Völlig abkühlen lassen.

9 **Teile bemalen:** Die Teile entsprechend dem Foto oben mit Plakafarben oder Bastellack bemalen – die Säulen und die Fensterbank weiß, die Teile der Uhr erikafarben, gelb und grün, die Tulpen erikafarben und die Vase blau. Den Grundanstrich vor dem Weiterarbeiten erst trocknen lassen, anschließend die Details aufmalen – die Uhrzeiger grün, das Vasendekor gelb, erikafarben und grün.

10 **Teile aufkleben:** Nachdem die Farbe getrocknet ist, alle Teile aufkleben. Die richtige Position der einzelnen Teile entnehmen Sie dem Foto auf der gegenüberliegenden Seite.

11 **Rahmen aufkleben:** Passepartout oder Kartonrahmen (mit 17 x 18 cm großem „Fenster") auf dem Bild ausrichten und aufkleben.

tip

Die richtige Farbe

Zum Bemalen unter Wärme gehärteter Formen eignen sich Plakafarben oder Bastellacke, je nachdem, welchen Effekt Sie erzielen wollen. Plakafarben sind nach dem Trocknen samtig-matt, lassen sich auf Modelliermasse jedoch nicht sehr gut verarbeiten. Bastellacke bekommen einen glänzenden Schimmer und sind einfach zu handhaben. Die Oberfläche vor dem Bemalen mit feinem Sandpapier vorsichtig glätten und mit einem feuchten Tuch abwischen.

Vielfältige Motivideen

Anregungen für Motive finden Sie überall – im Urlaub, auf einem Spaziergang, im Zoo, im Haushalt, sogar im Geschäftsleben. Kreieren Sie Ihr Bild aus einer Stimmung oder Situation heraus. Setzen Sie Ihre Eindrücke ganz nach Gefühl in eine kleine Bildplastik um, und geben Sie ihr den passenden Rahmen.

▲ *Farbenfroher Fang*

Das originelle Fischbild kann die Küche oder den Eßplatz ebenso schmücken wie das Bad.

▲ *Erinnerungen an den Urlaub*

Wer dieses stimmungsvolle Urlaubsbild gestalten möchte, geht wie folgt vor: Zuerst das Fenster, die Jalousie und die kleinen Kirschen auf den schwarzen Hintergrund malen. Dann aus Modelliermasse die Zickzacklinien, den Kaktus und die Dreiecke formen, bemalen und aufkleben. Das Cocktail-Glas mit aufgemaltem Drink besteht ebenfalls aus Modelliermasse und wird zum Schluß aufgeklebt.

► *Maßgeschneiderte Fliegen*

Ein sehr persönliches Geschenk für eine passionierte Hobbyschneiderin: Für die Stoffproben die ausgerollte Modelliermasse mit der Zackenschere ausschneiden. Die Schleifen modellieren, alle Teile bunt bemalen und auf Karton kleben. Eine echte gelbe Kinderschere verleiht diesem lustigen Bild den letzten Pfiff.